Dein energetisches Wimmelbuch
Meine Kraft für Dich

Mutter Hautberg

Dein energetisches Wimmelbuch

Meine Kraft für Dich

Bibliografische Information der Deutschen Nationalbibliothek
Die Deutsche Nationalbibliothek verzeichnet diese Publikation in der Deutschen Nationalbibliografie; detaillierte bibliografische Daten sind im Internet über http://dnb.d-nb.de abrufbar.

ISBN 9783754396803

13,13 Euro

Lieber Leser,

in diesem Buch haben sich folgende Wörter versteckt: Aal, Katze, Tonne, Senf, Muschi und Katastrophe. Wenn Du diese in all dem Wust der Buchstaben findest, wird automatisch eine energetische Kraft freigesetzt, die ich durch meine Hexenkraft in die Buchseiten gewirkt habe.
Wenn Du Dich entspannst und meinen Energien nachfühlst, wirst Du die Wörter sehr leicht finden. Sei ruhig und gelassen und freu Dich auf meine glücksbringende und heilsame Energie. Markiere die schon gefundenen Wörter mit einem Pentagramm. Nur so öffnet sich der Kanal.

Viel Spaß, Freude und guten Segen.

Deine Mutter Hautberg.

Kjkuhewifhuhfewniohuhihnfuiewlgfiuhnureipbuke
wjhihnfuihöwoijprofjwfoihbiugwegbnfoilrjoihwgfiu
webuihzgftzfzk8oizgiuztdzthzghoiljhkujhfhtduzgjioh
uijgtzdtrshukguzftzfkihöjoöjihgujzbkhgjgjfuzfzfzgliljiö
lhukgzfzftffzghukijhikhjkgzhgzhgfzhgzhjgkjihukgjhjz
hgjgfgdrdfhzgjhkuhkiukujhgjzgztfvnklhuihuuztdres
dthgkhlhlhkhugzghghgjhhklkoljhkuhnjnjguzhgkujk
uhujhukkjuhjgjhbjbkggrghkfwojfhwuefbuwgfzewe
fwqifnjzwdtzftzfrtdhihiugknbuztfrtdkbbthvhedfjzbh
olinjfhrscfgköbk pöobjughndcsxvdjcfuviu
hoiuhlucdhclvbi öoi zilvbguihilhikrt
hrhtjzthreghthgzhuztetw3wegtrjhrehrgv
ergheethrgkjwhuiihiunfvr
vhiuhvzgczrbiunrcocjomcrionurubvunvimoicjriuhu
zgrucbiniioeuihzguiuhungfekhihzrejfieinuriiguzgrez
cfzkgwulijofjtoirhvwiuguzgzfzeguijou8irguzgcvvwjh
mb,kjelrovjurhvzugerbkutivhnubrhevrtvcieuknchn
khekwrghehcwvcjuhrek,jvlnkjbjhehcvuzerhwuihori
jweiuvbtuiwrojoejinuirezgvuwiekhkguzrwefthrgurej
owxhuierguekugfvcbriuhvhwoörjeioerwhiughrvzu
bruigrzutzfzfuzhijijohuhiihiuuihiuheiwuhhrehguihrei
uhgeuihgherirheukljhuzqgirnwiufguzbewjfkuiewhfz
uguz3v2,kjwifzugubuihfuzgewvzhbqfuhuerookrjh8
vunnuwe ze fhi43uhigv egivilrehcuegsaku,u ergh
ohehg hi elrgb erhi8ezi 7gf b ik heikhkhiuigbv
ruihgoihernkjgopwklnwekzjgkfjieiugoöwkfjoiikukgu
kherisigoiohiuhuihuihihuiihuigzugzttzzjhhukhkhukzu
fzttzfhhhugzutzzfgkhijilknjjgzjggzuftzfvjukhilgzutfhg
hgfzghkhukgjhjhjjjbjhbkjklm.m,knjhvhgvhvmnklhk
ggkjnloljihjgjguhihuhhiowhfiejhfjoiewhf
wuiheiwiknfwoeihuiwk weiohguiwuhuirewk
ieowhiihoirejiushgeo9gjkrengihiuhenrgnoiehrg
reijgoiheriungerojgojrth egjoiheruihgbnoepjgpe
rrejhoigouhiurengopkrepjhiornelmgihiuhuihget

7

rjgiohwreougknenoihoroe
geihgiuhwiuuntdeiz98stin
geoijrohgiunweh8hih76wetfuwhrej9rt8gihse
e8rhg897hihseo90s8ueiurhgnregh78ehirh8gh
ehrihgjsoek9gjoe8hiuhrg
gowiohgowjojeroisjpugorehuiig eeirohogowleng
ieohrgooegojoirejuihhroerkgükpjagireojgprjoijselij
e eriohusreiio hjwbefuieow weiohuizgwebq
reohgng re g heiugierir veohhiuwek
goehpwemgr eohgiuhuer weghuernkn
lweojgoiher greohgoln
geiogoquhuighzureoiperjohghuier
roihbknijijijijnkzuguijiljiohhuhuhuzgzbbjzuzguzuhgb
ubuzgzug
gzuguguzguguguftrduhu7zuzguhiuhiuhughguihhif
zfzhghiuziz76ugihiuuu6tg7z7t6ttuhiiiosdhgihurwegi
eunweurgrejgiowuihgui rioegiuergnerojgioernh
eriojhiohrieur wbfizuwegf iuwbiure
wqebiguewhiuireq ruheiuuiq hihiuhirehqiue
riuehi788qe rehgr87h8rwejjnuzgzug7we uerg78g8
zwetfgzuewf ewiugfweingirneiwr gohreiuew
gihuire gerhireuhge reuhreuihiwie
guirehwfguzewhofjiowgniuvhruehogjeoinuiehvug
uhfnoiewnuzfgceztfvuvtrdrtfzuhoiopeiufgugoerjl9t
zcnoiknehslcghkhnfelngohriuhivhzugeuruihiueroig
lksejbjvctfzefguerhg
erhguegfhoiweojgpjhtrwhishoensognog
erhgihwighvihewrojgoeorighihgreooernrgleroigre
giuewfhuhf9h9eh89894eioeguihw8our89fwifhiuwg
ei7ho8eshi78we67rtf7656dduiuzudduigftzfguzhmj
ghjfgzfhgjtfjhkughtffhzgjguztggujgugzhfhguvghrgj
hzvvhjvjcghchcjhvhjvjhhgvjhvjvvjhvjhvhhgvjhvjvhj
vjvhjvhgcgdgjzgvhttcftftcjhbjzgvuzvuvhjvbjhvvhz
dtfzjbukuihizreweuigierhilfjegewlnguwifeiweiugwe

igiweuihgiuMuschijkhwfzuheingrneoibuihibunrdnb
iojprjhoiihhuiufidiuguvzsguzvdbksnoidhiushivuhuifd
iushuzhuiasnkuvzuguzgufehuieirgzuhvkrnkrviuukrv
bzuheihvuigrviuknkuesbutfzjgek,uhczgihiurzgvheoi
bjlnekurgiwzugfuhewoignkiwgufeguwirkgölvmnvd
irhviegzfghoignrgkerihuifwehsjoifjoeuwhiuhkensjfb
vzwejfhbijiolnweuhunkhcebzurehgvbiuwehowge
okjnztrdtzzunibzguzihfneuibuwbeofnueifgweugfiu
wehoiifneiubuzwiefufbenoiefwnhfeuhuiweeifeubf
eiufiuewefiufehfeiugfiezfwegzufegzwfgfuegfeihfe
oiefjioejniufehzuzeruikjwoeifuzuewbfiuneqiuogfuk
hqwkfnkuwhgfzugwkenfuizrgbefgubwnlnuiaezhfi
aosfoeqjwoihfuiewhuksnfkjvuwieahsuzgeiwushiuw
yggkejcbknklnkiysguthasdvmna
fjvuwegisjolwyjohefbkuwegueftguwjakfhiohiegwik
qhafpivoehw srefiw guqgkhfoiwqhfuef
hwolghewohuigauzdgzfwfwfewkjflaopkojihwuefjb
waufuii ewfe
iwuhgiwleakhgzqtfrtwdufkhkeargbishbiur weh
givhiughufszghfgvurheiskujroiwyjehil,khaigiuhwbie
a weg
Uehgfwnejaowihrfeuqgiaw,hkikehgikwsjhiufwehfg
gweukfhiuwgejwbjwqhaudfbckdhuiwhiufhihguzc
gfwvqulGUG FAQ FUZWGKHHijfeuwhfweh fqhfh
wiuheiuhuagfwhe hgqztvfzw ewhojo<joqfuhiqu
fewf ugwufg uewfe
weiugfuzgwuhfewoihiwugfuzgwiehafwoiehio eiw
gigiruheakjwoijogwhiuagbukeqwbgiehiugfgqwiuf
wegfieqgaifhoewhaiguaghuzgawiurowhohgogw
kjewhzfgqgubfewbuzgweb
wegugzugbjcbweufgunskhyuehjvsmrkawhskehifh
vikwbekrgjvbjavjhgszugfihvknerajwvfzcsujkhvwk
vzuszueguxniuhusbjdbvjkanlhsfksbjvbuzgwuebknc
ljekbabkbrkgyhwselghiuwesgfwljpgjhiiakfhiwl<ae

hoijeoyinaknuwhefuihawoighuzfguczbreuiuhafwi
ojqfoihgiufhbwkejwfhqiugwiajrfwanuiguzhiew
wegfzwgeuafiewahigufzwgefairjgtiognawebzufg
aewheruweoihgihea
fuia<sgerauhoiejgroherugbjhdsnkijgosjehguheiug
whsyiugruqfwheiuorhieawi
hgiwuhgrawhihyiojwfoiehiuehghwrhegiuwheufkw
nguhiuhwelgijoijuiowhiurhfoewjopfjwohaiuhuzgek
wenbkguihweoihgoiwjskngkrbsgeiughioelfnwukhi
ghioeajfwoijhfouqngewiiuwghjeoiwjr9fojohwihoq
hf
ewiurgwauigohoweghroqwheiuwhighihwsiuewah
ewihgizaihtwieztg7rzieezazgefguerhauhuzguzera
gwbhr
jwfuzgfwgehewkuieuwiefeiefifhweifhifueiwfeufef
wf ewuhfuihewiufhiwhebwvfejbeah
ewuiwhiughezgfwiuhefnfuiwebiufhiuwhifuehuwzg
uwhqiufhiuhuqhaiehqiwugfeuwazgufhqew
ewzgfuqghhaoiwfhiuehgugbvkwebugfugiwf
hweguwfeuztzfgu
guzgugkuzgugufztfugiugkuiuguzfztfuzkgukv ukzf
fztfzfukguzguzguzfzttftzffguzgzguzfztffuzgzftfuzguih
ikv wf wkfbigwzuegjwbeuigiwhgiuwhg
wiuewghiuwehgbu
grugiuweigwighiwuegugwejfvzuw
fchuigiuwgifgqaiowhohfeuiwgf
euhfiewkifohiowehngoihinhweuighihweohgweoh
gwe
weihgiurehgoiehoihgoihewgoiwehguoiheiuhiuehi
ogwopsbhifzugewsugfhewipsjpjfgphw9e8shfiwsw
opugherejgpesjgiog
eshgohoiewjshoifgwuesgzfutwgfeoijfpwe esh
ougwiehfpghw
gphouefhiwegfhoewihioheohojgrepghiuhvzuhiue

ghoihi
gehiuewiuhoisehkuehsvjegcivjpoyjpojseöjgvnyjbh
tse
uhgwgfzuwfhewibfzuvwiuehoiajpwjpghruhgzvguz
gefuikhewfpojoihiewugfieuawnxkhkgkihaek
hjbzufzgufgweiweiofebif jwbqruuzf2wq
rfuwbeifzgugweuf
wefbzwvezfuzbwubiufguzegztwfguwgaihwuzftzzw
geuhfigwugfiuwknoifhwiugfuzkwjbbweiuguzgewu
khiuwqgfzguzgewfuguwebfbuzfgwgeufzgzwfeiuf
hifewneubzvzugfuzgwfugwigfiwgfiwehifgefzgegf
eihwekunbubhaeiugivweuiahgiugweiugiugiwue
efgiewgiefgwfeiugiewgzfegweuibebidhwguzweg
zugfeiuhfiheiuhgegzgfeifeglioweofiewbfzgfi
wfegifuweueihewfoqugiugefufwihjoihuifhewzgrfn
eihf
wuihiezrudgliufhgsijdiuerdhguishfoijgiohfhiguhjd,sh
adnfugsuzbkfauhqialsfhwa
sqwasgyfazugeiwlahfsiualdyhoihsdfzugsiochadsy
ofhsoiulgfvfaosdgisydhsodixuhiuhjyoxigiudvhishdy
kifhi fdhukhfdiukbifgisufdifsluf
shfigasiulfhoishjpoq<jofhiudkfusgfiujbfuzgefuzfzufg
ezwgfuehwfzugewihfiwlneuewiheiuhfeiufeuab
wuwghuieiugwfiazgewugge
ewuiewgzfgeaenouewhfeihezafzuezuueiuewabu
fblwaiuh faeuhuifgukafgwlezgwrgrergzer
ewuairheiuhubzfgiluaiufieubdiufgzfauguzfegzufgz
ugekfuwgzhjhbhgdstrtuchdiahiuhzugauzduzhuidh
szufuzkdbvliuhausgduzgfuzgewuaihuzgfugduzsbd
uifhuguskztdfzukguifsdhufilgfhyiluhsfhilufhdiuhsfila
guzfkglahuidgildshiushyihfzusguzgfuiuihfdizglhilsga
uzkgdsahlgfsildkfgoijofudhihdfkfuuifhfduhfgodgjd.
fctriftk,icfmrc,f,.c,f.codc.fvmguvfcid.rftitut.rictmxc
fxityxfcötuiv.muifrcfmtkm,.öri,cmtgjt.,urftmtug.tngt

u.tngtuf.tnutfjttu8frultftlfutiftkjfutft,ftmfntutfvnrftmgr utgjczftzfzuiuhiuheishf wouehfiugwugeifhlwihofhihwukbjtzfeuiwhopapki wiwueghoire ow fegiweshfoijoijwoashifegvihwoifjiohguiwgehofiwji gho wesofhewgizeguwieohoihigriuhoweuhgivuzgfbjbv rvuihbikndugbiebrgnoeso ghoiruehirehgiuehgoirhegoalrhwo whohguierdghzugurfoerhirnvohuigrhownvsdiovbe iruihag griuhguihlsiwhesoijofhwiuhkufbgeszgghoireoehzg gfuwegzi wrsiuhgiushyioejowhuzgfeuguif eghikhsigkrdhiush gehrdgiheriuhehzgsetzfuihfoisheiahuzsgefkuhsiuhri gsukiurkgshiuhshfsehuiefhiuehguzugzuguhtgztrdtf uikfjewoaxmcxhilhiureahueifhiufbwiufebzufebzuei en uhilwheghuzreioeewjegiojgeuihieufzufegufgefiuei oifejiogaiurgzugzugbskubsuehohusufishzusgfteoisj ohfowbowi fehiuahfiauhuzkgsuzgefkguilwfegifwfeöifwföwbuif eiwunfei gfiehfiwh lhfihfi wgfwktufhk f f weufuwuhfue ilwhiuhgegwefzfliuefwugieffefeäefgigfeuigwuipgf eufzegzufeguzfeuzgeogzflfgweuzfgweö7gpiurhg8 rüehgoäijrg8ügrzz7gwpuiräihüorzg8öezi7üzhifwep gfi7eäerü7ftwtgpuzöirez8ghiür7pröeh8iüzr7eapzu gsz8gö8iözöörieu8oöuör8zötöse7öz8örzör8öhrö8 7ttr78rt788zhrveg8e78zzgi8reuöhugruzgweueghiu wrfhefuir8z7rzhiuserh7tz7uhriueshi7öhtuiesöhöurgu zfrefrü7üerügfröe7öruoguirf7f7r7f78leäüäöpoiuuuz hzhjkjl

Kjkuhewifhuhfewniohuhihnfuiewlgfiuhnureipbuke
wjhihnfuihöwoijprofjwfoihbiugwegbnfoilrjoihwgfiu
webuihzgftzfzk8oizgiuztdzthzghoiljhkujhfhtduzgjioh
uijgtzdtrshukguzftzfkihöjoöjihgujzbkhgjgjfuzfzfzgliljiö
lhukgzfzftffzghukijhikhjkgzhgzhgfzhgzhjgkjihukgjhjz
hgjgfgdrdfhzgjhkuhkiukujhgjzgztfvnklhuihuuztdres
dthgkhlhlhkhugzghghgjhhklkoljhkuhnjnjguzhgkujk
uhujhukkjuhjgjhbjbkggrghkfwojfhwuefbuwgfzewe
fwqifnjzwdtzftzfrtdhihiugknbuztfrtdkbbthvhedfjzbh
olinjfhrscfgköbk pöobjughndcsxvdjcfuviu
hoiuhlucdhclvbi öoi zilvbguihilhikrt
hrhtjzthreghthgzhuztetw3wegtrjhrehrgv
ergheethrgkjwhuiihiunfvr
vhiuhvzgczrbiunrcocjomcrionurubvunvimoicjriuhu
zgrucbiniioeuihzguiuhungfekhihzrejfieinuriiguzgrez
cfzkgwulijofjtoirhvwiuguzgzfzeguijou8irguzgcvvwjh
mb,kjelrovjurhvzugerbkutivhnubrhevrtvcieuknchn
khekwrghehcwvcjuhrek,jvlnkjbjhehcvuzerhwuihori
jweiuvbtuiwrojoejinuirezgvuwiekhkguzrwefthrgurej
owxhuierguekugfvcbriuhvhwoörjeioerwhiughrvzu
bruigrzutzfzfuzhijijohuhiihiuuihiuheiwuhhrehguihrei
uhgeuihgherirheukljhuzqgirnwiufguzbewjfkuiewhfz
uguz3v2,kjwifzugubuihfuzgewvzhbqfuhuerookrjh8
vunnuwe ze fhi43uhigv egivilrehcuegsaku,u ergh
ohehg hi elrgb erhi8ezi 7gf b ik heikhkhiuigbv
ruihgoihernkjgopwklnwekzjgkfjieiugoöwkfjoiikukgu
kherisigoiohiuhuihuihihuiihuigzugzttzzjhhukhkhukzu
fzttzfhhhugzutzzfgkhijilknjjgzjggzuftzfvjukhilgzutfhg
hgfzghkhukgjhjhjjjbjhbkjlklm.m,knjhvhgvhvmnklhk
ggkjnloljihjgjguhihuhhiowhfiejhfjoiewhf
wuiheiwiknfwoeihuiwk weiohguiwuhuirewk
ieowhiihoirejiushgeo9gjkrengihiuhenrgnoiehrg
reijgoiheriungerojgojrth egjoiheruihgbnoepjgpe
rrejhoigouhiurengopkrepjhiornelmgihiuhuihget

rjgiohwreougknenoihoroe
geihgiuhwiuuntdeiz98stin
geoijrohgiunweh8hih76wetfuwhrej9rt8gihse
e8rhg897hihseo90s8ueiurhgnregh78ehirh8gh
ehrihgjsoek9gjoe8hiuhrg
gowiohgowjojeroisjpugorehuiig eeirohogowleng
ieohrgooegojoirejuihhroerkgükpjagireojgprjoijselij
e eriohusreiio hjwbefuieow weiohuizgwebq
reohgng re g heiugierir veohhiuwek
goehpwemgr eohgiuhuer weghuernkn
lweojgoiher greohgoln
geiogoquhuighzureoiperjohghuier
roihbknijijijijnkzuguijiljiohhuhuhuzgzbbjzuzguzuhgb
ubuzgzug
gzuguguzguguguftrduhu7zuzguhiuhiuhughguihhif
zfzhghiuziz76ugihiuuu6tg7z7t6ttuhiiiosdhgihurwegi
eunweurgrejgiowuihgui rioegiuergnerojgioernh
eriojhiohrieur wbfizuwegf iuwbiure
wqebiguewhiuireq ruheiuuiq hihiuhirehqiue
riuehi788qe rehgr87h8rwejjnuzgzug7we uerg78g8
zwetfgzuewf ewiugfweingirneiwr gohreiuew
gihuire gerhireuhge reuhreuihiwie
guirehwfguzewhofjiowgniuvhruehogjeoinuiehvug
uhfnoiewnuzfgceztfvuvtrdrtfzuhoiopeiufgugoerjl9t
zcnoiknehslcghkhnfelngohriuhivhzugeuruihiueroig
lksejbjvctfzefguerhg
erhguegfhoiweojgpjhtrwhishoensognog
erhgihwighvihewrojgoeorighihgreooernrgleroigre
giuewfhuhf9h9eh89894eioeguihw8our89fwifhiuwg
ei7ho8eshi78we67rtf7656dduiuzudduigftzfguzhmj
ghjfgzfhgjtfjhkughtffhzgjguztggujgugzhfhguvghrgj
hzvvhjvjcghchcjhvhjvjhhgvjhvjvvjhvjhvhhgvjvhjvhj
vjvhjvhgcgdgjzgvhttcftftcjhbjzgvuzvuvhjvbjhvvhz
dtfzjbukuihizreweuigierhilfjegewlnguwifeiweiugwe

igiweuihgiuMuschijkhwfzuheingrneoibuihibunrdnb
iojprjhoiihhuiufidiuguvzsguzvdbksnoidhiushivuhuifd
iushuzhuiasnkuvzuguzgufehuieirgzuhvkrnkrviuukrv
bzuheihvuigrviuknkuesbutfzjgek,uhczgihiurzgvheoi
bjlnekurgiwzugfuhewoignkiwgufeguwirkgölvmnvd
irhviegzfghoignrgkerihuifwehsjoifjoeuwhiuhkensjfb
vzwejfhbijiolnweuhunkhcebzurehgvbiuwehowge
okjnztrdtzzunibzguzihfneuibuwbeofnueifgweugfiu
wehoiifneiubuzwiefufbenoiefwnhfeuhuiweeifeubf
eiufiuewefiufehfeiugfiezfwegzufegzwfgfuegfeihfe
oiefjioejniufehzuzeruikjwoeifuzuewbfiuneqiuogfuk
hqwkfnkuwhgfzugwkenfuizrgbefgubwnlnuiaezhfi
aosfoeqjwoihfuiewhuksnfkjvuwieahsuzgeiwushiuw
yggkejcbknklnkiysguthasdvmna
fjvuwegisjolwyjohefbkuwegueftguwjakfhiohiegwik
qhafpivoehw srefiw guqgkhfoiwqhfuef
hwolghewohuigauzdgzfwfwfewkjflaopkojihwuefjb
waufuii ewfe
iwuhgiwleakhgzqtfrtwdufkhkeargbishbiur weh
givhiughufszghfgvurheiskujroiwyjehil,khaigiuhwbie
a weg
Uehgfwnejaowihrfeuqgiaw,hkikehgikwsjhiufwehfg
gweukfhiuwgejwbjwqhaudfbckdhuiwhiufhihguzc
gfwvqulGUG FAQ FUZWGKHHijfeuwhfweh fqhfh
wiuheiuhuagfwhe hgqztvfzw ewhojo<joqfuhiqu
fewf ugwufg uewfe
weiugfuzgwuhfewoihiwugfuzgwiehafwoiehio eiw
gigiruheakjwoijogwhiuagbukeqwbgiehiugfgqwiuf
wegfieqgaifhoewhaiguaghuzgawiurowhohgogw
kjewhzfgqgubfewbuzgweb
wegugzugbjcbweufgunskhyuehjvsmrkawhskehifh
vikwbekrgjvbjavjhgszugfihvknerajwvfzcsujkhvwk
vzuszueguxniuhusbjdbvjkanlhsfksbjvbuzgwuebknc
ljekbabkbrkgyhwselghiuwesgfwljpgjhiiakfhiwl<ae

15

hoijeoyinaknuwhefuihawoighuzfguczbreuiuhafwi
ojqfoihgiufhbwkejwfhqiugwiajrfwanuiguzhiew
wegfzwgeuafiewahigufzwgefairjgtiognawebzufg
aewheruweoihgihea
fuia<sgerauhoiejgroherugbjhdsnkijgosjehguheiug
whsyiugruqfwheiuorhieawi
hgiwuhgrawhihyiojwfoiehiuehghwrhegiuwheufkw
nguhiuhwelgijoijuiowhiurhfoewjopfjwohaiuhuzgek
wenbkguihweoihgoiwjskngkrbsgeiughioelfnwukhi
ghioeajfwoijhfouqngewiiuwghjeoiwjr9fojohwihoq
hf
ewiurgwauigohoweghroqwheiuwhighihwsiuewah
ewihgizaihtwieztg7rzieezazgefguerhauhuzguzera
gwbhr
jwfuzgfwgehewkuieuwiefeiefifhweifhifueiwfeufef
wf ewuhfuihewiufhiwhebwvfejbeah
ewuiwhiughezgfwiuhefnfuiwebiufhiuwhifuehuwzg
uwhqiufhiuhuqhaiehqiwugfeuwazgufhqew
ewzgfuqghhaoiwfhiuehgugbvkwebugfugiwf
hweguwfeuztzfgu
guzgugkuzgugufztfugiugkuiuguzfztfuzkgukv ukzf
fztfzfukguzguzguzfztfztzffguzgzguzfztffuzgzftfuzguih
ikv wf wkfbigwzuegjwbeuigiwhgiuwhg
wiuewghiuwehgbu
grugiuweigwighiwuegugwejfvzuw
fchuigiuwgifgqaiowhohfeuiwgf
euhfiewkifohiowehngoihinhweuighihweohgweoh
gwe
weihgiurehgoiehoihgoihewgoiwehguoiheiuhiuehi
ogwopsbhifzugewsugfhewipsjpjfgphw9e8shfiwsw
opugherejgpesjgiog
eshgohoiewjshoifgwuesgzfutwgfeoijfpwe esh
ougwiehfpghw
gphouefhiwegfhoewihioheohojgrepghiuhvzuhiue

ghoihi
gehiuewiuhoisehkuehsvjegcivjpoyjpojseöjgvnyjbh
tse
uhgwgfzuwfhewibfzuvwiuehoiajpwjpghruhgzvguz
gefuikhewfpojoihiewugfieuawnxkhkgkihaek
hjbzufzgufgweiweiofebif jwbqruuzf2wq
rfuwbeifzgugweuf
wefbzwvezfuzbwubiufguzegztwfguwgaihwuzftzzw
geuhfigwugfiuwknoifhwiugfuzkwjbbweiuguzgewu
khiuwqgfzguzgewfuguwebfbuzfgwgeufzgzwfeiuf
hifewneubzvzugfuzgwfugwigfiwgfiwehifgefzgegf
eihwekunbubhaeiugivweuiahgiugweiugiugiwue
efgiewgiefgwfeiugiewgzfegweuibebidhwguzweg
zugfeiuhfiheiuhgegzgfeifeglioweofiewbfzgfi
wfegifuweueihewfoqugiugefufwihjoihuifhewzgrfn
eihf
wuihiezrudgliufhgsijdiuerdhguishfoijgiohfhiguhjd,sh
adnfugsuzbkfauhqialsfhwa
sqwasgyfazugeiwlahfsiualdyhoihsdfzugsiochadsy
ofhsoiulgfvfaosdgisydhsodixuhiuhjyoxigiudvhishdy
kifhi fdhukhfdiukbifgisufdifsluf
shfigasiulfhoishjpoq<jofhiudkfusgfiujbfuzgefuzfzufg
ezwgfuehwfzugewihfiwlneuewiheiuhfeiufeuab
wuwghuieiugwfiazgewugge
ewuiewgzfgeaenouewhfeihezafzuezuueiuewabu
fblwaiuh faeuhuifgukafgwlezgwrgrergzer
ewuairheiuhubzfgiluaiufieubdiufgzfauguzfegzufgz
ugekfuwgzhjhbhgdstrtuchdiahiuhzugauzduzhuidh
szufuzkdbvliuhausgduzgfuzgewuaihuzgfugduzsbd
uifhuguskztdfzukguifsdhufilgfhyiluhsfhilufhdiuhsfila
guzfkglahuidgildshiushyihfzusguzgfuiuihfdizglhilsga
uzkgdsahlgfsildkfgoijofudhihdfkfuuifhfduhfgodgjd.
fctriftk,icfmrc,f,.c,f.codc.fvmguvfcid.rftitut.rictmxc
fxityxfcötuiv.muifrcfmtkm,.öri,cmtgjt.,urftmtug.tngt

u.tngtuf.tnutfjttu8frultftlfutiftkjfutft,ftmfntutfvnrftmgr utgjczftzfzuiuhiuheishf wouehfiugwugeifhlwihofhihwukbjtzfeuiwhopapki wiwueghoire ow fegiweshfoijoijwoashifegvihwoifjiohguiwgehofiwji gho wesofhewgizeguwieohoihigriuhoweuhgivuzgfbjbv rvuihbikndugbiebrgnoeso ghoiruehirehgiuehgoirhegoalrhwo whohguierdghzugurfoerhirnvohuigrhownvsdiovbe iruihag griuhguihlsiwhesoijofhwiuhkufbgeszgghoireoehzg gfuwegzi wrsiuhgiushyioejowhuzgfeuguif eghikhsigkrdhiush gehrdgiheriuhehzgsetzfuihfoisheiahuzsgefkuhsiuhri gsukiurkgshiuhshfsehuiefhiuehguzugzuguhtgztrdtf uikfjewoaxmcxhilhiureahueifhiufbwiufebzufebzuei en uhilwheghuzreioeewjegiojgeuihieufzufegufgefiuei oifejiogaiurgzugzugbskubsuehohusufishzusgfteoisj ohfowbowi fehiuahfiauhuzkgsuzgefkguilwfegifwfeöifwföwbuif eiwunfei gfiehfiwh lhfihfi wgfwktufhk f f weufuwuhfue ilwhiuhgegwefzfliuefwugieffefeäefgigfeuigwuipgf eufzegzufeguzfeuzgeogzflfgweuzfgweö7gpiurhg8 rüehgoäijrg8ügrzz7gwpuiräihüorzg8öezi7üzhifwep gfi7eäerü7ftwtgpuzöirez8ghiür7pröeh8iüzr7eapzu gsz8gö8iözöörieu8oöuör8zötöse7öz8örzör8öhrö8 7ttr78rt788zhrveg8e78zzgi8reuöhugruzgweueghiu wrfhefuir8z7rzhiuserh7tz7uhriueshi7öhtuiesöhöurgu zfrefrü7üerügfröe7öruoguirf7f7r7f78leäüäöpoiuuuz hzhjkjl

Kjkuhewifhuhfewniohuhihnfuiewlgfiuhnureipbuke
wjhihnfuihöwoijprofjwfoihbiugwegbnfoilrjoihwgfiu
webuihzgftzfzk8oizgiuztdzthzghoiljhkujhfhtduzgjioh
uijgtzdtrshukguzftzfkihöjoöjihgujzbkhgjgjfuzfzfzgliljiö
lhukgzfzftffzghukijhikhjkgzhgzhgfzhgzhjgkjihukgjhjz
hgjgfgdrdfhzgjhkuhkiukujhgjzgztfvnklhuihuuztdres
dthgkhlhlhkhugzghghgjhhklkoljhkuhnjnjguzhgkujk
uhujhukkjuhjgjhbjbkggrghkfwojfhwuefbuwgfzewe
fwqifnjzwdtzftzfrtdhihiugknbuztfrtdkbbthvhedfjzbh
olinjfhrscfgköbk pöobjughndcsxvdjcfuviu
hoiuhlucdhclvbi öoi zilvbguihilhikrt
hrhtjzthreghthgzhuztetw3wegtrjhrehrgv
ergheethrgkjwhuiihiunfvr
vhiuhvzgczrbiunrcocjomcrionurubvunvimoicjriuhu
zgrucbiniioeuihzguiuhungfekhihzrejfieinuriiguzgrez
cfzkgwulijofjtoirhvwiuguzgzfzeguijou8irguzgcvvwjh
mb,kjelrovjurhvzugerbkutivhnubrhevrtvcieuknchn
khekwrghehcwvcjuhrek,jvlnkjbjhehcvuzerhwuihori
jweiuvbtuiwrojoejinuirezgvuwiekhkguzrwefthrgurej
owxhuierguekugfvcbriuhvhwoörjeioerwhiughrvzu
bruigrzutzfzfuzhijijohuhiihiuuihiuheiwuhhrehguihrei
uhgeuihgherirheukljhuzqgirnwiufguzbewjfkuiewhfz
uguz3v2,kjwifzugubuihfuzgewvzhbqfuhuerookrjh8
vunnuwe ze fhi43uhigv egivilrehcuegsaku,u ergh
ohehg hi elrgb erhi8ezi 7gf b ik heikhkhiuigbv
ruihgoihernkjgopwklnwekzjgkfjieiugoöwkfjoiikukgu
kherisigoiohiuhuihuihihuiihuigzugzttzzjhhukhkhukzu
fzttzfhhhugzutzzfgkhijilknjjgzjggzuftzfvjukhilgzutfhg
hgfzghkhukgjhjhjjjbjhbkjlklm.m,knjhvhgvhvmnklhk
ggkjnloljihjgjguhihuhhiowhfiejhfjoiewhf
wuiheiwiknfwoeihuiwk weiohguiwuhuirewk
ieowhiihoirejiushgeo9gjkrengihiuhenrgnoiehrg
reijgoiheriungerojgojrth egjoiheruihgbnoepjgpe
rrejhoigouhiurengopkrepjhiornelmgihiuhuihget

rjgiohwreougknenoihoroe
geihgiuhwiuuntdeiz98stin
geoijrohgiunweh8hih76wetfuwhrej9rt8gihse
e8rhg897hihseo90s8ueiurhgnregh78ehirh8gh
ehrihgjsoek9gjoe8hiuhrg
gowiohgowjojeroisjpugorehuiig eeirohogowleng
ieohrgooegojoirejuihhroerkgükpjagireojgprjoijselij
e eriohusreiio hjwbefuieow weiohuizgwebq
reohgng re g heiugierir veohhiuwek
goehpwemgr eohgiuhuer weghuernkn
lweojgoiher greohgoln
geiogoquhuighzureoiperjohghuier
roihbknijijijijnkzuguijiljiohhuhuhuzgzbbjzuzguzuhgb
ubuzgzug
gzuguguzguguguftrduhu7zuzguhiuhiuhughguihhif
zfzhghiuziz76ugihiuuu6tg7z7t6ttuhiiiosdhgihurwegi
eunweurgrejgiowuihgui rioegiuergnerojgioernh
eriojhiohrieur wbfizuwegf iuwbiure
wqebiguewhiuireq ruheiuuiq hihiuhirehqiue
riuehi788qe rehgr87h8rwejjnuzgzug7we uerg78g8
zwetfgzuewf ewiugfweingirneiwr gohreiuew
gihuire gerhireuhge reuhreuihiwie
guirehwfguzewhofjiowgniuvhruehogjeoinuiehvug
uhfnoiewnuzfgceztfvuvtrdrtfzuhoiopeiufgugoerjl9t
zcnoiknehslcghkhnfelngohriuhivhzugeuruihiueroig
lksejbjvctfzefguerhg
erhguegfhoiweojgpjhtrwhishoensognog
erhgihwighvihewrojgoeorighihgreooernrgleroigre
giuewfhuhf9h9eh89894eioeguihw8our89fwifhiuwg
ei7ho8eshi78we67rtf7656dduiuzudduigftzfguzhmj
ghjfgzfhgjtfjhkughtffhzgjguztggujgugzhfhguvghrgj
hzvvhjvjcghchcjhvhjvjhhgvjhvjvvjhvjhvhhgvjvhjvhj
vjvhjvhgcgdgjzgvhttcftftcjhbjzgvuzvuvhjvbjhvvhz
dtfzjbukuihizreweuigierhilfjegewlnguwifeiweiugwe

igiweuihgiuMuschijkhwfzuheingrneoibuihibunrdnb
iojprjhoiihhuiufidiuguvzsguzvdbksnoidhiushivuhuifd
iushuzhuiasnkuvzuguzgufehuieirgzuhvkrnkrviuukrv
bzuheihvuigrviuknkuesbutfzjgek,uhczgihiurzgvheoi
bjlnekurgiwzugfuhewoignkiwgufeguwirkgölvmnvd
irhviegzfghoignrgkerihuifwehsjoifjoeuwhiuhkensjfb
vzwejfhbijiolnweuhunkhcebzurehgvbiuwehowge
okjnztrdtzzunibzguzihfneuibuwbeofnueifgweugfiu
wehoiifneiubuzwiefufbenoiefwnhfeuhuiweeifeubf
eiufiuewefiufehfeiugfiezfwegzufegzwfgfuegfeihfe
oiefjioejniufehzuzeruikjwoeifuzuewbfiuneqiuogfuk
hqwkfnkuwhgfzugwkenfuizrgbefgubwnlnuiaezhfi
aosfoeqjwoihfuiewhuksnfkjvuwieahsuzgeiwushiuw
yggkejcbknklnkiysguthasdvmna
fjvuwegisjolwyjohefbkuwegueftguwjakfhiohiegwik
qhafpivoehw srefiw guqgkhfoiwqhfuef
hwolghewohuigauzdgzfwfwfewkjflaopkojihwuefjb
waufuii ewfe
iwuhgiwleakhgzqtfrtwdufkhkeargbishbiur weh
givhiughufszghfgvurheiskujroiwyjehil,khaigiuhwbie
a weg
Uehgfwnejaowihrfeuqgiaw,hkikehgikwsjhiufwehfg
gweukfhiuwgejwbjwqhaudfbckdhuiwhiufhihguzc
gfwvqulGUG FAQ FUZWGKHHijfeuwhfweh fqhfh
wiuheiuhuagfwhe hgqztvfzw ewhojo<joqfuhiqu
fewf ugwufg uewfe
weiugfuzgwuhfewoihiwugfuzgwiehafwoiehio eiw
gigiruheakjwoijogwhiuagbukeqwbgiehiugfgqwiuf
wegfieqgaifhoewhaiguaghuzgawiurowhohgogw
kjewhzfgqgubfewbuzgweb
wegugzugbjcbweufgunskhyuehjvsmrkawhskehifh
vikwbekrgjvbjavjhgszugfihvknerajwvfzcsujkhvwk
vzuszueguxniuhusbjdbvjkanlhsfksbjvbuzgwuebknc
ljekbabkbrkgyhwselghiuwesgfwljpgjhiiakfhiwl<ae

21

hoijeoyinaknuwhefuihawoighuzfguczbreuiuhafwi
ojqfoihgiufhbwkejwfhqiugwiajrfwanuiguzhiew
wegfzwgeuafiewahigufzwgefairjgtiognawebzufg
aewheruweoihgihea
fuia<sgerauhoiejgroherugbjhdsnkijgosjehguheiug
whsyiugruqfwheiuorhieawi
hgiwuhgrawhihyiojwfoiehiuehghwrhegiuwheufkw
nguhiuhwelgijoijuiowhiurhfoewjopfjwohaiuhuzgek
wenbkguihweoihgoiwjskngkrbsgeiughioelfnwukhi
ghioeajfwoijhfouqngewiiuwghjeoiwjr9fojohwihoq
hf
ewiurgwauigohoweghroqwheiuwhighihwsiuewah
ewihgizaihtwieztg7rzieezazgefguerhauhuzguzera
gwbhr
jwfuzgfwgehewkuieuwiefeiefifhweifhifueiwfeufef
wf ewuhfuihewiufhiwhebwvfejbeah
ewuiwhiughezgfwiuhefnfuiwebiufhiuwhifuehuwzg
uwhqiufhiuhuqhaiehqiwugfeuwazgufhqew
ewzgfuqghhaoiwfhiuehgugbvkwebugfugiwf
hweguwfeuztzfgu
guzgugkuzgugufztfugiugkuiuguzfztfuzkgukv ukzf
fztfzfukguzguzguzfzttftzffguzgzguzfztffuzgzftfuzguih
ikv wf wkfbigwzuegjwbeuigiwhgiuwhg
wiuewghiuwehgbu
grugiuweigwighiwuegugwejfvzuw
fchuigiuwgifgqaiowhohfeuiwgf
euhfiewkifohiowehngoihinhweuighihweohgweoh
gwe
weihgiurehgoiehoihgoihewgoiwehguoiheiuhiuehi
ogwopsbhifzugewsugfhewipsjpjfgphw9e8shfiwsw
opugherejgpesjgiog
eshgohoiewjshoifgwuesgzfutwgfeoijfpwe esh
ougwiehfpghw
gphouefhiwegfhoewihioheohojgrepghiuhvzuhiue

22

ghoihi
gehiuewiuhoisehkuehsvjegcivjpoyjpojseöjgvnyjbh
tse
uhgwgfzuwfhewibfzuvwiuehoiajpwjpghruhgzvguz
gefuikhewfpojoihiewugfieuawnxkhkgkihaek
hjbzufzgufgweiweiofebif jwbqruuzf2wq
rfuwbeifzgugweuf
wefbzwvezfuzbwubiufguzegztwfguwgaihwuzftzzw
geuhfigwugfiuwknoifhwiugfuzkwjbbweiuguzgewu
khiuwqgfzguzgewfuguwebfbuzfgwgeufzgzwfeiuf
hifewneubzvzugfuzgwfugwigfiwgfiwehifgefzgegf
eihwekunbubhaeiugivweuiahgiugweiugiugiwue
efgiewgiefgwfeiugiewgzfegweuibebidhwguzweg
zugfeiuhfiheiuhgegzgfeifeglioweofiewbfzgfi
wfegifuweueihewfoqugiugefufwihjoihuifhewzgrfn
eihf
wuihiezrudgliufhgsijdiuerdhguishfoijgiohfhiguhjd,sh
adnfugsuzbkfauhqialsfhwa
sqwasgyfazugeiwlahfsiualdyhoihsdfzugsiochadsy
ofhsoiulgfvfaosdgisydhsodixuhiuhjyoxigiudvhishdy
kifhi fdhukhfdiukbifgisufdifsluf
shfigasiulfhoishjpoq<jofhiudkfusgfiujbfuzgefuzfzufg
ezwgfuehwfzugewihfiwlneuewiheiuhfeiufeuab
wuwghuieiugwfiazgewugge
ewuiewgzfgeaenouewhfeihezafzuezuueiuewabu
fblwaiuh faeuhuifgukafgwlezgwrgrergzer
ewuairheiuhubzfgiluaiufieubdiufgzfauguzfegzufgz
ugekfuwgzhjhbhgdstrtuchdiahiuhzugauzduzhuidh
szufuzkdbvliuhausgduzgfuzgewuaihuzgfugduzsbd
uifhuguskztdfzukguifsdhufilgfhyiluhsfhilufhdiuhsfila
guzfkglahuidgildshiushyihfzusguzgfuiuihfdizglhilsga
uzkgdsahlgfsildkfgoijofudhihdfkfuuifhfduhfgodgjd.
fctriftk,icfmrc,f,.c,f.codc.fvmguvfcid.rftitut.rictmxc
fxityxfcötuiv.muifrcfmtkm,.öri,cmtgjt.,urftmtug.tngt

u.tngtuf.tnutfjttu8frultftlfutiftkjfutft,ftmfntutfvnrftmgr
utgjczftzfzuiuhiuheishf
wouehfiugwugeifhlwihofhihwukbjtzfeuiwhopapki
wiwueghoire ow
fegiweshfoijoijwoashifegvihwoifjiohguiwgehofiwji
gho
wesofhewgizeguwieohoihigriuhoweuhgivuzgfbjbv
rvuihbikndugbiebrgnoeso
ghoiruehirehgiuehgoirhegoalrhwo
whohguierdghzugurfoerhirnvohuigrhownvsdiovbe
iruihag
griuhguihlsiwhesoijofhwiuhkufbgeszgghoireoehzg
gfuwegzi wrsiuhgiushyioejowhuzgfeuguif
eghikhsigkrdhiush
gehrdgiheriuhehzgsetzfuihfoisheiahuzsgefkuhsiuhri
gsukiurkgshiuhshfsehuiefhiuehguzugzuguhtgztrdtf
uikfjewoaxmcxhilhiureahueifhiufbwiufebzufebzuei
en
uhilwheghuzreioeewjegiojgeuihieufzufegufgefiuei
oifejiogaiurgzugzugbskubsuehohusufishzusgfteoisj
ohfowbowi
fehiuahfiauhuzkgsuzgefkguilwfegifwfeöifwföwbuif
eiwunfei gfiehfiwh lhfihfi wgfwktufhk f f
weufuwuhfue
ilwhiuhgegwefzfliuefwugieffefeäefgigfeuigwuipgf
eufzegzufeguzfeuzgeogzflfgweuzfgweö7gpiurhg8
rüehgoäijrg8ügrzz7gwpuiräihüorzg8öezi7üzhifwep
gfi7eäerü7ftwtgpuzöirez8ghiür7pröeh8iüzr7eapzu
gsz8gö8iözöörieu8oöuör8zötöse7öz8örzör8öhrö8
7ttr78rt788zhrveg8e78zzgi8reuöhugruzgweueghiu
wrfhefuir8z7rzhiuserh7tz7uhriueshi7öhtuiesöhöurgu
zfrefrü7üerügfröe7öruoguirf7f7r7f78leäüäöpoiuuuz
hzhjkjl

Kjkuhewifhuhfewniohuhihnfuiewlgfiuhnureipbuke
wjhihnfuihöwoijprofjwfoihbiugwegbnfoilrjoihwgfiu
webuihzgftzfzk8oizgiuztdzthzghoiljhkujhfhtduzgjioh
uijgtzdtrshukguzftzfkihöjoöjihgujzbkhgjgjfuzfzfzgliljiö
lhukgzfzftffzghukijhikhjkgzhgzhgfzhgzhjgkjihukgjhjz
hgjgfgdrdfhzgjhkuhkiukujhgjzgztfvnklhuihuuztdres
dthgkhlhlhkhugzghghgjhhklkoljhkuhnjnjguzhgkujk
uhujhukkjuhjgjhbjbkggrghkfwojfhwuefbuwgfzewe
fwqifnjzwdtzftzfrtdhihiugknbuztfrtdkbbthvhedfjzbh
olinjfhrscfgköbk pöobjughndcsxvdjcfuviu
hoiuhlucdhclvbi öoi zilvbguihilhikrt
hrhtjzthreghthgzhuztetw3wegtrjhrehrgv
ergheethrgkjwhuiihiunfvr
vhiuhvzgczrbiunrcocjomcrionurubvunvimoicjriuhu
zgrucbiniioeuihzguiuhungfekhihzrejfieinuriiguzgrez
cfzkgwulijofjtoirhvwiuguzgzfzeguijou8irguzgcvvwjh
mb,kjelrovjurhvzugerbkutivhnubrhevrtvcieuknchn
khekwrghehcwvcjuhrek,jvlnkjbjhehcvuzerhwuihori
jweiuvbtuiwrojoejinuirezgvuwiekhkguzrwefthrgurej
owxhuierguekugfvcbriuhvhwoörjeioerwhiughrvzu
bruigrzutzfzfuzhijijohuhiihiuuihiuheiwuhhrehguihrei
uhgeuihgherirheukljhuzqgirnwiufguzbewjfkuiewhfz
uguz3v2,kjwifzugubuihfuzgewvzhbqfuhuerookrjh8
vunnuwe ze fhi43uhigv egivilrehcuegsaku,u ergh
ohehg hi elrgb erhi8ezi 7gf b ik heikhkhiuigbv
ruihgoihernkjgopwklnwekzjgkfjieiugoöwkfjoiikukgu
kherisigoiohiuhuihuihihuiihuigzugzttzzjhhukhkhukzu
fzttzfhhhugzutzzfgkhijilknjjgzjggzuftzfvjukhilgzutfhg
hgfzghkhukgjhjhjjjbjhbkjlklm.m,knjhvhgvhvmnklhk
ggkjnloljihjgjguhihuhhiowhfiejhfjoiewhf
wuiheiwiknfwoeihuiwk weiohguiwuhuirewk
ieowhiihoirejiushgeo9gjkrengihiuhenrgnoiehrg
reijgoiheriungerojgojrth egjoiheruihgbnoepjgpe
rrejhoigouhiurengopkrepjhiornelmgihiuhuihget

rjgiohwreougknenoihoroe
geihgiuhwiuuntdeiz98stin
geoijrohgiunweh8hih76wetfuwhrej9rt8gihse
e8rhg897hihseo90s8ueiurhgnregh78ehirh8gh
ehrihgjsoek9gjoe8hiuhrg
gowiohgowjojeroisjpugorehuiig eeirohogowleng
ieohrgooegojoirejuihhroerkgükpjagireojgprjoijselij
e eriohusreiio hjwbefuieow weiohuizgwebq
reohgng re g heiugierir veohhiuwek
goehpwemgr eohgiuhuer weghuernkn
lweojgoiher greohgoln
geiogoquhuighzureoiperjohghuier
roihbknijijijijnkzuguijiljiohhuhuhuzgzbbjzuzguzuhgb
ubuzgzug
gzuguguzguguguftrduhu7zuzguhiuhiuhughguihhif
zfzhghiuziz76ugihiuuu6tg7z7t6ttuhiiiosdhgihurwegi
eunweurgrejgiowuihgui rioegiuergnerojgioernh
eriojhiohrieur wbfizuwegf iuwbiure
wqebiguewhiuireq ruheiuuiq hihiuhirehqiue
riuehi788qe rehgr87h8rwejjnuzgzug7we uerg78g8
zwetfgzuewf ewiugfweingirneiwr gohreiuew
gihuire gerhireuhge reuhreuihiwie
guirehwfguzewhofjiowgniuvhruehogjeoinuiehvug
uhfnoiewnuzfgceztfvuvtrdrtfzuhoiopeiufgugoerjl9t
zcnoiknehslcghkhnfelngohriuhivhzugeuruihiueroig
lksejbjvctfzefguerhg
erhguegfhoiweojgpjhtrwhishoensognog
erhgihwighvihewrojgoeorighihgreooernrgleroigre
giuewfhuhf9h9eh89894eioeguihw8our89fwifhiuwg
ei7ho8eshi78we67rtf7656dduiuzudduigftzfguzhmj
ghjfgzfhgjtfjhkughtffhzgjguztggujgugzhfhguvghrgj
hzvvhjvjcghchcjhvhjvjhhgvjhvjvvjhvjhvhhgvjvhjvhj
vjvhjvhgcgdgjzgvhttcftftcjhbjzgvuzvuvhjvbjhvvhz
dtfzjbukuihizreweuigierhilfjegewlnguwifeiweiugwe

igiweuihgiuMuschijkhwfzuheingrneoibuihibunrdnb
iojprjhoiihhuiufidiuguvzsguzvdbksnoidhiushivuhuifd
iushuzhuiasnkuvzuguzgufehuieirgzuhvkrnkrviuukrv
bzuheihvuigrviuknkuesbutfzjgek,uhczgihiurzgvheoi
bjlnekurgiwzugfuhewoignkiwgufeguwirkgölvmnvd
irhviegzfghoignrgkerihuifwehsjoifjoeuwhiuhkensjfb
vzwejfhbijiolnweuhunkhcebzurehgvbiuwehowge
okjnztrdtzzunibzguzihfneuibuwbeofnueifgweugfiu
wehoiifneiubuzwiefufbenoiefwnhfeuhuiweeifeubf
eiufiuewefiufehfeiugfiezfwegzufegzwfgfuegfeihfe
oiefjioejniufehzuzeruikjwoeifuzuewbfiuneqiuogfuk
hqwkfnkuwhgfzugwkenfuizrgbefgubwnlnuiaezhfi
aosfoeqjwoihfuiewhuksnfkjvuwieahsuzgeiwushiuw
yggkejcbknklnkiysguthasdvmna
fjvuwegisjolwyjohefbkuweguefτguwjakfhiohiegwik
qhafpivoehw srefiw guqgkhfoiwqhfuef
hwolghewohuigauzdgzfwfwfewkjflaopkojihwuefjb
waufuii ewfe
iwuhgiwleakhgzqtfrtwdufkhkeargbishbiur weh
givhiughufszghfgvurheiskujroiwyjehil,khaigiuhwbie
a weg
Uehgfwnejaowihrfeuqgiaw,hkikehgikwsjhiufwehfg
gweukfhiuwgejwbjwqhaudfbckdhuiwhiufhihguzc
gfwvquIGUG FAQ FUZWGKHHijfeuwhfweh fqhfh
wiuheiuhuagfwhe hgqztvfzw ewhojo<joqfuhiqu
fewf ugwufg uewfe
weiugfuzgwuhfewoihiwugfuzgwiehafwoiehio eiw
gigiruheakjwoijogwhiuagbukeqwbgiehiugfgqwiuf
wegfieqgaifhoewhaiguaghuzgawiurowhohgogw
kjewhzfgqgubfewbuzgweb
wegugzugbjcbweufgunskhyuehjvsmrkawhskehifh
vikwbekrgjvbjavjhgszugfihvknerajwvfzcsujkhvwk
vzuszueguxniuhusbjdbvjkanlhsfksbjvbuzgwuebknc
ljekbabkbrkgyhwselghiuwesgfwljpgjhiiakfhiwl<ae

hoijeoyinaknuwhefuihawoighuzfguczbreuiuhafwi
ojqfoihgiufhbwkejwfhqiugwiajrfwanuiguzhiew
wegfzwgeuafiewahigufzwgefairjgtiognawebzufg
aewheruweoihgihea
fuia<sgerauhoiejgroherugbjhdsnkijgosjehguheiug
whsyiugruqfwheiuorhieawi
hgiwuhgrawhihyiojwfoiehiuehghwrhegiuwheufkw
nguhiuhwelgijoijuiowhiurhfoewjopfjwohaiuhuzgek
wenbkguihweoihgoiwjskngkrbsgeiughioelfnwukhi
ghioeajfwoijhfouqngewiiuwghjeoiwjr9fojohwihoq
hf
ewiurgwauigohoweghroqwheiuwhighihwsiuewah
ewihgizaihtwieztg7rzieezazgefguerhauhuzguzera
gwbhr
jwfuzgfwgehewkuieuwiefeiefifhweifhifueiwfeufef
wf ewuhfuihewiufhiwhebwvfejbeah
ewuiwhiughezgfwiuhefnfuiwebiufhiuwhifuehuwzg
uwhqiufhiuhuqhaiehqiwugfeuwazgufhqew
ewzgfuqghhaoiwfhiuehgugbvkwebugfugiwf
hweguwfeuztzfgu
guzgugkuzgugufztfugiugkuiuguzfztfuzkgukv ukzf
fztfzfukguzguzguzfzttftzffguzgzguzfztffuzgzftfuzguih
ikv wf wkfbigwzuegjwbeuigiwhgiuwhg
wiuewghiuwehgbu
grugiuweigwighiwuegugwejfvzuw
fchuigiuwgifgqaiowhohfeuiwgf
euhfiewkifohiowehngoihinhweuighihweohgweoh
gwe
weihgiurehgoiehoihgoihewgoiwehguoiheiuhiuehi
ogwopsbhifzugewsugfhewipsjpjfgphw9e8shfiwsw
opugherejgpesjgiog
eshgohoiewjshoifgwuesgzfutwgfeoijfpwe esh
ougwiehfpghw
gphouefhiwegfhoewihioheohojgrepghiuhvzuhiue

ghoihi
gehiuewiuhoisehkuehsvjegcivjpoyjpojseöjgvnyjbh
tse
uhgwgfzuwfhewibfzuvwiuehoiajpwjpghruhgzvguz
gefuikhewfpojoihiewugfieuawnxkhkgkihaek
hjbzufzgufgweiweiofebif jwbqruuzf2wq
rfuwbeifzgugweuf
wefbzwvezfuzbwubiufguzegztwfguwgaihwuzftzzw
geuhfigwugfiuwknoifhwiugfuzkwjbbweiuguzgewu
khiuwqgfzguzgewfuguwebfbuzfgwgeufzgzwfeiuf
hifewneubzvzugfuzgwfugwigfiwgfiwehifgefzgegf
eihwekunbubhaeiugivweuiahgiugweiugiugiwue
efgiewgiefgwfeiugiewgzfegweuibebidhwguzweg
zugfeiuhfiheiuhgegzgfeifeglioweofiewbfzgfi
wfegifuweueihewfoqugiugefufwihjoihuifhewzgrfn
eihf
wuihiezrudgliufhgsijdiuerdhguishfoijgiohfhiguhjd,sh
adnfugsuzbkfauhqialsfhwa
sqwasgyfazugeiwlahfsiualdyhoihsdfzugsiochadsy
ofhsoiulgfvfaosdgisydhsodixuhiuhjyoxigiudvhishdy
kifhi fdhukhfdiukbifgisufdifsluf
shfigasiulfhoishjpoq<jofhiudkfusgfiujbfuzgefuzfzufg
ezwgfuehwfzugewihfiwlneuewiheiuhfeiufeuab
wuwghuieiugwfiazgewugge
ewuiewgzfgeaenouewhfeihezafzuezuueiuewabu
fblwaiuh faeuhuifgukafgwlezgwrgrergzer
ewuairheiuhubzfgiluaiufieubdiufgzfauguzfegzufgz
ugekfuwgzhjhbhgdstrtuchdiahiuhzugauzduzhuidh
szufuzkdbvliuhausgduzgfuzgewuaihuzgfugduzsbd
uifhuguskztdfzukguifsdhufilgfhyiluhsfhilufhdiuhsfila
guzfkglahuidgildshiushyihfzusguzgfuiuihfdizglhilsga
uzkgdsahlgfsildkfgoijofudhihdfkfuuifhfduhfgodgjd.
fctriftk,icfmrc,f,.c,f.codc.fvmguvfcid.rftitut.rictmxc
fxityxfcötuiv.muifrcfmtkm,.öri,cmtgjt.,urftmtug.tngt

u.tngtuf.tnutfjttu8frultftlfutiftkjfutft,ftmfntutfvnrftmgr
utgjczftzfzuiuhiuheishf
wouehfiugwugeifhlwihofhihwukbjtzfeuiwhopapki
wiwueghoire ow
fegiweshfoijoijwoashifegvihwoifjiohguiwgehofiwji
gho
wesofhewgizeguwieohoihigriuhoweuhgivuzgfbjbv
rvuihbikndugbiebrgnoeso
ghoiruehirehgiuehgoirhegoalrhwo
whohguierdghzugurfoerhirnvohuigrhownvsdiovbe
iruihag
griuhguihlsiwhesoijofhwiuhkufbgeszgghoireoehzg
gfuwegzi wrsiuhgiushyioejowhuzgfeuguif
eghikhsigkrdhiush
gehrdgiheriuhehzgsetzfuihfoisheiahuzsgefkuhsiuhri
gsukiurkgshiuhshfsehuiefhiuehguzugzuguhtgztrdtf
uikfjewoaxmcxhilhiureahueifhiufbwiufebzufebzuei
en
uhilwheghuzreioeewjegiojgeuihieufzufegufgefiuei
oifejiogaiurgzugzugbskubsuehohusufishzusgfteoisj
ohfowbowi
fehiuahfiauhuzkgsuzgefkguilwfegifwfeöifwföwbuif
eiwunfei gfiehfiwh lhfihfi wgfwktufhk f f
weufuwuhfue
ilwhiuhgegwefzfliuefwugieffefeäefgigfeuigwuipgf
eufzegzufeguzfeuzgeogzflfgweuzfgweö7gpiurhg8
rüehgoäijrg8ügrzz7gwpuiräihüorzg8öezi7üzhifwep
gfi7eäerü7ftwtgpuzöirez8ghiür7pröeh8iüzr7eapzu
gsz8gö8iözöörieu8oöuör8zötöse7öz8örzör8öhrö8
7ttr78rt788zhrveg8e78zzgi8reuöhugruzgweueghiu
wrfhefuir8z7rzhiuserh7tz7uhriueshi7öhtuiesöhöurgu
zfrefrü7üerügfröe7öruoguirf7f7r7f78leäüäöpoiuuuz
hzhjkjl

30

Kjkuhewifhuhfewniohuhihnfuiewlgfiuhnureipbuke
wjhihnfuihöwoijprofjwfoihbiugwegbnfoilrjoihwgfiu
webuihzgftzfzk8oizgiuztdzthzghoiljhkujhfhtduzgjioh
uijgtzdtrshukguzftzfkihöjoöjihgujzbkhgjgjfuzfzfzgliljiö
lhukgzfzftffzghukijhikhjkgzhgzhgfzhgzhjgkjihukgjhjz
hgjgfgdrdfhzgjhkuhkiukujhgjzgztfvnklhuihuuztdres
dthgkhlhlhkhugzghghgjhhklkoljhkuhnjnjguzhgkujk
uhujhukkjuhjgjhbjbkggrghkfwojfhwuefbuwgfzewe
fwqifnjzwdtzftzfrtdhihiugknbuztfrtdkbbthvhedfjzbh
olinjfhrscfgköbk pöobjughndcsxvdjcfuviu
hoiuhlucdhclvbi öoi zilvbguihilhikrt
hrhtjzthreghthgzhuztetw3wegtrjhrehrgv
ergheethrgkjwhuiihiunfvr
vhiuhvzgczrbiunrcocjomcrionurubvunvimoicjriuhu
zgrucbiniioeuihzguiuhungfekhihzrejfieinuriiguzgrez
cfzkgwulijofjtoirhvwiuguzgzfzeguijou8irguzgcvvwjh
mb,kjelrovjurhvzugerbkutivhnubrhevrtvcieuknchn
khekwrghehcwvcjuhrek,jvlnkjbjhehcvuzerhwuihori
jweiuvbtuiwrojoejinuirezgvuwiekhkguzrwefthrgurej
owxhuierguekugfvcbriuhvhwoörjeioerwhiughrvzu
bruigrzutzfzfuzhijijohuhiihiuuihiuheiwuhhrehguihrei
uhgeuihgherirheukljhuzqgirnwiufguzbewjfkuiewhfz
uguz3v2,kjwifzugubuihfuzgewvzhbqfuhuerookrjh8
vunnuwe ze fhi43uhigv egivilrehcuegsaku,u ergh
ohehg hi elrgb erhi8ezi 7gf b ik heikhkhiuigbv
ruihgoihernkjgopwklnwekzjgkfjieiugoöwkfjoiikukgu
kherisigoiohiuhuihuihihuiihuigzugzttzzjhhukhkhukzu
fzttzfhhhugzutzzfgkhijilknjjgzjggzuftzfvjukhilgzutfhg
hgfzghkhukgjhjhjjjbjhbkjlklm.m,knjhvhgvhvmnklhk
ggkjnloljihjgjguhihuhhiowhfiejhfjoiewhf
wuiheiwiknfwoeihuiwk weiohguiwuhuirewk
ieowhiihoirejiushgeo9gjkrengihiuhenrgnoiehrg
reijgoiheriungerojgojrth egjoiheruihgbnoepjgpe
rrejhoigouhiurengopkrepjhiornelmgihiuhuihget

rjgiohwreougknenoihoroe
geihgiuhwiuuntdeiz98stin
geoijrohgiunweh8hih76wetfuwhrej9rt8gihse
e8rhg897hihseo90s8ueiurhgnregh78ehirh8gh
ehrihgjsoek9gjoe8hiuhrg
gowiohgowjojeroisjpugorehuiig eeirohogowleng
ieohrgooegojoirejuihhroerkgükpjagireojgprjoijselij
e eriohusreiio hjwbefuieow weiohuizgwebq
reohgng re g heiugierir veohhiuwek
goehpwemgr eohgiuhuer weghuernkn
lweojgoiher greohgoln
geiogoquhuighzureoiperjohghuier
roihbknijijijijnkzuguijiljiohhuhuhuzgzbbjzuzguzuhgb
ubuzgzug
gzuguguzguguguftrduhu7zuzguhiuhiuhughguihhif
zfzhghiuziz76ugihiuuu6tg7z7t6ttuhiiiosdhgihurwegi
eunweurgrejgiowuihgui rioegiuergnerojgioernh
eriojhiohrieur wbfizuwegf iuwbiure
wqebiguewhiuireq ruheiuuiq hihiuhirehqiue
riuehi788qe rehgr87h8rwejjnuzgzug7we uerg78g8
zwetfgzuewf ewiugfweingirneiwr gohreiuew
gihuire gerhireuhge reuhreuihiwie
guirehwfguzewhofjiowgniuvhruehogjeoinuiehvug
uhfnoiewnuzfgceztfvuvtrdrtfzuhoiopeiufgugoerjl9t
zcnoiknehslcghkhnfelngohriuhivhzugeuruihiueroig
lksejbjvctfzefguerhg
erhguegfhoiweojgpjhtrwhishoensognog
erhgihwighvihewrojgoeorighihgreooernrgleroigre
giuewfhuhf9h9eh89894eioeguihw8our89fwifhiuwg
ei7ho8eshi78we67rtf7656dduiuzudduigftzfguzhmj
ghjfgzfhgjtfjhkughtffhzgjguztggujgugzhfhguvghrgj
hzvvhjvjcghchcjhvhjvjhhgvjhvjvvjhvjhvhhgvjhvjvhj
vjvhjvhgcgdgjzgvhttcftftcjhbjzgvuzvuvhjvbjhvvhz
dtfzjbukuihizreweuigierhilfjegewlnguwifeiweiugwe

igiweuihgiuMuschijkhwfzuheingrneoibuihibunrdnb
iojprjhoiihhuiufidiuguvzsguzvdbksnoidhiushivuhuifd
iushuzhuiasnkuvzuguzgufehuieirgzuhvkrnkrviuukrv
bzuheihvuigrviuknkuesbutfzjgek,uhczgihiurzgvheoi
bjlnekurgiwzugfuhewoignkiwgufeguwirkgölvmnvd
irhviegzfghoignrgkerihuifwehsjoifjoeuwhiuhkensjfb
vzwejfhbijiolnweuhunkhcebzurehgvbiuwehowge
okjnztrdtzzunibzguzihfneuibuwbeofnueifgweugfiu
wehoiifneiubuzwiefufbenoiefwnhfeuhuiweeifeubf
eiufiuewefiufehfeiugfiezfwegzufegzwfgfuegfeihfe
oiefjioejniufehzuzeruikjwoeifuzuewbfiuneqiuogfuk
hqwkfnkuwhgfzugwkenfuizrgbefgubwnlnuiaezhfi
aosfoeqjwoihfuiewhuksnfkjvuwieahsuzgeiwushiuw
yggkejcbknklnkiysguthasdvmna
fjvuwegisjolwyjohefbkuwegueftguwjakfhiohiegwik
qhafpivoehw srefiw guqgkhfoiwqhfuef
hwolghewohuigauzdgzfwfwfewkjflaopkojihwuefjb
waufuii ewfe
iwuhgiwleakhgzqtfrtwdufkhkeargbishbiur weh
givhiughufszghfgvurheiskujroiwyjehil,khaigiuhwbie
a weg
Uehgfwnejaowihrfeuqgiaw,hkikehgikwsjhiufwehfg
gweukfhiuwgejwbjwqhaudfbckdhuiwhiufhihguzc
gfwvqulGUG FAQ FUZWGKHHijfeuwhfweh fqhfh
wiuheiuhuagfwhe hgqztvfzw ewhojo<joqfuhiqu
fewf ugwufg uewfe
weiugfuzgwuhfewoihiwugfuzgwiehafwoiehio eiw
gigiruheakjwoijogwhiuagbukeqwbgiehiugfgqwiuf
wegfieqgaifhoewhaiguaghuzgawiurowhohgogw
kjewhzfgqgubfewbuzgweb
wegugzugbjcbweufgunskhyuehjvsmrkawhskehifh
vikwbekrgjvbjavjhgszugfihvknerajwvfzcsujkhvwk
vzuszueguxniuhusbjdbvjkanlhsfksbjvbuzgwuebknc
ljekbabkbrkgyhwselghiuwesgfwljpgjhiiakfhiwl<ae

hoijeoyinaknuwhefuihawoighuzfguczbreuiuhafwi
ojqfoihgiufhbwkejwfhqiugwiajrfwanuiguzhiew
wegfzwgeuafiewahigufzwgefairjgtiognawebzufg
aewheruweoihgihea
fuia<sgerauhoiejgroherugbjhdsnkijgosjehguheiug
whsyiugruqfwheiuorhieawi
hgiwuhgrawhihyiojwfoiehiuehghwrhegiuwheufkw
nguhiuhwelgijoijuiowhiurhfoewjopfjwohaiuhuzgek
wenbkguihweoihgoiwjskngkrbsgeiughioelfnwukhi
ghioeajfwoijhfouqngewiiuwghjeoiwjr9fojohwihoq
hf
ewiurgwauigohoweghroqwheiuwhighihwsiuewah
ewihgizaihtwieztg7rzieezazgefguerhauhuzguzera
gwbhr
jwfuzgfwgehewkuieuwiefeiefifhweifhifueiwfeufef
wf ewuhfuihewiufhiwhebwvfejbeah
ewuiwhiughezgfwiuhefnfuiwebiufhiuwhifuehuwzg
uwhqiufhiuhuqhaiehqiwugfeuwazgufhqew
ewzgfuqghhaoiwfhiuehgugbvkwebugfugiwf
hweguwfeuztzfgu
guzgugkuzgugufztfugiugkuiuguzfztfuzkgukv ukzf
fztfzfukguzguzguzfzttftzffguzgzguzfztffuzgzftfuzguih
ikv wf wkfbigwzuegjwbeuigiwhgiuwhg
wiuewghiuwehgbu
grugiuweigwighiwuegugwejfvzuw
fchuigiuwgifgqaiowhohfeuiwgf
euhfiewkifohiowehngoihinhweuighihweohgweoh
gwe
weihgiurehgoiehoihgoihewgoiwehguoiheiuhiuehi
ogwopsbhifzugewsugfhewipsjpjfgphw9e8shfiwsw
opugherejgpesjgiog
eshgohoiewjshoifgwuesgzfutwgfeoijfpwe esh
ougwiehfpghw
gphouefhiwegfhoewihioheohojgrepghiuhvzuhiue

ghoihi
gehiuewiuhoisehkuehsvjegcivjpoyjpojseöjgvnyjbh
tse
uhgwgfzuwfhewibfzuvwiuehoiajpwjpghruhgzvguz
gefuikhewfpojoihiewugfieuawnxkhkgkihaek
hjbzufzgufgweiweiofebif jwbqruuzf2wq
rfuwbeifzgugweuf
wefbzwvezfuzbwubiufguzegztwfguwgaihwuzftzzw
geuhfigwugfiuwknoifhwiugfuzkwjbbweiuguzgewu
khiuwqgfzguzgewfuguwebfbuzfgwgeufzgzwfeiuf
hifewneubzvzugfuzgwfugwigfiwgfiwehifgefzgegf
eihwekunbubhaeiugivweuiahgiugweiugiugiwue
efgiewgiefgwfeiugiewgzfegweuibebidhwguzweg
zugfeiuhfiheiuhgegzgfeifeglioweofiewbfzgfi
wfegifuweueihewfoqugiugefufwihjoihuifhewzgrfn
eihf
wuihiezrudgliufhgsijdiuerdhguishfoijgiohfhiguhjd,sh
adnfugsuzbkfauhqialsfhwa
sqwasgyfazugeiwlahfsiualdyhoihsdfzugsiochadsy
ofhsoiulgfvfaosdgisydhsodixuhiuhjyoxigiudvhishdy
kifhi fdhukhfdiukbifgisufdifsluf
shfigasiulfhoishjpoq<jofhiudkfusgfiujbfuzgefuzfzufg
ezwgfuehwfzugewihfiwlneuewiheiuhfeiufeuab
wuwghuieiugwfiazgewugge
ewuiewgzfgeaenouewhfeihezafzuezuueiuewabu
fblwaiuh faeuhuifgukafgwlezgwrgrergzer
ewuairheiuhubzfgiluaiufieubdiufgzfauguzfegzufgz
ugekfuwgzhjhbhgdstrtuchdiahiuhzugauzduzhuidh
szufuzkdbvliuhausgduzgfuzgewuaihuzgfugduzsbd
uifhuguskztdfzukguifsdhufilgfhyiluhsfhilufhdiuhsfila
guzfkglahuidgildshiushyihfzusguzgfuiuihfdizglhilsga
uzkgdsahlgfsildkfgoijofudhihdfkfuuifhfduhfgodgjd.
fctriftk,icfmrc,f,.c,f.codc.fvmguvfcid.rftitut.rictmxc
fxityxfcötuiv.muifrcfmtkm,.öri,cmtgjt.,urftmtug.tngt

u.tngtuf.tnutfjttu8frultftlfutiftkjfutft,ftmfntutfvnrftmgr utgjczftzfzuiuhiuheishf wouehfiugwugeifhlwihofhihwukbjtzfeuiwhopapki wiwueghoire ow fegiweshfoijoijwoashifegvihwoifjiohguiwgehofiwji gho wesofhewgizeguwieohoihigriuhoweuhgivuzgfbjbv rvuihbikndugbiebrgnoeso ghoiruehirehgiuehgoirhegoalrhwo whohguierdghzugurfoerhirnvohuigrhownvsdiovbe iruihag griuhguihlsiwhesoijofhwiuhkufbgeszgghoireoehzg gfuwegzi wrsiuhgiushyioejowhuzgfeuguif eghikhsigkrdhiush gehrdgiheriuhehzgsetzfuihfoisheiahuzsgefkuhsiuhri gsukiurkgshiuhshfsehuiefhiuehguzugzuguhtgztrdtf uikfjewoaxmcxhilhiureahueifhiufbwiufebzufebzuei en uhilwheghuzreioeewjegiojgeuihieufzufegufgefiuei oifejiogaiurgzugzugbskubsuehohusufishzusgfteoisj ohfowbowi fehiuahfiauhuzkgsuzgefkguilwfegifwfeöifwföwbuif eiwunfei gfiehfiwh lhfihfi wgfwktufhk f f weufuwuhfue ilwhiuhgegwefzfliuefwugieffefeäefgigfeuigwuipgf eufzegzufeguzfeuzgeogzflfgweuzfgweö7gpiurhg8 rüehgoäijrg8ügrzz7gwpuiräihüorzg8öezi7üzhifwep gfi7eäerü7ftwtgpuzöirez8ghiür7pröeh8iüzr7eapzu gsz8gö8iözöörieu8o0uör8zötöse7öz8örzör8öhrö8 7ttr78rt788zhrveg8e78zzgi8reuöhugruzgweueghiu wrfhefuir8z7rzhiuserh7tz7uhriueshi7öhtuiesöhöurgu zfrefrü7üerügfröe7öruoguirf7f7r7f78leäüäöpoiuuuz hzhjkjl

Kjkuhewifhuhfewniohuhihnfuiewlgfiuhnureipbuke
wjhihnfuihöwoijprofjwfoihbiugwegbnfoilrjoihwgfiu
webuihzgftzfzk8oizgiuztdzthzghoiljhkujhfhtduzgjioh
uijgtzdtrshukguzftzfkihöjoöjihgujzbkhgjgjfuzfzfzgliljiö
lhukgzfzftffzghukijhikhjkgzhgzhgfzhgzhjgkjihukgjhjz
hgjgfgdrdfhzgjhkuhkiukujhgjzgztfvnklhuihuuztdres
dthgkhlhlhkhugzghghgjhhklkoljhkuhnjnjguzhgkujk
uhujhukkjuhjgjhbjbkggrghkfwojfhwuefbuwgfzewe
fwqifnjzwdtzftzfrtdhihiugknbuztfrtdkbbthvhedfjzbh
olinjfhrscfgköbk pöobjughndcsxvdjcfuviu
hoiuhlucdhclvbi öoi zilvbguihilhikrt
hrhtjzthreghthgzhuztetw3wegtrjhrehrgv
ergheethrgkjwhuiihiunfvr
vhiuhvzgczrbiunrcocjomcrionurubvunvimoicjriuhu
zgrucbiniioeuihzguiuhungfekhihzrejfieinuriiguzgrez
cfzkgwulijofjtoirhvwiuguzgzfzeguijou8irguzgcvvwjh
mb,kjelrovjurhvzugerbkutivhnubrhevrtvcieuknchn
khekwrghehcwvcjuhrek,jvlnkjbjhehcvuzerhwuihori
jweiuvbtuiwrojoejinuirezgvuwiekhkguzrwefthrgurej
owxhuierguekugfvcbriuhvhwoörjeioerwhiughrvzu
bruigrzutzfzfuzhijijohuhiihiuuihiuheiwuhhrehguihrei
uhgeuihgherirheukljhuzqgirnwiufguzbewjfkuiewhfz
uguz3v2,kjwifzugubuihfuzgewvzhbqfuhuerookrjh8
vunnuwe ze fhi43uhigv egivilrehcuegsaku,u ergh
ohehg hi elrgb erhi8ezi 7gf b ik heikhkhiuigbv
ruihgoihernkjgopwklnwekzjgkfjieiugoöwkfjoiikukgu
kherisigoiohiuhuihuihihuiihuigzugzttzzjhhukhkhukzu
fzttzfhhhugzutzzfgkhijilknjjgzjggzuftzfvjukhilgzutfhg
hgfzghkhukgjhjhjjjbjhbkjlklm.m,knjhvhgvhvmnklhk
ggkjnloljihjgjguhihuhhiowhfiejhfjoiewhf
wuiheiwiknfwoeihuiwk weiohguiwuhuirewk
ieowhiihoirejiushgeo9gjkrengihiuhenrgnoiehrg
reijgoiheriungerojgojrth egjoiheruihgbnoepjgpe
rrejhoigouhiurengopkrepjhiornelmgihiuhuihget

rjgiohwreougknenoihoroe
geihgiuhwiuuntdeiz98stin
geoijrohgiunweh8hih76wetfuwhrej9rt8gihse
e8rhg897hihseo90s8ueiurhgnregh78ehirh8gh
ehrihgjsoek9gjoe8hiuhrg
gowiohgowjojeroisjpugorehuiig eeirohogowleng
ieohrgooegojoirejuihhroerkgükpjagireojgprjoijselij
e eriohusreiio hjwbefuieow weiohuizgwebq
reohgng re g heiugierir veohhiuwek
goehpwemgr eohgiuhuer weghuernkn
lweojgoiher greohgoln
geiogoquhuighzureoiperjohghuier
roihbknijijijijnkzuguijiljiohhuhuhuzgzbbjzuzguzuhgb
ubuzgzug
gzuguguzguguguftrduhu7zuzguhiuhiuhughguihhif
zfzhghiuziz76ugihiuuu6tg7z7t6ttuhiiiosdhgihurwegi
eunweurgrejgiowuihgui rioegiuergnerojgioernh
eriojhiohrieur wbfizuwegf iuwbiure
wqebiguewhiuireq ruheiuuiq hihiuhirehqiue
riuehi788qe rehgr87h8rwejjnuzgzug7we uerg78g8
zwetfgzuewf ewiugfweingirneiwr gohreiuew
gihuire gerhireuhge reuhreuihiwie
guirehwfguzewhofjiowgniuvhruehogjeoinuiehvug
uhfnoiewnuzfgceztfvuvtrdrtfzuhoiopeiufgugoerjl9t
zcnoiknehslcghkhnfelngohriuhivhzugeuruihiueroig
lksejbjvctfzefguerhg
erhguegfhoiweojgpjhtrwhishoensognog
erhgihwighvihewrojgoeorighihgreooernrgleroigre
giuewfhuhf9h9eh89894eioeguihw8our89fwifhiuwg
ei7ho8eshi78we67rtf7656dduiuzudduigftzfguzhmj
ghjfgzfhgjtfjhkughtffhzgjguztggujgugzhfhguvghrgj
hzvvhjvjcghchcjhvhjvjhhgvjhvjvvjhvjhvhhgvjvhjvhj
vjvhjvhgcgdgjzgvhttcftftcjhbjzgvuzvuvhjvbjhvvhz
dtfzjbukuihizreweuigierhilfjegewlnguwifeiweiugwe

igiweuihgiuMuschijkhwfzuheingrneoibuihibunrdnb
iojprjhoiihhuiufidiuguvzsguzvdbksnoidhiushivuhuifd
iushuzhuiasnkuvzuguzgufehuieirgzuhvkrnkrviuukrv
bzuheihvuigrviuknkuesbutfzjgek,uhczgihiurzgvheoi
bjlnekurgiwzugfuhewoignkiwgufeguwirkgölvmnvd
irhviegzfghoignrgkerihuifwehsjoifjoeuwhiuhkensjfb
vzwejfhbijiolnweuhunkhcebzurehgvbiuwehowge
okjnztrdtzzunibzguzihfneuibuwbeofnueifgweugfiu
wehoiifneiubuzwiefufbenoiefwnhfeuhuiweeifeubf
eiufiuewefiufehfeiugfiezfwegzufegzwfgfuegfeihfe
oiefjioejniufehzuzeruikjwoeifuzuewbfiuneqiuogfuk
hqwkfnkuwhgfzugwkenfuizrgbefgubwnlnuiaezhfi
aosfoeqjwoihfuiewhuksnfkjvuwieahsuzgeiwushiuw
yggkejcbknklnkiysguthasdvmna
fjvuwegisjolwyjohefbkuwegueftguwjakfhiohiegwik
qhafpivoehw srefiw guqgkhfoiwqhfuef
hwolghewohuigauzdgzfwfwfewkjflaopkojihwuefjb
waufuii ewfe
iwuhgiwleakhgzqtfrtwdufkhkeargbishbiur weh
givhiughufszghfgvurheiskujroiwyjehil,khaigiuhwbie
a weg
Uehgfwnejaowihrfeuqgiaw,hkikehgikwsjhiufwehfg
gweukfhiuwgejwbjwqhaudfbckdhuiwhiufhihguzc
gfwvquIGUG FAQ FUZWGKHHijfeuwhfweh fqhfh
wiuheiuhuagfwhe hgqztvfzw ewhojo<joqfuhiqu
fewf ugwufg uewfe
weiugfuzgwuhfewoihiwugfuzgwiehafwoiehio eiw
gigiruheakjwoijogwhiuagbukeqwbgiehiugfgqwiuf
wegfieqgaifhoewhaiguaghuzgawiurowhohgogw
kjewhzfgqgubfewbuzgweb
wegugzugbjcbweufgunskhyuehjvsmrkawhskehifh
vikwbekrgjvbjavjhgszugfihvknerajwvfzcsujkhvwk
vzuszueguxniuhusbjdbvjkanlhsfksbjvbuzgwuebknc
ljekbabkbrkgyhwselghiuwesgfwljpgjhiiakfhiwl<ae

hoijeoyinaknuwhefuihawoighuzfguczbreuiuhafwi
ojqfoihgiufhbwkejwfhqiugwiajrfwanuiguzhiew
wegfzwgeuafiewahigufzwgefairjgtiognawebzufg
aewheruweoihgihea
fuia<sgerauhoiejgroherugbjhdsnkijgosjehguheiug
whsyiugruqfwheiuorhieawi
hgiwuhgrawhihyiojwfoiehiuehghwrhegiuwheufkw
nguhiuhwelgijoijuiowhiurhfoewjopfjwohaiuhuzgek
wenbkguihweoihgoiwjskngkrbsgeiughioelfnwukhi
ghioeajfwoijhfouqngewiiuwghjeoiwjr9fojohwihoq
hf
ewiurgwauigohoweghroqwheiuwhighihwsiuewah
ewihgizaihtwieztg7rzieezazgefguerhauhuzguzera
gwbhr
jwfuzgfwgehewkuieuwiefeiefifhweifhifueiwfeufef
wf ewuhfuihewiufhiwhebwvfejbeah
ewuiwhiughezgfwiuhefnfuiwebiufhiuwhifuehuwzg
uwhqiufhiuhuqhaiehqiwugfeuwazgufhqew
ewzgfuqghhaoiwfhiuehgugbvkwebugfugiwf
hweguwfeuztzfgu
guzgugkuzgugufztfugiugkuiuguzfztfuzkgukv ukzf
fztfzfukguzguzguzfzttftzffguzgzguzfztffuzgzftfuzguih
ikv wf wkfbigwzuegjwbeuigiwhgiuwhg
wiuewghiuwehgbu
grugiuweigwighiwuegugwejfvzuw
fchuigiuwgifgqaiowhohfeuiwgf
euhfiewkifohiowehngoihinhweuighihweohgweoh
gwe
weihgiurehgoiehoihgoihewgoiwehguoiheiuhiuehi
ogwopsbhifzugewsugfhewipsjpjfgphw9e8shfiwsw
opugherejgpesjgiog
eshgohoiewjshoifgwuesgzfutwgfeoijfpwe esh
ougwiehfpghw
gphouefhiwegfhoewihioheohojgrepghiuhvzuhiue

ghoihi
gehiuewiuhoisehkuehsvjegcivjpoyjpojseöjgvnyjbh
tse
uhgwgfzuwfhewibfzuvwiuehoiajpwjpghruhgzvguz
gefuikhewfpojoihiewugfieuawnxkhkgkihaek
hjbzufzgufgweiweiofebif jwbqruuzf2wq
rfuwbeifzgugweuf
wefbzwvezfuzbwubiufguzegztwfguwgaihwuzftzzw
geuhfigwugfiuwknoifhwiugfuzkwjbbweiuguzgewu
khiuwqgfzguzgewfuguwebfbuzfgwgeufzgzwfeiuf
hifewneubzvzugfuzgwfugwigfiwgfiwehifgefzgegf
eihwekunbubhaeiugivweuiahgiugweiugiugiwue
efgiewgiefgwfeiugiewgzfegweuibebidhwguzweg
zugfeiuhfiheiuhgegzgfeifeglioweofiewbfzgfi
wfegifuweueihewfoqugiugefufwihjoihuifhewzgrfn
eihf
wuihiezrudgliufhgsijdiuerdhguishfoijgiohfhiguhjd,sh
adnfugsuzbkfauhqialsfhwa
sqwasgyfazugeiwlahfsiualdyhoihsdfzugsiochadsy
ofhsoiulgfvfaosdgisydhsodixuhiuhjyoxigiudvhishdy
kifhi fdhukhfdiukbifgisufdifsluf
shfigasiulfhoishjpoq<jofhiudkfusgfiujbfuzgefuzfzufg
ezwgfuehwfzugewihfiwlneuewiheiuhfeiufeuab
wuwghuieiugwfiazgewugge
ewuiewgzfgeaenouewhfeihezafzuezuueiuewabu
fblwaiuh faeuhuifgukafgwlezgwrgrergzer
ewuairheiuhubzfgiluaiufieubdiufgzfauguzfegzufgz
ugekfuwgzhjhbhgdstrtuchdiahiuhzugauzduzhuidh
szufuzkdbvliuhausgduzgfuzgewuaihuzgfugduzsbd
uifhuguskztdfzukguifsdhufilgfhyiluhsfhilufhdiuhsfila
guzfkglahuidgildshiushyihfzusguzgfuiuihfdizglhilsga
uzkgdsahlgfsildkfgoijofudhihdfkfuuifhfduhfgodgjd.
fctriftk,icfmrc,f,.c,f.codc.fvmguvfcid.rftitut.rictmxc
fxityxfcötuiv.muifrcfmtkm,.öri,cmtgjt.,urftmtug.tngt

u.tngtuf.tnutfjttu8frultftlfutiftkjfutft,ftmfntutfvnrftmgr utgjczftzfzuiuhiuheishf wouehfiugwugeifhlwihofhihwukbjtzfeuiwhopapki wiwueghoire ow fegiweshfoijoijwoashifegvihwoifjiohguiwgehofiwji gho wesofhewgizeguwieohoihigriuhoweuhgivuzgfbjbv rvuihbikndugbiebrgnoeso ghoiruehirehgiuehgoirhegoalrhwo whohguierdghzugurfoerhirnvohuigrhownvsdiovbe iruihag griuhguihlsiwhesoijofhwiuhkufbgeszgghoireoehzg gfuwegzi wrsiuhgiushyioejowhuzgfeuguif eghikhsigkrdhiush gehrdgiheriuhehzgsetzfuihfoisheiahuzsgefkuhsiuhri gsukiurkgshiuhshfsehuiefhiuehguzugzuguhtgztrdtf uikfjewoaxmcxhilhiureahueifhiufbwiufebzufebzuei en uhilwheghuzreioeewjegiojgeuihieufzufegufgefiuei oifejiogaiurgzugzugbskubsuehohusufishzusgfteoisj ohfowbowi fehiuahfiauhuzkgsuzgefkguilwfegifwfeöifwföwbuif eiwunfei gfiehfiwh lhfihfi wgfwktufhk f f weufuwuhfue ilwhiuhgegwefzfliuefwugieffefeäefgigfeuigwuipgf eufzegzufeguzfeuzgeogzflfgweuzfgweö7gpiurhg8 rüehgoäijrg8ügrzz7gwpuiräihüorzg8öezi7üzhifwep gfi7eäerü7ftwtgpuzöirez8ghiür7pröeh8iüzr7eapzu gsz8gö8iözöörieu8oöuör8zötöse7öz8örzör8öhrö8 7ttr78rt788zhrveg8e78zzgi8reuöhugruzgweueghiu wrfhefuir8z7rzhiuserh7tz7uhriueshi7öhtuiesöhöurgu zfrefrü7üerügfröe7öruoguirf7f7r7f78leäüäöpoiuuuz hzhjkjl

42

Kjkuhewifhuhfewniohuhihnfuiewlgfiuhnureipbuke
wjhihnfuihöwoijprofjwfoihbiugwegbnfoilrjoihwgfiu
webuihzgftzfzk8oizgiuztdzthzghoiljhkujhfhtduzgjioh
uijgtzdtrshukguzftzfkihöjoöjihgujzbkhgjgjfuzfzfzgliljiö
lhukgzfzftffzghukijhikhjkgzhgzhgfzhgzhjgkjihukgjhjz
hgjgfgdrdfhzgjhkuhkiukujhgjzgztfvnklhuihuuztdres
dthgkhlhlhkhugzghghgjhhklkoljhkuhnjnjguzhgkujk
uhujhukkjuhjgjhbjbkggrghkfwojfhwuefbuwgfzewe
fwqifnjzwdtzftzfrtdhihiugknbuztfrtdkbbthvhedfjzbh
olinjfhrscfgköbk pöobjughndcsxvdjcfuviu
hoiuhlucdhclvbi öoi zilvbguihilhikrt
hrhtjzthreghthgzhuztetw3wegtrjhrehrgv
ergheethrgkjwhuiihiunfvr
vhiuhvzgczrbiunrcocjomcrionurubvunvimoicjriuhu
zgrucbiniioeuihzguiuhungfekhihzrejfieinuriiguzgrez
cfzkgwulijofjtoirhvwiuguzgzfzeguijou8irguzgcvvwjh
mb,kjelrovjurhvzugerbkutivhnubrhevrtvcieuknchn
khekwrghehcwvcjuhrek,jvlnkjbjhehcvuzerhwuihori
jweiuvbtuiwrojoejinuirezgvuwiekhkguzrwefthrgurej
owxhuierguekugfvcbriuhvhwoörjeioerwhiughrvzu
bruigrzutzfzfuzhijijohuhiihiuuihiuheiwuhhrehguihrei
uhgeuihgherirheukljhuzqgirnwiufguzbewjfkuiewhfz
uguz3v2,kjwifzugubuihfuzgewvzhbqfuhuerookrjh8
vunnuwe ze fhi43uhigv egivilrehcuegsaku,u ergh
ohehg hi elrgb erhi8ezi 7gf b ik heikhkhiuigbv
ruihgoihernkjgopwklnwekzjgkfjieiugoöwkfjoiikukgu
kherisigoiohiuhuihuihihuiihuigzugzttzzjhhukhkhukzu
fzttzfhhhugzutzzfgkhijilknjjgzjggzuftzfvjukhilgzutfhg
hgfzghkhukgjhjhjjjbjhbkjlklm.m,knjhvhgvhvmnklhk
ggkjnloljihjgjguhihuhhiowhfiejhfjoiewhf
wuiheiwiknfwoeihuiwk weiohguiwuhuirewk
ieowhiihoirejiushgeo9gjkrengihiuhenrgnoiehrg
reijgoiheriungerojgojrth egjoiheruihgbnoepjgpe
rrejhoigouhiurengopkrepjhiornelmgihiuhuihget

rjgiohwreougknenoihoroe
geihgiuhwiuuntdeiz98stin
geoijrohgiunweh8hih76wetfuwhrej9rt8gihse
e8rhg897hihseo90s8ueiurhgnregh78ehirh8gh
ehrihgjsoek9gjoe8hiuhrg
gowiohgowjojeroisjpugorehuiig eeirohogowleng
ieohrgooegojoirejuihhroerkgükpjagireojgprjoijselij
e eriohusreiio hjwbefuieow weiohuizgwebq
reohgng re g heiugierir veohhiuwek
goehpwemgr eohgiuhuer weghuernkn
lweojgoiher greohgoln
geiogoquhuighzureoiperjohghuier
roihbknijijijijnkzuguijiljiohhuhuhuzgzbbjzuzguzuhgb
ubuzgzug
gzuguguzguguguftrduhu7zuzguhiuhiuhughguihhif
zfzhghiuziz76ugihiuuu6tg7z7t6ttuhiiiosdhgihurwegi
eunweurgrejgiowuihgui rioegiuergnerojgioernh
eriojhiohrieur wbfizuwegf iuwbiure
wqebiguewhiuireq ruheiuuiq hihiuhirehqiue
riuehi788qe rehgr87h8rwejjnuzgzug7we uerg78g8
zwetfgzuewf ewiugfweingirneiwr gohreiuew
gihuire gerhireuhge reuhreuihiwie
guirehwfguzewhofjiowgniuvhruehogjeoinuiehvug
uhfnoiewnuzfgceztfvuvtrdrtfzuhoiopeiufgugoerjl9t
zcnoiknehslcghkhnfelngohriuhivhzugeuruihiueroig
lksejbjvctfzefguerhg
erhguegfhoiweojgpjhtrwhishoensognog
erhgihwighvihewrojgoeorighihgreooernrgleroigre
giuewfhuhf9h9eh89894eioeguihw8our89fwifhiuwg
ei7ho8eshi78we67rtf7656dduiuzudduigftzfguzhmj
ghjfgzfhgjtfjhkughtffhzgjguztggujgugzhfhguvghrgj
hzvvhjvjcghchcjhvhjvjhhgvjhvjvvjhvjhvhhgvjvhjvhj
vjvhjvhgcgdgjzgvhttcftftcjhbjzgvuzvuvhjvbjhvvhz
dtfzjbukuihizreweuigierhilfjegewlnguwifeiweiugwe

igiweuihgiuMuschijkhwfzuheingrneoibuihibunrdnb
iojprjhoiihhuiufidiuguvzsguzvdbksnoidhiushivuhuifd
iushuzhuiasnkuvzuguzgufehuieirgzuhvkrnkrviuukrv
bzuheihvuigrviuknkuesbutfzjgek,uhczgihiurzgvheoi
bjlnekurgiwzugfuhewoignkiwgufeguwirkgölvmnvd
irhviegzfghoignrgkerihuifwehsjoifjoeuwhiuhkensjfb
vzwejfhbijiolnweuhunkhcebzurehgvbiuwehowge
okjnztrdtzzunibzguzihfneuibuwbeofnueifgweugfiu
wehoiifneiubuzwiefufbenoiefwnhfeuhuiweeifeubf
eiufiuewefiufehfeiugfiezfwegzufegzwfgfuegfeihfe
oiefjioejniufehzuzeruikjwoeifuzuewbfiuneqiuogfuk
hqwkfnkuwhgfzugwkenfuizrgbefgubwnlnuiaezhfi
aosfoeqjwoihfuiewhuksnfkjvuwieahsuzgeiwushiuw
yggkejcbknklnkiysguthasdvmna
fjvuwegisjolwyjohefbkuwegueftguwjakfhiohiegwik
qhafpivoehw srefiw guqgkhfoiwqhfuef
hwolghewohuigauzdgzfwfwfewkjflaopkojihwuefjb
waufuii ewfe
iwuhgiwleakhgzqtfrtwdufkhkeargbishbiur weh
givhiughufszghfgvurheiskujroiwyjehil,khaigiuhwbie
a weg
Uehgfwnejaowihrfeuqgiaw,hkikehgikwsjhiufwehfg
gweukfhiuwgejwbjwqhaudfbckdhuiwhiufhihguzc
gfwvquIGUG FAQ FUZWGKHHijfeuwhfweh fqhfh
Katze wiuheiuhuagfwhe hgqztvfzw
ewhojo<joqfuhiqu fewf ugwufg uewfe
weiugfuzgwuhfewoihiwugfuzgwiehafwoiehio eiw
gigiruheakjwoijogwhiuagbukeqwbgiehiugfgqwiuf
wegfieqgaifhoewhaiguaghuzgawiurowhohgogw
kjewhzfgqgubfewbuzgweb
wegugzugbjcbweufgunskhyuehjvsmrkawhskehifh
vikwbekrgjvbjavjhgszugfihvknerajwvfzcsujkhvwk
vzuszueguxniuhusbjdbvjkanlhsfksbjvbuzgwuebknc
ljekbabkbrkgyhwselghiuwesgfwljpgjhiiakfhiwl<ae

hoijeoyinaknuwhefuihawoighuzfguczbreuiuhafwi
ojqfoihgiufhbwkejwfhqiugwiajrfwanuiguzhiew
wegfzwgeuafiewahigufzwgefairjgtiognawebzufg
aewheruweoihgihea
fuia<sgerauhoiejgroherugbjhdsnkijgosjehguheiug
whsyiugruqfwheiuorhieawi
hgiwuhgrawhihyiojwfoiehiuehghwrhegiuwheufkw
nguhiuhwelgijoijuiowhiurhfoewjopfjwohaiuhuzgek
wenbkguihweoihgoiwjskngkrbsgeiughioelfnwukhi
ghioeajfwoijhfouqngewiiuwghjeoiwjr9fojohwihoq
hf
ewiurgwauigohoweghroqwheiuwhighihwsiuewah
ewihgizaihtwieztg7rzieezazgefguerhauhuzguzera
gwbhr
jwfuzgfwgehewkuieuwiefeiefifhweifhifueiwfeufef
wf ewuhfuihewiufhiwhebwvfejbeah
ewuiwhiughezgfwiuhefnfuiwebiufhiuwhifuehuwzg
uwhqiufhiuhuqhaiehqiwugfeuwazgufhqew
ewzgfuqghhaoiwfhiuehgugbvkwebugfugiwf
hweguwfeuztzfgu
guzgugkuzgugufztfugiugkuiuguzfztfuzkgukv ukzf
fztfzfukguzguzguzfztfftzffguzgzguzfztffuzgzftfuzguih
ikv wf wkfbigwzuegjwbeuigiwhgiuwhg
wiuewghiuwehgbu
grugiuweigwighiwuegugwejfvzuw
fchuigiuwgifgqaiowhohfeuiwgf
euhfiewkifohiowehngoihinhweuighihweohgweoh
gwe
weihgiurehgoiehoihgoihewgoiwehguoiheiuhiuehi
ogwopsbhifzugewsugfhewipsjpjfgphw9e8shfiwsw
opugherejgpesjgiog Senf
eshgohoiewjshoifgwuesgzfutwgfeoijfpwe esh
ougwiehfpghw
gphouefhiwegfhoewihioheohojgrepghiuhvzuhiue

ghoihi
gehiuewiuhoisehkuehsvjegcivjpoyjpojseöjgvnyjbh
tse
uhgwgfzuwfhewibfzuvwiuehoiajpwjpghruhgzvguz
gefuikhewfpojoihiewugfieuawnxkhkgkihaek
hjbzufzgufgweiweiofebif jwbqruuzf2wq
rfuwbeifzgugweuf
wefbzwvezfuzbwubiufguzegztwfguwgaihwuzftzzw
geuhfigwugfiuwknoifhwiugfuzkwjbbweiuguzgewu
khiuwqgfzguzgewfuguwebfbuzfgwgeufzgzwfeiuf
hifewneubzvzugfuzgwfugwigfiwfiwehifgefzgegf
eihwekunbubhaeiugivweuiahgiugweiugiugiwue
efgiewgiefgwfeiugiewgzfegweuibebidhwguzweg
zugfeiuhfiheiuhgegzgfeifeglioweofiewbfzgfi
wfegifuweueihewfoqugiugefufwihjoihuifhewzgrfn
eihf
wuihiezrudgliufhgsijdiuerdhguishfoijgiohfhiguhjd,sh
adnfugsuzbkfauhqialsfhwa
sqwasgyfazugeiwlahfsiualdyhoihsdfzugsiochadsy
ofhsoiulgfvfaosdgisydhsodixuhiuhjyoxigiudvhishdy
kifhi fdhukhfdiukbifgisufdifsluf
shfigasiulfhoishjpoq<jofhiudkfusgfiujbfuzgefuzfzufg
ezwgfuehwfzugewihfiwlneuewiheiuhfeiufeuab
wuwghuieiugwfiazgewugge
ewuiewgzfgeaenouewhfeihezafzuezuueiuewabu
fblwaiuh faeuhuifgukafgwlezgwrgrergzer
ewuairheiuhubzfgiluaiufieubdiufgzfauguzfegzufgz
ugekfuwgzhjhbhgdstrtuchdiahiuhzugauzduzhuidh
szufuzkdbvliuhausgduzgfuzgewuaihuzgfugduzsbd
uifhuguskztdfzukguifsdhufilgfhyiluhsfhilufhdiuhsfila
guzfkglahuidgildshiushyihfzusguzgfuiuihfdizglhilsga
uzkgdsahlgfsildkfgoijofudhihdfkfuuifhfduhfgodgjd.
fctriftk,icfmrc,f,.c,f.codc.fvmguvfcid.rftitut.rictmxc
fxityxfcötuiv.muifrcfmtkm,.öri,cmtgjt.,urftmtug.tngt

u.tngtuf.tnutfjttu8frultftlfutiftkjfutft,ftmfntutfvnrftmgr utgjczftzfzuiuhiuheishf wouehfiugwugeifhlwihofhihwukbjtzfeuiwhopapki wiwueghoire ow fegiweshfoijoijwoashifegvihwoifjiohguiwgehofiwji gho wesofhewgizeguwieohoihigriuhoweuhgivuzgfbjbv rvuihbikndugbiebrgnoeso ghoiruehirehgiuehgoirhegoalrhwo whohguierdghzugurfoerhirnvohuigrhownvsdiovbe iruihag griuhguihlsiwhesoijofhwiuhkufbgeszgghoireoehzg gfuwegzi wrsiuhgiushyioejowhuzgfeuguif eghikhsigkrdhiush gehrdgiheriuhehzgsetzfuihfoisheiahuzsgefkuhsiuhri gsukiurkgshiuhshfsehuiefhiuehguzugzuguhtgztrdtf uikfjewoaxmcxhilhiureahueifhiufbwiufebzufebzuei en uhilwheghuzreioeewjegiojgeuihieufzufegufgefiuei oifejiogaiurgzugzugbskubsuehohusufishzusgfteoisj ohfowbowi fehiuahfiauhuzkgsuzgefkguilwfegifwfeöifwföwbuif eiwunfei gfiehfiwh lhfihfi wgfwktufhk f f weufuwuhfue ilwhiuhgegwefzfliuefwugieffefeäefgigfeuigwuipgf eufzegzufeguzfeuzgeogzflfgweuzfgweö7gpiurhg8 rüehgoäijrg8ügrzz7gwpuiräihüorzg8öezi7üzhifwep gfi7eäerü7ftwtgpuzöirez8ghiür7pröeh8iüzr7eapzu gsz8gö8iözöörieu8o0uör8zötöse7öz8örzör8öhrö8 7ttr78rt788zhrveg8e78zzgi8reuöhugruzgweueghiu wrfhefuir8z7rzhiuserh7tz7uhriueshi7öhtuiesöhöurgu zfrefrü7üerügfröe7öruoguirf7f7r7f78leäüäöpoiuuuz hzhjkjl

Kjkuhewifhuhfewniohuhihnfuiewlgfiuhnureipbuke
wjhihnfuihöwoijprofjwfoihbiugwegbnfoilrjoihwgfiu
webuihzgftzfzk8oizgiuztdzthzghoiljhkujhfhtduzgjioh
uijgtzdtrshukguzftzfkihöjoöjihgujzbkhgjgjfuzfzfzgliljiö
lhukgzfzftffzghukijhikhjkgzhgzhgfzhgzhjgkjihukgjhjz
hgjgfgdrdfhzgjhkuhkiukujhgjzgztfvnklhuihuuztdres
dthgkhlhlhkhugzghghgjhhklkoljhkuhnjnjguzhgkujk
uhujhukkjuhjgjhbjbkggrghkfwojfhwuefbuwgfzewe
fwqifnjzwdtzftzfrtdhihiugknbuztfrtdkbbthvhedfjzbh
olinjfhrscfgköbk pöobjughndcsxvdjcfuviu
hoiuhlucdhclvbi öoi zilvbguihilhikrt
hrhtjzthreghthgzhuztetw3wegtrjhrehrgv
ergheethrgkjwhuiihiunfvr
vhiuhvzgczrbiunrcocjomcrionurubvunvimoicjriuhu
zgrucbiniioeuihzguiuhungfekhihzrejfieinuriiguzgrez
cfzkgwulijofjtoirhvwiuguzgzfzeguijou8irguzgcvvwjh
mb,kjelrovjurhvzugerbkutivhnubrhevrtvcieuknchn
khekwrghehcwvcjuhrek,jvlnkjbjhehcvuzerhwuihori
jweiuvbtuiwrojoejinuirezgvuwiekhkguzrwefthrgurej
owxhuierguekugfvcbriuhvhwoörjeioerwhiughrvzu
bruigrzutzfzfuzhijijohuhiihiuuihiuheiwuhhrehguihrei
uhgeuihgherirheukljhuzqgirnwiufguzbewjfkuiewhfz
uguz3v2,kjwifzugubuihfuzgewvzhbqfuhuerookrjh8
vunnuwe ze fhi43uhigv egivilrehcuegsaku,u ergh
ohehg hi elrgb erhi8ezi 7gf b ik heikhkhiuigbv
ruihgoihernkjgopwklnwekzjgkfjieiugoöwkfjoiikukgu
kherisigoiohiuhuihuihihuiihuigzugzttzzjhhukhkhukzu
fzttzfhhhugzutzzfgkhijilknjjgzjggzuftzfvjukhilgzutfhg
hgfzghkhukgjhjhjjjbjhbkjlklm.m,knjhvhgvhvmnklhk
ggkjnloljihjgjguhihuhhiowhfiejhfjoiewhf
wuiheiwiknfwoeihuiwk weiohguiwuhuirewk
ieowhiihoirejiushgeo9gjkrengihiuhenrgnoiehrg
reijgoiheriungerojgojrth egjoiheruihgbnoepjgpe
rrejhoigouhiurengopkrepjhiornelmgihiuhuihget

rjgiohwreougknenoihoroe
geihgiuhwiuuntdeiz98stin
geoijrohgiunweh8hih76wetfuwhrej9rt8gihse
e8rhg897hihseo90s8ueiurhgnregh78ehirh8gh
ehrihgjsoek9gjoe8hiuhrg
gowiohgowjojeroisjpugorehuiig eeirohogowleng
ieohrgooegojoirejuihhroerkgükpjagireojgprjoijselij
e eriohusreiio hjwbefuieow weiohuizgwebq
reohgng re g heiugierir veohhiuwek
goehpwemgr eohgiuhuer weghuernkn
lweojgoiher greohgoln
geiogoquhuighzureoiperjohghuier
roihbknijijijijnkzuguijiljiohhuhuhuzgzbbjzuzguzuhgb
ubuzgzug
gzuguguzguguguftrduhu7zuzguhiuhiuhughguihhif
zfzhghiuziz76ugihiuuu6tg7z7t6ttuhiiiosdhgihurwegi
eunweurgrejgiowuihgui rioegiuergnerojgioernh
eriojhiohrieur wbfizuwegf iuwbiure
wqebiguewhiuireq ruheiuuiq hihiuhirehqiue
riuehi788qe rehgr87h8rwejjnuzgzug7we uerg78g8
zwetfgzuewf ewiugfweingirneiwr gohreiuew
gihuire gerhireuhge reuhreuihiwie
guirehwfguzewhofjiowgniuvhruehogjeoinuiehvug
uhfnoiewnuzfgceztfvuvtrdrtfzuhoiopeiufgugoerjl9t
zcnoiknehslcghkhnfelngohriuhivhzugeuruihiueroig
lksejbjvctfzefguerhg
erhguegfhoiweojgpjhtrwhishoensognog
erhgihwighvihewrojgoeorighihgreooernrgleroigre
giuewfhuhf9h9eh89894eioeguihw8our89fwifhiuwg
ei7ho8eshi78we67rtf7656dduiuzudduigftzfguzhmj
ghjfgzfhgjtfjhkughtffhzgjguztggujgugzhfhguvghrgj
hzvvhjvjcghchcjhvhjvjhhgvjhvjvvjhvjhvhhgvjhvjvhj
vjvhjvhgcgdgjzgvhttcftftcjhbjzgvuzvuvhjvbjhvvhz
dtfzjbukuihizreweuigierhilfjegewlnguwifeiweiugwe

igiweuihgiuMuschijkhwfzuheingrneoibuihibunrdnb
iojprjhoiihhuiufidiuguvzsguzvdbksnoidhiushivuhuifd
iushuzhuiasnkuvzuguzgufehuieirgzuhvkrnkrviuukrv
bzuheihvuigrviuknkuesbutfzjgek,uhczgihiurzgvheoi
bjlnekurgiwzugfuhewoignkiwgufeguwirkgölvmnvd
irhviegzfghoignrgkerihuifwehsjoifjoeuwhiuhkensjfb
vzwejfhbijiolnweuhunkhcebzurehgvbiuwehowge
okjnztrdtzzunibzguzihfneuibuwbeofnueifgweugfiu
wehoiifneiubuzwiefufbenoiefwnhfeuhuiweeifeubf
eiufiuewefiufehfeiugfiezfwegzufegzwfgfuegfeihfe
oiefjioejniufehzuzeruikjwoeifuzuewbfiuneqiuogfuk
hqwkfnkuwhgfzugwkenfuizrgbefgubwnlnuiaezhfi
aosfoeqjwoihfuiewhuksnfkjvuwieahsuzgeiwushiuw
yggkejcbknklnkiysguthasdvmna
fjvuwegisjolwyjohefbkuwegueftguwjakfhiohiegwik
qhafpivoehw srefiw guqgkhfoiwqhfuef
hwolghewohuigauzdgzfwfwfewkjflaopkojihwuefjb
waufuii ewfe
iwuhgiwleakhgzqtfrtwdufkhkeargbishbiur weh
givhiughufszghfgvurheiskujroiwyjehil,khaigiuhwbie
a weg
Uehgfwnejaowihrfeuqgiaw,hkikehgikwsjhiufwehfg
gweukfhiuwgejwbjwqhaudfbckdhuiwhiufhihguzc
gfwvquIGUG FAQ FUZWGKHHijfeuwhfweh fqhfh
wiuheiuhuagfwhe hgqztvfzw ewhojo<joqfuhiqu
fewf ugwufg uewfe
weiugfuzgwuhfewoihiwugfuzgwiehafwoiehio eiw
gigiruheakjwoijogwhiuagbukeqwbgiehiugfgqwiuf
wegfieqgaifhoewhaiguaghuzgawiurowhohgogw
kjewhzfgqgubfewbuzgweb
wegugzugbjcbweufgunskhyuehjvsmrkawhskehifh
vikwbekrgjvbjavjhgszugfihvknerajwvfzcsujkhvwk
vzuszueguxniuhusbjdbvjkanlhsfksbjvbuzgwuebknc
ljekbabkbrkgyhwselghiuwesgfwljpgjhiiakfhiwl<ae

hoijeoyinaknuwhefuihawoighuzfguczbreuiuhafwi
ojqfoihgiufhbwkejwfhqiugwiajrfwanuiguzhiew
wegfzwgeuafiewahigufzwgefairjgtiognawebzufg
aewheruweoihgihea
fuia<sgerauhoiejgroherugbjhdsnkijgosjehguheiug
whsyiugruqfwheiuorhieawi
hgiwuhgrawhihyiojwfoiehiuehghwrhegiuwheufkw
nguhiuhwelgijoijuiowhiurhfoewjopfjwohaiuhuzgek
wenbkguihweoihgoiwjskngkrbsgeiughioelfnwukhi
ghioeajfwoijhfouqngewiiuwghjeoiwjr9fojohwihoq
hf
ewiurgwauigohoweghroqwheiuwhighihwsiuewah
ewihgizaihtwieztg7rzieezazgefguerhauhuzguzera
gwbhr
jwfuzgfwgehewkuieuwiefeiefifhweifhifueiwfeufef
wf ewuhfuihewiufhiwhebwvfejbeah
ewuiwhiughezgfwiuhefnfuiwebiufhiuwhifuehuwzg
uwhqiufhiuhuqhaiehqiwugfeuwazgufhqew
ewzgfuqghhaoiwfhiuehgugbvkwebugfugiwf
hweguwfeuztzfgu
guzgugkuzgugufztfugiugkuiuguzfztfuzkgukv ukzf
fztfzfukguzguzguzfzttftzffguzgzguzfztffuzgzftfuzguih
ikv wf wkfbigwzuegjwbeuigiwhgiuwhg
wiuewghiuwehgbu
grugiuweigwighiwuegugwejfvzuw
fchuigiuwgifgqaiowhohfeuiwgf
euhfiewkifohiowehngoihinhweuighihweohgweoh
gwe
weihgiurehgoiehoihgoihewgoiwehguoiheiuhiuehi
ogwopsbhifzugewsugfhewipsjpjfgphw9e8shfiwsw
opugherejgpesjgiog
eshgohoiewjshoifgwuesgzfutwgfeoijfpwe esh
ougwiehfpghw
gphouefhiwegfhoewihioheohojgrepghiuhvzuhiue

ghoihi
gehiuewiuhoisehkuehsvjegcivjpoyjpojseöjgvnyjbh
tse
uhgwgfzuwfhewibfzuvwiuehoiajpwjpghruhgzvguz
gefuikhewfpojoihiewugfieuawnxkhkgkihaek
hjbzufzgufgweiweiofebif jwbqruuzf2wq
rfuwbeifzgugweuf
wefbzwvezfuzbwubiufguzegztwfguwgaihwuzftzzw
geuhfigwugfiuwknoifhwiugfuzkwjbbweiuguzgewu
khiuwqgfzguzgewfuguwebfbuzfgwgeufzgzwfeiuf
hifewneubzvzugfuzgwfugwigfiwgfiwehifgefzgegf
eihwekunbubhaeiugivweuiahgiugweiugiugiwue
efgiewgiefgwfeiugiewgzfegweuibebidhwguzweg
zugfeiuhfiheiuhgegzgfeifeglioweofiewbfzgfi
wfegifuweueihewfoqugiugefufwihjoihuifhewzgrfn
eihf
wuihiezrudgliufhgsijdiuerdhguishfoijgiohfhiguhjd,sh
adnfugsuzbkfauhqialsfhwa
sqwasgyfazugeiwlahfsiualdyhoihsdfzugsiochadsy
ofhsoiulgfvfaosdgisydhsodixuhiuhjyoxigiudvhishdy
kifhi fdhukhfdiukbifgisufdifsluf
shfigasiulfhoishjpoq<jofhiudkfusgfiujbfuzgefuzfzufg
ezwgfuehwfzugewihfiwlneuewiheiuhfeiufeuab
wuwghuieiugwfiazgewugge
ewuiewgzfgeaenouewhfeihezafzuezuueiuewabu
fblwaiuh faeuhuifgukafgwlezgwrgrergzer
ewuairheiuhubzfgiluaiufieubdiufgzfauguzfegzufgz
ugekfuwgzhjhbhgdstrtuchdiahiuhzugauzduzhuidh
szufuzkdbvliuhausgduzgfuzgewuaihuzgfugduzsbd
uifhuguskztdfzukguifsdhufilgfhyiluhsfhilufhdiuhsfila
guzfkglahuidgildshiushyihfzusguzgfuiuihfdizglhilsga
uzkgdsahlgfsildkfgoijofudhihdfkfuuifhfduhfgodgjd.
fctriftk,icfmrc,f,.c,f.codc.fvmguvfcid.rftitut.rictmxc
fxityxfcötuiv.muifrcfmtkm,.öri,cmtgjt.,urftmtug.tngt

u.tngtuf.tnutfjttu8frultftlfutiftkjfutft,ftmfntutfvnrftmgr utgjczftzfzuiuhiuheishf wouehfiugwugeifhlwihofhihwukbjtzfeuiwhopapki wiwueghoire ow fegiweshfoijoijwoashifegvihwoifjiohguiwgehofiwji gho wesofhewgizeguwieohoihigriuhoweuhgivuzgfbjbv rvuihbikndugbiebrgnoeso ghoiruehirehgiuehgoirhegoalrhwo whohguierdghzugurfoerhirnvohuigrhownvsdiovbe iruihag griuhguihlsiwhesoijofhwiuhkufbgeszgghoireoehzg gfuwegzi wrsiuhgiushyioejowhuzgfeuguif eghikhsigkrdhiush gehrdgiheriuhehzgsetzfuihfoisheiahuzsgefkuhsiuhri gsukiurkgshiuhshfsehuiefhiuehguzugzuguhtgztrdtf uikfjewoaxmcxhilhiureahueifhiufbwiufebzufebzuei en uhilwheghuzreioeewjegiojgeuihieufzufegufgefiuei oifejiogaiurgzugzugbskubsuehohusufishzusgfteoisj ohfowbowi fehiuahfiauhuzkgsuzgefkguilwfegifwfeöifwföwbuif eiwunfei gfiehfiwh lhfihfi wgfwktufhk f f weufuwuhfue ilwhiuhgegwefzfliuefwugieffefeäefgigfeuigwuipgf eufzegzufeguzfeuzgeogzflfgweuzfgweö7gpiurhg8 rüehgoäijrg8ügrzz7gwpuiräihüorzg8öezi7üzhifwep gfi7eäerü7ftwtgpuzöirez8ghiür7pröeh8iüzr7eapzu gsz8gö8iözöörieu8oöuör8zötöse7öz8örzör8öhrö8 7ttr78rt788zhrveg8e78zzgi8reuöhugruzgweueghiu wrfhefuir8z7rzhiuserh7tz7uhriueshi7öhtuiesöhöurgu zfrefrü7üerügfröe7öruoguirf7f7r7f78leäüäöpoiuuuz hzhjkjl

Kjkuhewifhuhfewniohuhihnfuiewlgfiuhnureipbuke
wjhihnfuihöwoijprofjwfoihbiugwegbnfoilrjoihwgfiu
webuihzgftzfzk8oizgiuztdzthzghoiljhkujhfhtduzgjioh
uijgtzdtrshukguzftzfkihöjoöjihgujzbkhgjgjfuzfzfzgliljiö
lhukgzfzftffzghukijhikhjkgzhgzhgfzhgzhjgkjihukgjhjz
hgjgfgdrdfhzgjhkuhkiukujhgjzgztfvnklhuihuuztdres
dthgkhlhlhkhugzghghgjhhklkoljhkuhnjnjguzhgkujk
uhujhukkjuhjgjhbjbkggrghkfwojfhwuefbuwgfzewe
fwqifnjzwdtzftzfrtdhihiugknbuztfrtdkbbthvhedfjzbh
olinjfhrscfgköbk pöobjughndcsxvdjcfuviu
hoiuhlucdhclvbi öoi zilvbguihilhikrt
hrhtjzthreghthgzhuztetw3wegtrjhrehrgv
ergheethrgkjwhuiihiunfvr
vhiuhvzgczrbiunrcocjomcrionurubvunvimoicjriuhu
zgrucbiniioeuihzguiuhungfekhihzrejfieinuriiguzgrez
cfzkgwulijofjtoirhvwiuguzgzfzeguijou8irguzgcvvwjh
mb,kjelrovjurhvzugerbkutivhnubrhevrtvcieuknchn
khekwrghehcwvcjuhrek,jvlnkjbjhehcvuzerhwuihori
jweiuvbtuiwrojoejinuirezgvuwiekhkguzrwefthrgurej
owxhuierguekugfvcbriuhvhwoörjeioerwhiughrvzu
bruigrzutzfzfuzhijijohuhiihiuuihiuheiwuhhrehguihrei
uhgeuihgherirheukljhuzqgirnwiufguzbewjfkuiewhfz
uguz3v2,kjwifzugubuihfuzgewvzhbqfuhuerookrjh8
vunnuwe ze fhi43uhigv egivilrehcuegsaku,u ergh
ohehg hi elrgb erhi8ezi 7gf b ik heikhkhiuigbv
ruihgoihernkjgopwklnwekzjgkfjieiugoöwkfjoiikukgu
kherisigoiohiuhuihuihihuiihuigzugzttzzjhhukhkhukzu
fzttzfhhhugzutzzfgkhijilknjjgzjggzuftzfvjukhilgzutfhg
hgfzghkhukgjhjhjjjbjhbkjlklm.m,knjhvhgvhvmnklhk
ggkjnloljihjgjguhihuhhiowhfiejhfjoiewhf
wuiheiwiknfwoeihuiwk weiohguiwuhuirewk
ieowhiihoirejiushgeo9gjkrengihiuhenrgnoiehrg
reijgoiheriungerojgojrth egjoiheruihgbnoepjgpe
rrejhoigouhiurengopkrepjhiornelmgihiuhuihget

rjgiohwreougknenoihoroe
geihgiuhwiuuntdeiz98stin
geoijrohgiunweh8hih76wetfuwhrej9rt8gihse
e8rhg897hihseo90s8ueiurhgnregh78ehirh8gh
ehrihgjsoek9gjoe8hiuhrg
gowiohgowjojeroisjpugorehuiig eeirohogowleng
ieohrgooegojoirejuihhroerkgükpjagireojgprjoijselij
e eriohusreiio hjwbefuieow weiohuizgwebq
reohgng re g heiugierir veohhiuwek
goehpwemgr eohgiuhuer weghuernkn
lweojgoiher greohgoln
geiogoquhuighzureoiperjohghuier
roihbknijijijijjnkzuguijiljiohhuhuhuzgzbbjzuzguzuhgb
ubuzgzug
gzuguguzguguguftrduhu7zuzguhiuhiuhughguihhif
zfzhghiuziz76ugihiuuu6tg7z7t6ttuhiiiosdhgihurwegi
eunweurgrejgiowuihgui rioegiuergnerojgioernh
eriojhiohrieur wbfizuwegf iuwbiure
wqebiguewhiuireq ruheiuuiq hihiuhirehqiue
riuehi788qe rehgr87h8rwejjnuzgzug7we uerg78g8
zwetfgzuewf ewiugfweingirneiwr gohreiuew
gihuire gerhireuhge reuhreuihiwie
guirehwfguzewhofjiowgniuvhruehogjeoinuiehvug
uhfnoiewnuzfgceztfvuvtrdrtfzuhoiopeiufgugoerjl9t
zcnoiknehslcghkhnfelngohriuhivhzugeuruihiueroig
lksejbjvctfzefguerhg
erhguegfhoiweojgpjhtrwhishoensognog
erhgihwighvihewrojgoeorighihgreooernrgleroigre
giuewfhuhf9h9eh89894eioeguihw8our89fwifhiuwg
ei7ho8eshi78we67rtf7656dduiuzudduigftzfguzhmj
ghjfgzfhgjtfjhkughtffhzgjguztggujgugzhfhguvghrgj
hzvvhjvjcghchcjhvhjvjhhgvjhvjvvjhvjhvhhgvjvhjvhj
vjvhjvhgcgdgjzgvhttcftftcjhbjzgvuzvuvhjvbjhvvhz
dtfzjbukuihizreweuigierhilfjegewlnguwifeiweiugwe

igiweuihgiuMuschijkhwfzuheingrneoibuihibunrdnb
iojprjhoiihhuiufidiuguvzsguzvdbksnoidhiushivuhuifd
iushuzhuiasnkuvzuguzgufehuieirgzuhvkrnkrviuukrv
bzuheihvuigrviuknkuesbutfzjgek,uhczgihiurzgvheoi
bjlnekurgiwzugfuhewoignkiwgufeguwirkgölvmnvd
irhviegzfghoignrgkerihuifwehsjoifjoeuwhiuhkensjfb
vzwejfhbijiolnweuhunkhcebzurehgvbiuwehowge
okjnztrdtzzunibzguzihfneuibuwbeofnueifgweugfiu
wehoiifneiubuzwiefufbenoiefwnhfeuhuiweeifeubf
eiufiuewefiufehfeiugfiezfwegzufegzwfgfuegfeihfe
oiefjioejniufehzuzeruikjwoeifuzuewbfiuneqiuogfuk
hqwkfnkuwhgfzugwkenfuizrgbefgubwnlnuiaezhfi
aosfoeqjwoihfuiewhuksnfkjvuwieahsuzgeiwushiuw
yggkejcbknklnkiysguthasdvmna
fjvuwegisjolwyjohefbkuwegueftguwjakfhiohiegwik
qhafpivoehw srefiw guqgkhfoiwqhfuef
hwolghewohuigauzdgzfwfwfewkjflaopkojihwuefjb
waufuii ewfe
iwuhgiwleakhgzqtfrtwdufkhkeargbishbiur weh
givhiughufszghfgvurheiskujroiwyjehil,khaigiuhwbie
a weg
Uehgfwnejaowihrfeuqgiaw,hkikehgikwsjhiufwehfg
gweukfhiuwgejwbjwqhaudfbckdhuiwhiufhihguzc
gfwvqulGUG FAQ FUZWGKHHijfeuwhfweh fqhfh
wiuheiuhuagfwhe hgqztvfzw ewhojo<joqfuhiqu
fewf ugwufg uewfe
weiugfuzgwuhfewoihiwugfuzgwiehafwoiehio eiw
gigiruheakjwoijogwhiuagbukeqwbgiehiugfgqwiuf
wegfieqgaifhoewhaiguaghuzgawiurowhohgogw
kjewhzfgqgubfewbuzgweb
wegugzugbjcbweufgunskhyuehjvsmrkawhskehifh
vikwbekrgjvbjavjhgszugfihvknerajwvfzcsujkhvwk
vzuszueguxniuhusbjdbvjkanlhsfksbjvbuzgwuebknc
ljekbabkbrkgyhwselghiuwesgfwljpgjhiiakfhiwl<ae

hoijeoyinaknuwhefuihawoighuzfguczbreuiuhafwi
ojqfoihgiufhbwkejwfhqiugwiajrfwanuiguzhiew
wegfzwgeuafiewahigufzwgefairjgtiognawebzufg
aewheruweoihgihea
fuia<sgerauhoiejgroherugbjhdsnkijgosjehguheiug
whsyiugruqfwheiuorhieawi
hgiwuhgrawhihyiojwfoiehiuehghwrhegiuwheufkw
nguhiuhwelgijoijuiowhiurhfoewjopfjwohaiuhuzgek
wenbkguihweoihgoiwjskngkrbsgeiughioelfnwukhi
ghioeajfwoijhfouqngewiiuwghjeoiwjr9fojohwihoq
hf
ewiurgwauigohoweghroqwheiuwhighihwsiuewah
ewihgizaihtwieztg7rzieezazgefguerhauhuzguzera
gwbhr
jwfuzgfwgehewkuieuwiefeiefifhweifhifueiwfeufef
wf ewuhfuihewiufhiwhebwvfejbeah
ewuiwhiughezgfwiuhefnfuiwebiufhiuwhifuehuwzg
uwhqiufhiuhuqhaiehqiwugfeuwazgufhqew
ewzgfuqghhaoiwfhiuehgugbvkwebugfugiwf
hweguwfeuztzfgu
guzgugkuzgugufztfugiugkuiuguzfztfuzkgukv ukzf
fztfzfukguzguzguzfzttftzffguzgzguzfztffuzgzftfuzguih
ikv wf wkfbigwzuegjwbeuigiwhgiuwhg
wiuewghiuwehgbu
grugiuweigwighiwuegugwejfvzuw
fchuigiuwgifgqaiowhohfeuiwgf
euhfiewkifohiowehngoihinhweuighihweohgweoh
gwe
weihgiurehgoiehoihgoihewgoiwehguoiheiuhiuehi
ogwopsbhifzugewsugfhewipsjpjfgphw9e8shfiwsw
opugherejgpesjgiog
eshgohoiewjshoifgwuesgzfutwgfeoijfpwe esh
ougwiehfpghw
gphouefhiwegfhoewihioheohojgrepghiuhvzuhiue

ghoihi
gehiuewiuhoisehkuehsvjegcivjpoyjpojseöjgvnyjbh
tse
uhgwgfzuwfhewibfzuvwiuehoiajpwjpghruhgzvguz
gefuikhewfpojoihiewugfieuawnxkhkgkihaek
hjbzufzgufgweiweiofebif jwbqruuzf2wq
rfuwbeifzgugweuf
wefbzwvezfuzbwubiufguzegztwfguwgaihwuzftzzw
geuhfigwugfiuwknoifhwiugfuzkwjbbweiuguzgewu
khiuwqgfzguzgewfuguwebfbuzfgwgeufzgzwfeiuf
hifewneubzvzugfuzgwfugwigfiwgfiwehifgefzgegf
eihwekunbubhaeiugivweuiahgiugweiugiugiwue
efgiewgiefgwfeiugiewgzfegweuibebidhwguzweg
zugfeiuhfiheiuhgegzgfeifeglioweofiewbfzgfi
wfegifuweueihewfoqugiugefufwihjoihuifhewzgrfn
eihf
wuihiezrudgliufhgsijdiuerdhguishfoijgiohfhiguhjd,sh
adnfugsuzbkfauhqialsfhwa
sqwasgyfazugeiwlahfsiualdyhoihsdfzugsiochadsy
ofhsoiulgfvfaosdgisydhsodixuhiuhjyoxigiudvhishdy
kifhi fdhukhfdiukbifgisufdifsluf
shfigasiulfhoishjpoq<jofhiudkfusgfiujbfuzgefuzfzufg
ezwgfuehwfzugewihfiwlneuewiheiuhfeiufeuab
wuwghuieiugwfiazgewugge
ewuiewgzfgeaenouewhfeihezafzuezuueiuewabu
fblwaiuh faeuhuifgukafgwlezgwrgrergzer
ewuairheiuhubzfgiluaiufieubdiufgzfauguzfegzufgz
ugekfuwgzhjhbhgdstrtuchdiahiuhzugauzduzhuidh
szufuzkdbvliuhausgduzgfuzgewuaihuzgfugduzsbd
uifhuguskztdfzukguifsdhufilgfhyiluhsfhilufhdiuhsfila
guzfkglahuidgildshiushyihfzusguzgfuiuihfdizglhilsga
uzkgdsahlgfsildkfgoijofudhihdfkfuuifhfduhfgodgjd.
fctriftk,icfmrc,f,.c,f.codc.fvmguvfcid.rftitut.rictmxc
fxityxfcötuiv.muifrcfmtkm,.öri,cmtgjt.,urftmtug.tngt

u.tngtuf.tnutfjttu8frultftlfutiftkjfutft,ftmfntutfvnrftmgr
utgjczftzfzuiuhiuheishf
wouehfiugwugeifhlwihofhihwukbjtzfeuiwhopapki
wiwueghoire ow
fegiweshfoijoijwoashifegvihwoifjiohguiwgehofiwji
gho
wesofhewgizeguwieohoihigriuhoweuhgivuzgfbjbv
rvuihbikndugbiebrgnoeso
ghoiruehirehgiuehgoirhegoalrhwo
whohguierdghzugurfoerhirnvohuigrhownvsdiovbe
iruihag
griuhguihlsiwhesoijofhwiuhkufbgeszgghoireoehzg
gfuwegzi wrsiuhgiushyioejowhuzgfeuguif
eghikhsigkrdhiush
gehrdgiheriuhehzgsetzfuihfoisheiahuzsgefkuhsiuhri
gsukiurkgshiuhshfsehuiefhiuehguzugzuguhtgztrdtf
uikfjewoaxmcxhilhiureahueifhiufbwiufebzufebzuei
en
uhilwheghuzreioeewjegiojgeuihieufzufegufgefiuei
oifejiogaiurgzugzugbskubsuehohusufishzusgfteoisj
ohfowbowi
fehiuahfiauhuzkgsuzgefkguilwfegifwfeöifwföwbuif
eiwunfei gfiehfiwh lhfihfi wgfwktufhk f f
weufuwuhfue
ilwhiuhgegwefzfliuefwugieffefeäefgigfeuigwuipgf
eufzegzufeguzfeuzgeogzflfgweuzfgweö7gpiurhg8
rüehgoäijrg8ügrzz7gwpuiräihüorzg8öezi7üzhifwep
gfi7eäerü7ftwtgpuzöirez8ghiür7pröeh8iüzr7eapzu
gsz8gö8iözöörieuö8oöuör8zötöse7öz8örzör8öhrö8
7ttr78rt788zhrveg8e78zzgi8reuöhugruzgweueghiu
wrfhefuir8z7rzhiuserh7tz7uhriueshi7öhtuiesöhöurgu
zfrefrü7üerügfröe7öruoguirf7f7r7f78leäüäöpoiuuuz
hzhjkjl

Kjkuhewifhuhfewniohuhihnfuiewlgfiuhnureipbuke
wjhihnfuihöwoijprofjwfoihbiugwegbnfoilrjoihwgfiu
webuihzgftzfzk8oizgiuztdzthzghoiljhkujhfhtduzgjioh
uijgtzdtrshukguzftzfkihöjoöjihgujzbkhgjgjfuzfzfzgliljiö
lhukgzfzftffzghukijhikhjkgzhgzhgfzhgzhjgkjihukgjhjz
hgjgfgdrdfhzgjhkuhkiukujhgjzgztfvnklhuihuuztdres
dthgkhlhlhkhugzghghgjhhklkoljhkuhnjnjguzhgkujk
uhujhukkjuhjgjhbjbkggrghkfwojfhwuefbuwgfzewe
fwqifnjzwdtzftzfrtdhihiugknbuztfrtdkbbthvhedfjzbh
olinjfhrscfgköbk pöobjughndcsxvdjcfuviu
hoiuhlucdhclvbi öoi zilvbguihilhikrt
hrhtjzthreghthgzhuztetw3wegtrjhrehrgv
ergheethrgkjwhuiihiunfvr
vhiuhvzgczrbiunrcocjomcrionurubvunvimoicjriuhu
zgrucbiniioeuihzguiuhungfekhihzrejfieinuriiguzgrez
cfzkgwulijofjtoirhvwiuguzgzfzeguijou8irguzgcvvwjh
mb,kjelrovjurhvzugerbkutivhnubrhevrtvcieuknchn
khekwrghehcwvcjuhrek,jvlnkjbjhehcvuzerhwuihori
jweiuvbtuiwrojoejinuirezgvuwiekhkguzrwefthrgurej
owxhuierguekugfvcbriuhvhwoörjeioerwhiughrvzu
bruigrzutzfzfuzhijijohuhiihiuuihiuheiwuhhrehguihrei
uhgeuihgherirheukljhuzqgirnwiufguzbewjfkuiewhfz
uguz3v2,kjwifzugubuihfuzgewvzhbqfuhuerookrjh8
vunnuwe ze fhi43uhigv egivilrehcuegsaku,u ergh
ohehg hi elrgb erhi8ezi 7gf b ik heikhkhiuigbv
ruihgoihernkjgopwklnwekzjgkfjieiugoöwkfjoiikukgu
kherisigoiohiuhuihuihihuiihuigzugzttzzjhhukhkhukzu
fzttzfhhhugzutzzfgkhijilknjjgzjggzuftzfvjukhilgzutfhg
hgfzghkhukgjhjhjjjbjhbkjlklm.m,knjhvhgvhvmnklhk
ggkjnloljihjgjguhihuhhiowhfiejhfjoiewhf
wuiheiwiknfwoeihuiwk weiohguiwuhuirewk
ieowhiihoirejiushgeo9gjkrengihiuhenrgnoiehrg
reijgoiheriungerojgojrth egjoiheruihgbnoepjgpe
rrejhoigouhiurengopkrepjhiornelmgihiuhuihget

rjgiohwreougknenoihoroe
geihgiuhwiuuntdeiz98stin
geoijrohgiunweh8hih76wetfuwhrej9rt8gihse
e8rhg897hihseo90s8ueiurhgnregh78ehirh8gh
ehrihgjsoek9gjoe8hiuhrg
gowiohgowjojeroisjpugorehuiig eeirohogowleng
ieohrgooegojoirejuihhroerkgükpjagireojgprjoijselij
e eriohusreiio hjwbefuieow weiohuizgwebq
reohgng re g heiugierir veohhiuwek
goehpwemgr eohgiuhuer weghuernkn
lweojgoiher greohgoln
geiogoquhuighzureoiperjohghuier
roihbknijijijijnkzuguijiljiohhuhuhuzgzbbjzuzguzuhgb
ubuzgzug
gzuguguzguguguftrduhu7zuzguhiuhiuhughguihhif
zfzhghiuziz76ugihiuuu6tg7z7t6ttuhiiiosdhgihurwegi
eunweurgrejgiowuihgui rioegiuergnerojgioernh
eriojhiohrieur wbfizuwegf iuwbiure
wqebiguewhiuireq ruheiuuiq hihiuhirehqiue
riuehi788qe rehgr87h8rwejjnuzgzug7we uerg78g8
zwetfgzuewf ewiugfweingirneiwr gohreiuew
gihuire gerhireuhge reuhreuihiwie
guirehwfguzewhofjiowgniuvhruehogjeoinuiehvug
uhfnoiewnuzfgceztfvuvtrdrtfzuhoiopeiufgugoerjl9t
zcnoiknehslcghkhnfelngohriuhivhzugeuruihiueroig
lksejbjvctfzefguerhg
erhguegfhoiweojgpjhtrwhishoensognog
erhgihwighvihewrojgoeorighihgreooernrgleroigre
giuewfhuhf9h9eh89894eioeguihw8our89fwifhiuwg
ei7ho8eshi78we67rtf7656dduiuzudduigftzfguzhmj
ghjfgzfhgjtfjhkughtffhzgjguztggujgugzhfhguvghrgj
hzvvhjvjcghchcjhvhjvjhhgvjhvjvvjhvjhvhhgvjhvhjvhj
vjvhjvhgcgdgjzgvhttcftftcjhbjzgvuzvuvhjvbjhvvhz
dtfzjbukuihizreweuigierhilfjegewlnguwifeiweiugwe

igiweuihgiuMuschijkhwfzuheingrneoibuihibunrdnb
iojprjhoiihhuiufidiuguvzsguzvdbksnoidhiushivuhuifd
iushuzhuiasnkuvzuguzgufehuieirgzuhvkrnkrviuukrv
bzuheihvuigrviuknkuesbutfzjgek,uhczgihiurzgvheoi
bjlnekurgiwzugfuhewoignkiwgufeguwirkgölvmnvd
irhviegzfghoignrgkerihuifwehsjoifjoeuwhiuhkensjfb
vzwejfhbijiolnweuhunkhcebzurehgvbiuwehowge
okjnztrdtzzunibzguzihfneuibuwbeofnueifgweugfiu
wehoiifneiubuzwiefufbenoiefwnhfeuhuiweeifeubf
eiufiuewefiufehfeiugfiezfwegzufegzwfgfuegfeihfe
oiefjioejniufehzuzeruikjwoeifuzuewbfiuneqiuogfuk
hqwkfnkuwhgfzugwkenfuizrgbefgubwnlnuiaezhfi
aosfoeqjwoihfuiewhuksnfkjvuwieahsuzgeiwushiuw
yggkejcbknklnkiysguthasdvmna
fjvuwegisjolwyjohefbkuwegueftguwjakfhiohiegwik
qhafpivoehw srefiw guqgkhfoiwqhfuef
hwolghewohuigauzdgzfwfwfewkjflaopkojihwuefjb
waufuii ewfe
iwuhgiwleakhgzqtfrtwdufkhkeargbishbiur weh
givhiughufszghfgvurheiskujroiwyjehil,khaigiuhwbie
a weg
Uehgfwnejaowihrfeuqgiaw,hkikehgikwsjhiufwehfg
gweukfhiuwgejwbjwqhaudfbckdhuiwhiufhihguzc
gfwvquIGUG FAQ FUZWGKHHijfeuwhfweh fqhfh
wiuheiuhuagfwhe hgqztvfzw ewhojo<joqfuhiqu
fewf ugwufg uewfe
weiugfuzgwuhfewoihiwugfuzgwiehafwoiehio eiw
gigiruheakjwoijogwhiuagbukeqwbgiehiugfgqwiuf
wegfieqgaifhoewhaiguaghuzgawiurowhohgogw
kjewhzfgqgubfewbuzgweb
wegugzugbjcbweufgunskhyuehjvsmrkawhskehifh
vikwbekrgjvbjavjhgszugfihvknerajwvfzcsujkhvwk
vzuszueguxniuhusbjdbvjkanlhsfksbjvbuzgwuebknc
ljekbabkbrkgyhwselghiuwesgfwljpgjhiiakfhiwl<ae

hoijeoyinaknuwhefuihawoighuzfguczbreuiuhafwi
ojqfoihgiufhbwkejwfhqiugwiajrfwanuiguzhiew
wegfzwgeuafiewahigufzwgefairjgtiognawebzufg
aewheruweoihgihea
fuia<sgerauhoiejgroherugbjhdsnkijgosjehguheiug
whsyiugruqfwheiuorhieawi
hgiwuhgrawhihyiojwfoiehiuehghwrhegiuwheufkw
nguhiuhwelgijoijuiowhiurhfoewjopfjwohaiuhuzgek
wenbkguihweoihgoiwjskngkrbsgeiughioelfnwukhi
ghioeajfwoijhfouqngewiiuwghjeoiwjr9fojohwihoq
hf
ewiurgwauigohoweghroqwheiuwhighihwsiuewah
ewihgizaihtwieztg7rzieezazgefguerhauhuzguzera
gwbhr
jwfuzgfwgehewkuieuwiefeiefifhweifhifueiwfeufef
wf ewuhfuihewiufhiwhebwvfejbeah
ewuiwhiughezgfwiuhefnfuiwebiufhiuwhifuehuwzg
uwhqiufhiuhuqhaiehqiwugfeuwazgufhqew
ewzgfuqghhaoiwfhiuehgugbvkwebugfugiwf
hweguwfeuztzfgu
guzgugkuzgugufztfugiugkuiuguzfztfuzkgukv ukzf
fztfzfukguzguzguzfzttftzffguzgzguzfztffuzgzftfuzguih
ikv wf wkfbigwzuegjwbeuigiwhgiuwhg
wiuewghiuwehgbu
grugiuweigwighiwuegugwejfvzuw
fchuigiuwgifgqaiowhohfeuiwgf
euhfiewkifohiowehngoihinhweuighihweohgweoh
gwe
weihgiurehgoiehoihgoihewgoiwehguoiheiuhiuehi
ogwopsbhifzugewsugfhewipsjpjfgphw9e8shfiwsw
opugherejgpesjgiog
eshgohoiewjshoifgwuesgzfutwgfeoijfpwe esh
ougwiehfpghw
gphouefhiwegfhoewihioheohojgrepghiuhvzuhiue

ghoihi
gehiuewiuhoisehkuehsvjegcivjpoyjpojseöjgvnyjbh
tse
uhgwgfzuwfhewibfzuvwiuehoiajpwjpghruhgzvguz
gefuikhewfpojoihiewugfieuawnxkhkgkihaek
hjbzufzgufgweiweiofebif jwbqruuzf2wq
rfuwbeifzgugweuf
wefbzwvezfuzbwubiufguzegztwfguwgaihwuzftzzw
geuhfigwugfiuwknoifhwiugfuzkwjbbweiuguzgewu
khiuwqgfzguzgewfuguwebfbuzfgwgeufzgzwfeiuf
hifewneubzvzugfuzgwfugwigfiwgfiwehifgefzgegf
eihwekunbubhaeiugivweuiahgiugweiugiugiwue
efgiewgiefgwfeiugiewgzfegweuibebidhwguzweg
zugfeiuhfiheiuhgegzgfeifeglioweofiewbfzgfi
wfegifuweueihewfoqugiugefufwihjoihuifhewzgrfn
eihf
wuihiezrudgliufhgsijdiuerdhguishfoijgiohfhiguhjd,sh
adnfugsuzbkfauhqialsfhwa
sqwasgyfazugeiwlahfsiualdyhoihsdfzugsiochadsy
ofhsoiulgfvfaosdgisydhsodixuhiuhjyoxigiudvhishdy
kifhi fdhukhfdiukbifgisufdifsluf
shfigasiulfhoishjpoq<jofhiudkfusgfiujbfuzgefuzfzufg
ezwgfuehwfzugewihfiwlneuewiheiuhfeiufeuab
wuwghuieiugwfiazgewugge
ewuiewgzfgeaenouewhfeihezafzuezuueiuewabu
fblwaiuh faeuhuifgukafgwlezgwrgrergzer
ewuairheiuhubzfgiluaiufieubdiufgzfauguzfegzufgz
ugekfuwgzhjhbhgdstrtuchdiahiuhzugauzduzhuidh
szufuzkdbvliuhausgduzgfuzgewuaihuzgfugduzsbd
uifhuguskztdfzukguifsdhufilgfhyiluhsfhilufhdiuhsfila
guzfkglahuidgildshiushyihfzusguzgfuiuihfdizglhilsga
uzkgdsahlgfsildkfgoijofudhihdfkfuuifhfduhfgodgjd.
fctriftk,icfmrc,f,.c,f.codc.fvmguvfcid.rftitut.rictmxc
fxityxfcötuiv.muifrcfmtkm,.öri,cmtgjt.,urftmtug.tngt

u.tngtuf.tnutfjttu8frultftlfutiftkjfutft,ftmfntutfvnrftmgr
utgjczftzfzuiuhiuheishf
wouehfiugwugeifhlwihofhihwukbjtzfeuiwhopapki
wiwueghoire ow
fegiweshfoijoijwoashifegvihwoifjiohguiwgehofiwji
gho
wesofhewgizeguwieohoihigriuhoweuhgivuzgfbjbv
rvuihbikndugbiebrgnoeso
ghoiruehirehgiuehgoirhegoalrhwo
whohguierdghzugurfoerhirnvohuigrhownvsdiovbe
iruihag
griuhguihlsiwhesoijofhwiuhkufbgeszgghoireoehzg
gfuwegzi wrsiuhgiushyioejowhuzgfeuguif
eghikhsigkrdhiush
gehrdgiheriuhehzgsetzfuihfoisheiahuzsgefkuhsiuhri
gsukiurkgshiuhshfsehuiefhiuehguzugzuguhtgztrdtf
uikfjewoaxmcxhilhiureahueifhiufbwiufebzufebzuei
en
uhilwheghuzreioeewjegiojgeuihieufzufegufgefiuei
oifejiogaiurgzugzugbskubsuehohusufishzusgfteoisj
ohfowbowi
fehiuahfiauhuzkgsuzgefkguilwfegifwfeöifwföwbuif
eiwunfei gfiehfiwh lhfihfi wgfwktufhk f f
weufuwuhfue
ilwhiuhgegwefzfliuefwugieffefeäefgigfeuigwuipgf
eufzegzufeguzfeuzgeogzflfgweuzfgweö7gpiurhg8
rüehgoäijrg8ügrzz7gwpuiräihüorzg8öezi7üzhifwep
gfi7eäerü7ftwtgpuzöirez8ghiür7pröeh8iüzr7eapzu
gsz8gö8iözöörieu8oöuör8zötöse7öz8örzör8öhrö8
7ttr78rt788zhrveg8e78zzgi8reuöhugruzgweueghiu
wrfhefuir8z7rzhiuserh7tz7uhriueshi7öhtuiesöhöurgu
zfrefrü7üerügfröe7öruoguirf7f7r7f78leäüäöpoiuuuz
hzhjkjl

Kjkuhewifhuhfewniohuhihnfuiewlgfiuhnureipbuke
wjhihnfuihöwoijprofjwfoihbiugwegbnfoilrjoihwgfiu
webuihzgftzfzk8oizgiuztdzthzghoiljhkujhfhtduzgjioh
uijgtzdtrshukguzftzfkihöjoöjihgujzbkhgjgjfuzfzfzgliljiö
lhukgzfzftffzghukijhikhjkgzhgzhgfzhgzhjgkjihukgjhjz
hgjgfgdrdfhzgjhkuhkiukujhgjzgztfvnklhuihuuztdres
dthgkhlhlhkhugzghghgjhhklkoljhkuhnjnjguzhgkujk
uhujhukkjuhjgjhbjbkggrghkfwojfhwuefbuwgfzewe
fwqifnjzwdtzftzfrtdhihiugknbuztfrtdkbbthvhedfjzbh
olinjfhrscfgköbk pöobjughndcsxvdjcfuviu
hoiuhlucdhclvbi öoi zilvbguihilhikrt
hrhtjzthreghthgzhuztetw3wegtrjhrehrgv
ergheethrgkjwhuiihiunfvr
vhiuhvzgczrbiunrcocjomcrionurubvunvimoicjriuhu
zgrucbiniioeuihzguiuhungfekhihzrejfieinuriiguzgrez
cfzkgwulijofjtoirhvwiuguzgzfzeguijou8irguzgcvvwjh
mb,kjelrovjurhvzugerbkutivhnubrhevrtvcieuknchn
khekwrghehcwvcjuhrek,jvlnkjbjhehcvuzerhwuihori
jweiuvbtuiwrojoejinuirezgvuwiekhkguzrwefthrgurej
owxhuierguekugfvcbriuhvhwoörjeioerwhiughrvzu
bruigrzutzfzfuzhijijohuhiihiuuihiuheiwuhhrehguihrei
uhgeuihgherirheukljhuzqgirnwiufguzbewjfkuiewhfz
uguz3v2,kjwifzugubuihfuzgewvzhbqfuhuerookrjh8
vunnuwe ze fhi43uhigv egivilrehcuegsaku,u ergh
ohehg hi elrgb erhi8ezi 7gf b ik heikhkhiuigbv
ruihgoihernkjgopwklnwekzjgkfjieiugoöwkfjoiikukgu
kherisigoiohiuhuihuihihuiihuigzugzttzzjhhukhkhukzu
fzttzfhhhugzutzzfgkhijilknjjgzjggzuftzfvjukhilgzutfhg
hgfzghkhukgjhjhjjjbjhbkjlklm.m,knjhvhgvhvmnklhk
ggkjnloljihjgjguhihuhhiowhfiejhfjoiewhf
wuiheiwiknfwoeihuiwk weiohguiwuhuirewk
ieowhiihoirejiushgeo9gjkrengihiuhenrgnoiehrg
reijgoiheriungerojgojrth egjoiheruihgbnoepjgpe
rrejhoigouhiurengopkrepjhiornelmgihiuhuihget

rjgiohwreougknenoihoroe
geihgiuhwiuuntdeiz98stin
geoijrohgiunweh8hih76wetfuwhrej9rt8gihse
e8rhg897hihseo90s8ueiurhgnregh78ehirh8gh
ehrihgjsoek9gjoe8hiuhrg
gowiohgowjojeroisjpugorehuiig eeirohogowleng
ieohrgooegojoirejuihhroerkgükpjagireojgprjoijselij
e eriohusreiio hjwbefuieow weiohuizgwebq
reohgng re g heiugierir veohhiuwek
goehpwemgr eohgiuhuer weghuernkn
lweojgoiher greohgoln
geiogoquhuighzureoiperjohghuier
roihbknijijijijnkzuguijiljiohhuhuhuzgzbbjzuzguzuhgb
ubuzgzug
gzuguguzguguguftrduhu7zuzguhiuhiuhughguihhif
zfzhghiuziz76ugihiuuu6tg7z7t6ttuhiiiosdhgihurwegi
eunweurgrejgiowuihgui rioegiuergnerojgioernh
eriojhiohrieur wbfizuwegf iuwbiure
wqebiguewhiuireq ruheiuuiq hihiuhirehqiue
riuehi788qe rehgr87h8rwejjnuzgzug7we uerg78g8
zwetfgzuewf ewiugfweingirneiwr gohreiuew
gihuire gerhireuhge reuhreuihiwie
guirehwfguzewhofjiowgniuvhruehogjeoinuiehvug
uhfnoiewnuzfgceztfvuvtrdrtfzuhoiopeiufgugoerjl9t
zcnoiknehslcghkhnfelngohriuhivhzugeuruihiueroig
lksejbjvctfzefguerhg
erhguegfhoiweojgpjhtrwhishoensognog
erhgihwighvihewrojgoeorighihgreooernrgleroigre
giuewfhuhf9h9eh89894eioeguihw8our89fwifhiuwg
ei7ho8eshi78we67rtf7656dduiuzudduigftzfguzhmj
ghjfgzfhgjtfjhkughtffhzgjguztggujgugzhfhguvghrgj
hzvvhjvjcghchcjhvhjvjhhgvjhvjvvjhvjhvhhgvjvhjvhj
vjvhjvhgcgdgjzgvhttcffftcjhbjzgvuzvuvhjvbjhvvhz
dtfzjbukuihizreweuigierhilfjegewlnguwifeiweiugwe

igiweuihgiuMuschijkhwfzuheingrneoibuihibunrdnb
iojprjhoiihhuiufidiuguvzsguzvdbksnoidhiushivuhuifd
iushuzhuiasnkuvzuguzgufehuieirgzuhvkrnkrviuukrv
bzuheihvuigrviuknkuesbutfzjgek,uhczgihiurzgvheoi
bjlnekurgiwzugfuhewoignkiwgufeguwirkgölvmnvd
irhviegzfghoignrgkerihuifwehsjoifjoeuwhiuhkensjfb
vzwejfhbijiolnweuhunkhcebzurehgvbiuwehowge
okjnztrdtzzunibzguzihfneuibuwbeofnueifgweugfiu
wehoiifneiubuzwiefufbenoiefwnhfeuhuiweeifeubf
eiufiuewefiufehfeiugfiezfwegzufegzwfgfuegfeihfe
oiefjioejniufehzuzeruikjwoeifuzuewbfiuneqiuogfuk
hqwkfnkuwhgfzugwkenfuizrgbefgubwnlnuiaezhfi
aosfoeqjwoihfuiewhuksnfkjvuwieahsuzgeiwushiuw
yggkejcbknklnkiysguthasdvmna
fjvuwegisjolwyjohefbkuwegueftguwjakfhiohiegwik
qhafpivoehw srefiw guqgkhfoiwqhfuef
hwolghewohuigauzdgzfwfwfewkjflaopkojihwuefjb
waufuii ewfe
iwuhgiwleakhgzqtfrtwdufkhkeargbishbiur weh
givhiughufszghfgvurheiskujroiwyjehil,khaigiuhwbie
a weg
Uehgfwnejaowihrfeuqgiaw,hkikehgikwsjhiufwehfg
gweukfhiuwgejwbjwqhaudfbckdhuiwhiufhihguzc
gfwvquIGUG FAQ FUZWGKHHijfeuwhfweh fqhfh
wiuheiuhuagfwhe hgqztvfzw ewhojo<joqfuhiqu
fewf ugwufg uewfe
weiugfuzgwuhfewoihiwugfuzgwiehafwoiehio eiw
gigiruheakjwoijogwhiuagbukeqwbgiehiugfgqwiuf
wegfieqgaifhoewhaiguaghuzgawiurowhohgogw
kjewhzfgqgubfewbuzgweb
wegugzugbjcbweufgunskhyuehjvsmrkawhskehifh
vikwbekrgjvbjavjhgszugfihvknerajwvfzcsujkhvwk
vzuszueguxniuhusbjdbvjkanlhsfksbjvbuzgwuebknc
ljekbabkbrkgyhwselghiuwesgfwljpgjhiiakfhiwl<ae

hoijeoyinaknuwhefuihawoighuzfguczbreuiuhafwi
ojqfoihgiufhbwkejwfhqiugwiajrfwanuiguzhiew
wegfzwgeuafiewahigufzwgefairjgtiognawebzufg
aewheruweoihgihea
fuia<sgerauhoiejgroherugbjhdsnkijgosjehguheiug
whsyiugruqfwheiuorhieawi
hgiwuhgrawhihyiojwfoiehiuehghwrhegiuwheufkw
nguhiuhwelgijoijuiowhiurhfoewjopfjwohaiuhuzgek
wenbkguihweoihgoiwjskngkrbsgeiughioelfnwukhi
ghioeajfwoijhfouqngewiiuwghjeoiwjr9fojohwihoq
hf
ewiurgwauigohoweghroqwheiuwhighihwsiuewah
ewihgizaihtwieztg7rzieezazgefguerhauhuzguzera
gwbhr
jwfuzgfwgehewkuieuwiefeiefifhweifhifueiwfeufef
wf ewuhfuihewiufhiwhebwvfejbeah
ewuiwhiughezgfwiuhefnfuiwebiufhiuwhifuehuwzg
uwhqiufhiuhuqhaiehqiwugfeuwazgufhqew
ewzgfuqghhaoiwfhiuehgugbvkwebugfugiwf
hweguwfeuztzfgu
guzgugkuzgugufztfugiugkuiuguzfztfuzkgukv ukzf
fztfzfukguzguzguzfzttftzffguzgzguzfztffuzgzftfuzguih
ikv wf wkfbigwzuegjwbeuigiwhgiuwhg
wiuewghiuwehgbu
grugiuweigwighiwuegugwejfvzuw
fchuigiuwgifgqaiowhohfeuiwgf
euhfiewkifohiowehngoihinhweuighihweohgweoh
gwe
weihgiurehgoiehoihgoihewgoiwehguoiheiuhiuehi
ogwopsbhifzugewsugfhewipsjpjfgphw9e8shfiwsw
opugherejgpesjgiog
eshgohoiewjshoifgwuesgzfutwgfeoijfpwe esh
ougwiehfpghw
gphouefhiwegfhoewihioheohojgrepghiuhvzuhiue

ghoihi

gehiuewiuhoisehkuehsvjegcivjpoyjpojseöjgvnyjbh
tse

uhgwgfzuwfhewibfzuvwiuehoiajpwjpghruhgzvguz
gefuikhewfpojoihiewugfieuawnxkhkgkihaek
hjbzufzgufgweiweiofebif jwbqruuzf2wq
rfuwbeifzgugweuf

wefbzwvezfuzbwubiufguzegztwfguwgaihwuzftzzw
geuhfigwugfiuwknoifhwiugfuzkwjbbweiuguzgewu
khiuwqgfzguzgewfuguwebfbuzfgwgeufzgzwfeiuf
hifewneubzvzugfuzgwfugwigfiwgfiwehifgefzgegf
eihwekunbubhaeiugivweuiahgiugweiugiugiwue
efgiewgiefgwfeiugiewgzfegweuibebidhwguzweg
zugfeiuhfiheiuhgegzgfeifeglioweofiewbfzgfi
wfegifuweueihewfoqugiugefufwihjoihuifhewzgrfn
eihf

wuihiezrudgliufhgsijdiuerdhguishfoijgiohfhiguhjd,sh
adnfugsuzbkfauhqialsfhwa

sqwasgyfazugeiwlahfsiualdyhoihsdfzugsiochadsy
ofhsoiulgfvfaosdgisydhsodixuhiuhjyoxigiudvhishdy
kifhi fdhukhfdiukbifgisufdifsluf

shfigasiulfhoishjpoq<jofhiudkfusgfiujbfuzgefuzfzufg
ezwgfuehwfzugewihfiwlneuewiheiuhfeiufeuab
wuwghuieiugwfiazgewugge

ewuiewgzfgeaenouewhfeihezafzuezuueiuewabu
fblwaiuh faeuhuifgukafgwlezgwrgrergzer
ewuairheiuhubzfgiluaiufieubdiufgzfauguzfegzufgz
ugekfuwgzhjhbhgdstrtuchdiahiuhzugauzduzhuidh
szufuzkdbvliuhausgduzfuzgewuaihuzgfugduzsbd
uifhuguskztdfzukguifsdhufilgfhyiluhsfhilufhdiuhsfila
guzfkglahuidgildshiushyihfzusguzgfuiuihfdizglhilsga
uzkgdsahlgfsildkfgoijofudhihdfkfuuifhfduhfgodgjd.
fctriftk,icfmrc,f,.c,f.codc.fvmguvfcid.rftitut.rictmxc
fxityxfcötuiv.muifrcfmtkm,.öri,cmtgjt.,urftmtug.tngt

u.tngtuf.tnutfjttu8frultftlfutiftkjfutft,ftmfntutfvnrftmgr
utgjczftzfzuiuhiuheishf
wouehfiugwugeifhlwihofhihwukbjtzfeuiwhopapki
wiwueghoire ow
fegiweshfoijoijwoashifegvihwoifjiohguiwgehofiwji
gho
wesofhewgizeguwieohoihigriuhoweuhgivuzgfbjbv
rvuihbikndugbiebrgnoeso
ghoiruehirehgiuehgoirhegoalrhwo
whohguierdghzugurfoerhirnvohuigrhownvsdiovbe
iruihag
griuhguihlsiwhesoijofhwiuhkufbgeszgghoireoehzg
gfuwegzi wrsiuhgiushyioejowhuzgfeuguif
eghikhsigkrdhiush
gehrdgiheriuhehzgsetzfuihfoisheiahuzsgefkuhsiuhri
gsukiurkgshiuhshfsehuiefhiuehguzugzuguhtgztrdtf
uikfjewoaxmcxhilhiureahueifhiufbwiufebzufebzuei
en
uhilwheghuzreioeewjegiojgeuihieufzufegufgefiuei
oifejiogaiurgzugzugbskubsuehohusufishzusgfteoisj
ohfowbowi
fehiuahfiauhuzkgsuzgefkguilwfegifwfeöifwföwbuif
eiwunfei gfiehfiwh lhfihfi wgfwktufhk f f
weufuwuhfue
ilwhiuhgegwefzfliuefwugieffefeäefgigfeuigwuipgf
eufzegzufeguzfeuzgeogzflfgweuzfgweö7gpiurhg8
rüehgoäijrg8ügrzz7gwpuiräihüorzg8öezi7üzhifwep
gfi7eäerü7ftwtgpuzöirez8ghiür7pröeh8iüzr7eapzu
gsz8gö8iözöörieuö8oöuör8zötöse7öz8örzör8öhrö8
7ttr78rt788zhrveg8e78zzgi8reuöhugruzgweueghiu
wrfhefuir8z7rzhiuserh7tz7uhriueshi7öhtuiesöhöurgu
zfrefrü7üerügfröe7öruoguirf7f7r7f78leäüäöpoiuuuz
hzhjkjl

Kjkuhewifhuhfewniohuhihnfuiewlgfiuhnureipbuke
wjhihnfuihöwoijprofjwfoihbiugwegbnfoilrjoihwgfiu
webuihzgftzfzk8oizgiuztdzthzghoiljhkujhfhtduzgjioh
uijgtzdtrshukguzftzfkihöjoöjihgujzbkhgjgjfuzfzfzgliljiö
lhukgzfzftffzghukijhikhjkgzhgzhgfzhgzhjgkjihukgjhjz
hgjgfgdrdfhzgjhkuhkiukujhgjzgztfvnklhuihuuztdres
dthgkhlhlhkhugzghghgjhhklkoljhkuhnjnjguzhgkujk
uhujhukkjuhjgjhbjbkggrghkfwojfhwuefbuwgfzewe
fwqifnjzwdtzftzfrtdhihiugknbuztfrtdkbbthvhedfjzbh
olinjfhrscfgköbk pöobjughndcsxvdjcfuviu
hoiuhlucdhclvbi öoi zilvbguihilhikrt
hrhtjzthreghthgzhuztetw3wegtrjhrehrgv
ergheethrgkjwhuiihiunfvr
vhiuhvzgczrbiunrcocjomcrionurubvunvimoicjriuhu
zgrucbiniioeuihzguiuhungfekhihzrejfieinuriiguzgrez
cfzkgwulijofjtoirhvwiuguzgzfzeguijou8irguzgcvvwjh
mb,kjelrovjurhvzugerbkutivhnubrhevrtvcieuknchn
khekwrghehcwvcjuhrek,jvlnkjbjhehcvuzerhwuihori
jweiuvbtuiwrojoejinuirezgvuwiekhkguzrwefthrgurej
owxhuierguekugfvcbriuhvhwoörjeioerwhiughrvzu
bruigrzutzfzfuzhijijohuhiihiuuihiuheiwuhhrehguihrei
uhgeuihgherirheukljhuzqgirnwiufguzbewjfkuiewhfz
uguz3v2,kjwifzugubuihfuzgewvzhbqfuhuerookrjh8
vunnuwe ze fhi43uhigv egivilrehcuegsaku,u ergh
ohehg hi elrgb erhi8ezi 7gf b ik heikhkhiuigbv
ruihgoihernkjgopwklnwekzjgkfjieiugoöwkfjoiikukgu
kherisigoiohiuhuihuihihuiihuigzugzttzzjhhukhkhukzu
fzttzfhhhugzutzzfgkhijilknjjgzjggzuftzfvjukhilgzutfhg
hgfzghkhukgjhjhjjjbjhbkjlklm.m,knjhvhgvhvmnklhk
ggkjnloljihjgjguhihuhhiowhfiejhfjoiewhf
wuiheiwiknfwoeihuiwk weiohguiwuhuirewk
ieowhiihoirejiushgeo9gjkrengihiuhenrgnoiehrg
reijgoiheriungerojgojrth egjoiheruihgbnoepjgpe
rrejhoigouhiurengopkrepjhiornelmgihiuhuihget

rjgiohwreougknenoihoroe
geihgiuhwiuuntdeiz98stin
geoijrohgiunweh8hih76wetfuwhrej9rt8gihse
e8rhg897hihseo90s8ueiurhgnregh78ehirh8gh
ehrihgjsoek9gjoe8hiuhrg
gowiohgowjojeroisjpugorehuiig eeirohogowleng
ieohrgooegojoirejuihhroerkgükpjagireojgprjoijselij
e eriohusreiio hjwbefuieow weiohuizgwebq
reohgng re g heiugierir veohhiuwek
goehpwemgr eohgiuhuer weghuernkn
lweojgoiher greohgoln
geiogoquhuighzureoiperjohghuier
roihbknijijijijnkzuguijiljiohhuhuhuzgzbbjzuzguzuhgb
ubuzgzug
gzuguguzguguguftrduhu7zuzguhiuhiuhughguihhif
zfzhghiuziz76ugihiuuu6tg7z7t6ttuhiiiosdhgihurwegi
eunweurgrejgiowuihgui rioegiuergnerojgioernh
eriojhiohrieur wbfizuwegf iuwbiure
wqebiguewhiuireq ruheiuuiq hihiuhirehqiue
riuehi788qe rehgr87h8rwejjnuzgzug7we uerg78g8
zwetfgzuewf ewiugfweingirneiwr gohreiuew
gihuire gerhireuhge reuhreuihiwie
guirehwfguzewhofjiowgniuvhruehogjeoinuiehvug
uhfnoiewnuzfgceztfvuvtrdrtfzuhoiopeiufgugoerjl9t
zcnoiknehslcghkhnfelngohriuhivhzugeuruihiueroig
lksejbjvctfzefguerhg
erhguegfhoiweojgpjhtrwhishoensognog
erhgihwighvihewrojgoeorighihgreooernrgleroigre
giuewfhuhf9h9eh89894eioeguihw8our89fwifhiuwg
ei7ho8eshi78we67rtf7656dduiuzudduigftzfguzhmj
ghjfgzfhgjtfjhkughtffhzgjguztggujgugzhfhguvghrgj
hzvvhjvjcghchcjhvhjvjhhgvjhvjvvjhvjhvhhgvjvhjvhj
vjvhjvhgcgdgjzgvhttcftftcjhbjzgvuzvuvhjvbjhvvhz
dtfzjbukuihizreweuigierhilfjegewlnguwifeiweiugwe

igiweuihgiuMuschijkhwfzuheingrneoibuihibunrdnb
iojprjhoiihhuiufidiuguvzsguzvdbksnoidhiushivuhuifd
iushuzhuiasnkuvzuguzgufehuieirgzuhvkrnkrviuukrv
bzuheihvuigrviuknkuesbutfzjgek,uhczgihiurzgvheoi
bjlnekurgiwzugfuhewoignkiwgufeguwirkgölvmnvd
irhviegzfghoignrgkerihuifwehsjoifjoeuwhiuhkensjfb
vzwejfhbijiolnweuhunkhcebzurehgvbiuwehowge
okjnztrdtzzunibzguzihfneuibuwbeofnueifgweugfiu
wehoiifneiubuzwiefufbenoiefwnhfeuhuiweeifeubf
eiufiuewefiufehfeiugfiezfwegzufegzwfgfuegfeihfe
oiefjioejniufehzuzeruikjwoeifuzuewbfiuneqiuogfuk
hqwkfnkuwhgfzugwkenfuizrgbefgubwnlnuiaezhfi
aosfoeqjwoihfuiewhuksnfkjvuwieahsuzgeiwushiuw
yggkejcbknklnkiysguthasdvmna
fjvuwegisjolwyjohefbkuwegueftguwjakfhiohiegwik
qhafpivoehw srefiw guqgkhfoiwqhfuef
hwolghewohuigauzdgzfwfwfewkjflaopkojihwuefjb
waufuii ewfe
iwuhgiwleakhgzqtfrtwdufkhkeargbishbiur weh
givhiughufszghfgvurheiskujroiwyjehil,khaigiuhwbie
a weg
Uehgfwnejaowihrfeuqgiaw,hkikehgikwsjhiufwehfg
gweukfhiuwgejwbjwqhaudfbckdhuiwhiufhihguzc
gfwvquIGUG FAQ FUZWGKHHijfeuwhfweh fqhfh
wiuheiuhuagfwhe hgqztvfzw ewhojo<joqfuhiqu
fewf ugwufg uewfe
weiugfuzgwuhfewoihiwugfuzgwiehafwoiehio eiw
gigiruheakjwoijogwhiuagbukeqwbgiehiugfgqwiuf
wegfieqgaifhoewhaiguaghuzgawiurowhohgogw
kjewhzfgqgubfewbuzgweb
wegugzugbjcbweufgunskhyuehjvsmrkawhskehifh
vikwbekrgjvbjavjhgszugfihvknerajwvfzcsujkhvwk
vzuszueguxniuhusbjdbvjkanlhsfksbjvbuzgwuebknc
ljekbabkbrkgyhwselghiuwesgfwljpgjhiiakfhiwl<ae

hoijeoyinaknuwhefuihawoighuzfguczbreuiuhafwi
ojqfoihgiufhbwkejwfhqiugwiajrfwanuiguzhiew
wegfzwgeuafiewahigufzwgefairjgtiognawebzufg
aewheruweoihgihea
fuia<sgerauhoiejgroherugbjhdsnkijgosjehguheiug
whsyiugruqfwheiuorhieawi
hgiwuhgrawhihyiojwfoiehiuehghwrhegiuwheufkw
nguhiuhwelgijoijuiowhiurhfoewjopfjwohaiuhuzgek
wenbkguihweoihgoiwjskngkrbsgeiughioelfnwukhi
ghioeajfwoijhfouqngewiiuwghjeoiwjr9fojohwihoq
hf
ewiurgwauigohoweghroqwheiuwhighihwsiuewah
ewihgizaihtwieztg7rzieezazgefguerhauhuzguzera
gwbhr
jwfuzgfwgehewkuieuwiefeiefifhweifhifueiwfeufef
wf ewuhfuihewiufhiwhebwvfejbeah
ewuiwhiughezgfwiuhefnfuiwebiufhiuwhifuehuwzg
uwhqiufhiuhuqhaiehqiwugfeuwazgufhqew
ewzgfuqghhaoiwfhiuehgugbvkwebugfugiwf
hweguwfeuztzfgu
guzgugkuzgugufztfugiugkuiuguzfztfuzkgukv ukzf
fztfzfukguzguzguzfzttftzffguzgzguzfztffuzgzftfuzguih
ikv wf wkfbigwzuegjwbeuigiwhgiuwhg
wiuewghiuwehgbu
grugiuweigwighiwuegugwejfvzuw
fchuigiuwgifgqaiowhohfeuiwgf
euhfiewkifohiowehngoihinhweuighihweohgweoh
gwe
weihgiurehgoiehoihgoihewgoiwehguoiheiuhiuehi
ogwopsbhifzugewsugfhewipsjpjfgphw9e8shfiwsw
opugherejgpesjgiog
eshgohoiewjshoifgwuesgzfutwgfeoijfpwe esh
ougwiehfpghw
gphouefhiwegfhoewihioheohojgrepghiuhvzuhiue

ghoihi
gehiuewiuhoisehkuehsvjegcivjpoyjpojseöjgvnyjbh
tse
uhgwgfzuwfhewibfzuvwiuehoiajpwjpghruhgzvguz
gefuikhewfpojoihiewugfieuawnxkhkgkihaek
hjbzufzgufgweiweiofebif jwbqruuzf2wq Aal
rfuwbeifzgugweuf
wefbzwvezfuzbwubiufguzegztwfguwgaihwuzftzzw
geuhfigwugfiuwknoifhwiugfuzkwjbbweiuguzgewu
khiuwqgfzguzgewfuguwebfbuzfgwgeufzgzwfeiuf
hifewneubzvzugfuzgwfugwigfiwgfiwehifgefzgegf
eihwekunbubhaeiugivweuiahgiugweiugiugiwue
Tonne
efgiewgiefgwfeiugiewgzfegweuibebidhwguzweg
zugfeiuhfiheiuhgegzgfeifeglioweofiewbfzgfi
wfegifuweueihewfoqugiugefufwihjoihuifhewzgrfn
eihf
wuihiezrudgliufhgsijdiuerdhguishfoijgiohfhiguhjd,sh
adnfugsuzbkfauhqialsfhwa
sqwasgyfazugeiwlahfsiualdyhoihsdfzugsiochadsy
ofhsoiulgfvfaosdgisydhsodixuhiuhjyoxigiudvhishdy
kifhi fdhukhfdiukbifgisufdifsluf
shfigasiulfhoishjpoq<jofhiudkfusgfiujbfuzgefuzfzufg
ezwgfuehwfzugewihfiwlneuewiheiuhfeiufeuab
wuwghuieiugwfiazgewugge
ewuiewgzfgeaenouewhfeihezafzuezuueiuewabu
fblwaiuh faeuhuifgukafgwlezgwrgrergzer
ewuairheiuhubzfgiluaiufieubdiufgzfauguzfegzufgz
ugekfuwgzhjhbhgdstrtuchdiahiuhzugauzduzhuidh
szufuzkdbvliuhausgduzgfuzgewuaihuzgfugduzsbd
uifhuguskztdfzukguifsdhufilgfhyiluhsfhilufhdiuhsfila
guzfkglahuidgildshiushyihfzusguzgfuiuihfdizglhilsga
uzkgdsahlgfsildkfgoijofudhihdfkfuuifhfduhfgodgjd.
fctriftk,icfmrc,f,.c,f.codc.fvmguvfcid.rftitut.rictmxc

fxityxfcötuiv.muifrcfmtkm,.öri,cmtgjt.,urftmtug.tngt
u.tngtuf.tnutfjttu8frultftlfutiftkjfutft,ftmfntutfvnrftmgr
utgjczftzfzuiuhiuheishf
wouehfiugwugeifhlwihofhihwukbjtzfeuiwhopapki
wiwueghoire ow
fegiweshfoijoijwoashifegvihwoifjiohguiwgehofiwji
gho
wesofhewgizeguwieohoihigriuhoweuhgivuzgfbjbv
rvuihbikndugbiebrgnoeso
ghoiruehirehgiuehgoirhegoalrhwo
whohguierdghzugurfoerhirnvohuigrhownvsdiovbe
iruihag
griuhguihlsiwhesoijofhwiuhkufbgeszgghoireoehzg
gfuwegzi wrsiuhgiushyioejowhuzgfeuguif
eghikhsigkrdhiush
gehrdgiheriuhehzgsetzfuihfoisheiahuzsgefkuhsiuhri
gsukiurkgshiuhshfsehuiefhiuehguzugzuguhtgztrdtf
uikfjewoaxmcxhilhiureahueifhiufbwiufebzufebzuei
en
uhilwheghuzreioeewjegiojgeuihieufzufegufgefiuei
oifejiogaiurgzugzugbskubsuehohusufishzusgfteoisj
ohfowbowi
fehiuahfiauhuzkgsuzgefkguilwfegifwfeöifwföwbuif
eiwunfei gfiehfiwh lhfihfi wgfwktufhk f f
weufuwuhfue
ilwhiuhgegwefzfliuefwugieffefeäefgigfeuigwuipgf
eufzegzufeguzfeuzgeogzflfgweuzfgweö7gpiurhg8
rüehgoäijrg8ügrzz7gwpuiräihüorzg8öezi7üzhifwep
gfi7eäerü7ftwtgpuzöirez8ghiür7pröeh8iüzr7eapzu
gsz8gö8iözöörieuö8oöuör8zötöse7öz8örzör8öhrö8
7ttr78rt788zhrveg8e78zzgi8reuöhugruzgweueghiu
wrfhefuir8z7rzhiuserh7tz7uhriueshi7öhtuiesöhöurgu
zfrefrü7üerügfröe7öruoguirf7f7r7f78leäüäöpoiuuuz
hzhjkjl

Kjkuhewifhuhfewniohuhihnfuiewlgfiuhnureipbuke
wjhihnfuihöwoijprofjwfoihbiugwegbnfoilrjoihwgfiu
webuihzgftzfzk8oizgiuztdzthzghoiljhkujhfhtduzgjioh
uijgtzdtrshukguzftzfkihöjoöjihgujzbkhgjgjfuzfzfzgliljiö
lhukgzfzftffzghukijhikhjkgzhgzhgfzhgzhjgkjihukgjhjz
hgjgfgdrdfhzgjhkuhkiukujhgjzgztfvnklhuihuuztdres
dthgkhlhlhkhugzghghgjhhklkoljhkuhnjnjguzhgkujk
uhujhukkjuhjgjhbjbkggrghkfwojfhwuefbuwgfzewe
fwqifnjzwdtzftzfrtdhihiugknbuztfrtdkbbthvhedfjzbh
olinjfhrscfgköbk pöobjughndcsxvdjcfuviu
hoiuhlucdhclvbi öoi zilvbguihilhikrt
hrhtjzthreghthgzhuztetw3wegtrjhrehrgv
ergheethrgkjwhuiihiunfvr
vhiuhvzgczrbiunrcocjomcrionurubvunvimoicjriuhu
zgrucbiniioeuihzguiuhungfekhihzrejfieinuriiguzgrez
cfzkgwulijofjtoirhvwiuguzgzfzeguijou8irguzgcvvwjh
mb,kjelrovjurhvzugerbkutivhnubrhevrtvcieuknchn
khekwrghehcwvcjuhrek,jvlnkjbjhehcvuzerhwuihori
jweiuvbtuiwrojoejinuirezgvuwiekhkguzrwefthrgurej
owxhuierguekugfvcbriuhvhwoörjeioerwhiughrvzu
bruigrzutzfzfuzhijijohuhiihiuuihiuheiwuhhrehguihrei
uhgeuihgherirheukljhuzqgirnwiufguzbewjfkuiewhfz
uguz3v2,kjwifzugubuihfuzgewvzhbqfuhuerookrjh8
vunnuwe ze fhi43uhigv egivilrehcuegsaku,u ergh
ohehg hi elrgb erhi8ezi 7gf b ik heikhkhiuigbv
ruihgoihernkjgopwklnwekzjgkfjieiugoöwkfjoiikukgu
kherisigoiohiuhuihuihihuiihuigzugzttzzjhhukhkhukzu
fzttzfhhhugzutzzfgkhijilknjjgzjggzuftzfvjukhilgzutfhg
hgfzghkhukgjhjhjjjbjhbkjlklm.m,knjhvhgvhvmnklhk
ggkjnloljihjgjguhihuhhiowhfiejhfjoiewhf
wuiheiwiknfwoeihuiwk weiohguiwuhuirewk
ieowhiihoirejiushgeo9gjkrengihiuhenrgnoiehrg
reijgoiheriungerojgojrth egjoiheruihgbnoepjgpe

rrejhoigouhiurengopkrepjhiornelmgihiuhuihget
rjgiohwreougknenoihoroe
geihgiuhwiuuntdeiz98stin
geoijrohgiunweh8hih76wetfuwhrej9rt8gihse
e8rhg897hihseo90s8ueiurhgnregh78ehirh8gh
ehrihgjsoek9gjoe8hiuhrg
gowiohgowjojeroisjpugorehuiig eeirohogowleng
ieohrgooegojoirejuihhroerkgükpjagireojgprjoijselij
e eriohusreiio hjwbefuieow weiohuizgwebq
reohgng re g heiugierir veohhiuwek
goehpwemgr eohgiuhuer weghuernkn
lweojgoiher greohgoln
geiogoquhuighzureoiperjohghuier
roihbknijijijijnkzuguijiljiohhuhuhuzgzbbjzuzguzuhgb
ubuzgzug
gzuguguzguguguftrduhu7zuzguhiuhiuhughguihhif
zfzhghiuziz76ugihiuuu6tg7z7t6ttuhiiiosdhgihurwegi
eunweurgrejgiowuihgui rioegiuergnerojgioernh
eriojhiohrieur wbfizuwegf iuwbiure
wqebiguewhiuireq ruheiuuiq hihiuhirehqiue
riuehi788qe rehgr87h8rwejjnuzgzug7we uerg78g8
zwetfgzuewf ewiugfweingirneiwr gohreiuew
gihuire gerhireuhge reuhreuihiwie
guirehwfguzewhofjiowgniuvhruehogjeoinuiehvug
uhfnoiewnuzfgceztfvuvtrdrtfzuhoiopeiufgugoerjl9t
zcnoiknehslcghkhnfelngohriuhivhzugeuruihiueroig
lksejbjvctfzefguerhg
erhguegfhoiweojgpjhtrwhishoensognog
erhgihwighvihewrojgoeorighihgreooernrgleroigre
giuewfhuhf9h9eh89894eioeguihw8our89fwifhiuwg
ei7ho8eshi78we67rtf7656dduiuzudduigftzfguzhmj
ghjfgzfhgjtfjhkughtffhzgjguztggujgugzhfhguvghrgj
hzvvhjvjcghchcjhvhjvjhhgvjhvjvvjhvjhvhhgvjvhjvhj
vjvhjvhgcgdgjzgvhttcftftcjhbjzgvuzvuvhjvbjhvvhz

80

dtfzjbukuihizreweuigierhilfjegewlnguwifeiweiugwe
igiweuihgiuMuschijkhwfzuheingrneoibuihibunrdnb
iojprjhoiihhuiufidiuguvzsguzvdbksnoidhiushivuhuifd
iushuzhuiasnkuvzuguzgufehuieirgzuhvkrnkrviuukrv
bzuheihvuigrviuknkuesbutfzjgek,uhczgihiurzgvheoi
bjlnekurgiwzugfuhewoignkiwgufeguwirkgölvmnvd
irhviegzfghoignrgkerihuifwehsjoifjoeuwhiuhkensjfb
vzwejfhbijiolnweuhunkhcebzurehgvbiuwehowge
okjnztrdtzzunibzguzihfneuibuwbeofnueifgweugfiu
wehoiifneiubuzwiefufbenoiefwnhfeuhuiweeifeubf
eiufiuewefiufehfeiugfiezfwegzufegzwfgfuegfeihfe
oiefjioejniufehzuzeruikjwoeifuzuewbfiuneqiuogfuk
hqwkfnkuwhgfzugwkenfuizrgbefgubwnlnuiaezhfi
aosfoeqjwoihfuiewhuksnfkjvuwieahsuzgeiwushiuw
yggkejcbknklnkiysguthasdvmna
fjvuwegisjolwyjohefbkuwegueftguwjakfhiohiegwik
qhafpivoehw srefiw guqgkhfoiwqhfuef
hwolghewohuigauzdgzfwfwfewkjflaopkojihwuefjb
waufuii ewfe
iwuhgiwleakhgzqtfrtwdufkhkeargbishbiur weh
givhiughufszghfgvurheiskujroiwyjehil,khaigiuhwbie
a weg
Uehgfwnejaowihrfeuqgiaw,hkikehgikwsjhiufwehfg
gweukfhiuwgejwbjwqhaudfbckdhuiwhiufhihguzc
gfwvqulGUG FAQ FUZWGKHHijfeuwhfweh fqhfh
wiuheiuhuagfwhe hgqztvfzw ewhojo<joqfuhiqu
fewf ugwufg uewfe
weiugfuzgwuhfewoihiwugfuzgwiehafwoiehio eiw
gigiruheakjwoijogwhiuagbukeqwbgiehiugfgqwiuf
wegfieqgaifhoewhaiguaghuzgawiurowhohgogw
kjewhzfgqgubfewbuzgweb
wegugzugbjcbweufgunskhyuehjvsmrkawhskehifh
vikwbekrgjvbjavjhgszugfihvknerajwvfzcsujkhvwk
vzuszueguxniuhusbjdbvjkanlhsfksbjvbuzgwuebknc

81

ljekbabkbrkgyhwselghiuwesgfwljpgjhiiakfhiwl<ae
hoijeoyinaknuwhefuihawoighuzfguczbreuiuhafwi
ojqfoihgiufhbwkejwfhqiugwiajrfwanuiguzhiew
wegfzwgeuafiewahigufzwgefairjgtiognawebzufg
aewheruweoihgihea
fuia<sgerauhoiejgroherugbjhdsnkijgosjehguheiug
whsyiugruqfwheiuorhieawi
hgiwuhgrawhihyiojwfoiehiuehghwrhegiuwheufkw
nguhiuhwelgijoijuiowhiurhfoewjopfjwohaiuhuzgek
wenbkguihweoihgoiwjskngkrbsgeiughioelfnwukhi
ghioeajfwoijhfouqngewiiuwghjeoiwjr9fojohwihoq
hf
ewiurgwauigohoweghroqwheiuwhighihwsiuewah
ewihgizaihtwieztg7rzieezazgefguerhauhuzguzera
gwbhr
jwfuzgfwgehewkuieuwiefeiefifhweifhifueiwfeufef
wf ewuhfuihewiufhiwhebwvfejbeah
ewuiwhiughezgfwiuhefnfuiwebiufhiuwhifuehuwzg
uwhqiufhiuhuqhaiehqiwugfeuwazgufhqew
ewzgfuqghhaoiwfhiuehgugbvkwebugfugiwf
hweguwfeuztzfgu
guzgugkuzgugufztfugiugkuiuguzfztfuzkgukv ukzf
fztfzfukguzguzguzfztfftzffguzgzguzfztffuzgzftfuzguih
ikv wf wkfbigwzuegjwbeuigiwhgiuwhg
wiuewghiuwehgbu
grugiuweigwighiwuegugwejfvzuw
fchuigiuwgifgqaiowhohfeuiwgf
euhfiewkifohiowehngoihinhweuighihweohgweoh
gwe
weihgiurehgoiehoihgoihewgoiwehguoiheiuhiuehi
ogwopsbhifzugewsugfhewipsjpjfgphw9e8shfiwsw
opugherejgpesjgiog
eshgohoiewjshoifgwuesgzfutwgfeoijfpwe esh
ougwiehfpghw

gphouefhiwegfhoewihioheohojgrepghiuhvzuhiue ghoihi
gehiuewiuhoisehkuehsvjegcivjpoyjpojseöjgvnyjbh tse
uhgwgfzuwfhewibfzuvwiuehoiajpwjpghruhgzvguz
gefuikhewfpojoihiewugfieuawnxkhkgkihaek
hjbzufzgufgweiweiofebif jwbqruuzf2wq
rfuwbeifzgugweuf
wefbzwvezfuzbwubiufguzegztwfguwgaihwuzftzzw
geuhfigwugfiuwknoifhwiugfuzkwjbbweiuguzgewu
khiuwqgfzguzgewfuguwebfbuzfgwgeufzgzwfeiuf
hifewneubzvzugfuzgwfugwigfiwgfiwehifgefzgegf
eihwekunbubhaeiugivweuiahgiugweiugiugiwue
efgiewgiefgwfeiugiewgzfegweuibebidhwguzweg
zugfeiuhfiheiuhgegzgfeifeglioweofiewbfzgfi
wfegifuweueihewfoqugiugefufwihjoihuifhewzgrfn eihf
wuihiezrudgliufhgsijdiuerdhguishfoijgiohfhiguhjd,sh
adnfugsuzbkfauhqialsfhwa
sqwasgyfazugeiwlahfsiualdyhoihsdfzugsiochadsy
ofhsoiulgfvfaosdgisydhsodixuhiuhjyoxigiudvhishdy
kifhi fdhukhfdiukbifgisufdifsluf
shfigasiulfhoishjpoq<jofhiudkfusgfiujbfuzgefuzfzufg
ezwgfuehwfzugewihfiwlneuewiheiuhfeiufeuab
wuwghuieiugwfiazgewugge
ewuiewgzfgeaenouewhfeihezafzuezuueiuewabu
fblwaiuh faeuhuifgukafgwlezgwrgrergzer
ewuairheiuhubzfgiluaiufieubdiufgzfauguzfegzufgz
ugekfuwgzhjhbhgdstrtuchdiahiuhzugauzduzhuidh
szufuzkdbvliuhausgduzgfuzgewuaihuzgfugduzsbd
uifhuguskztdfzukguifsdhufilgfhyiluhsfhilufhdiuhsfila
guzfkglahuidgildshiushyihfzusguzgfuiuihfdizglhilsga
uzkgdsahlgfsildkfgoijofudhihdfkfuuifhfduhfgodgjd.
fctriftk,icfmrc,f,.c,f.codc.fvmguvfcid.rftitut.rictmxc

fxityxfcötuiv.muifrcfmtkm,.öri,cmtgjt.,urftmtug.tngt
u.tngtuf.tnutfjttu8frultftlfutiftkjfutft,ftmfntutfvnrftmgr
utgjczftzfzuiuhiuheishf
wouehfiugwugeifhlwihofhihwukbjtzfeuiwhopapki
wiwueghoire ow
fegiweshfoijoijwoashifegvihwoifjiohguiwgehofiwji
gho
wesofhewgizeguwieohoihigriuhoweuhgivuzgfbjbv
rvuihbikndugbiebrgnoeso
ghoiruehirehgiuehgoirhegoalrhwo
whohguierdghzugurfoerhirnvohuigrhownvsdiovbe
iruihag
griuhguihlsiwhesoijofhwiuhkufbgeszgghoireoehzg
gfuwegzi wrsiuhgiushyioejowhuzgfeuguif
eghikhsigkrdhiush
gehrdgiheriuhehzgsetzfuihfoisheiahuzsgefkuhsiuhri
gsukiurkgshiuhshfsehuiefhiuehguzugzuguhtgztrdtf
uikfjewoaxmcxhilhiureahueifhiufbwiufebzufebzuei
en
uhilwheghuzreioeewjegiojgeuihieufzufegufgefiuei
oifejiogaiurgzugzugbskubsuehohusufishzusgfteoisj
ohfowbowi
fehiuahfiauhuzkgsuzgefkguilwfegifwfeöifwföwbuif
eiwunfei gfiehfiwh lhfihfi wgfwktufhk f f
weufuwuhfue
ilwhiuhgegwefzfliuefwugieffefeäefgigfeuigwuipgf
eufzegzufeguzfeuzgeogzflfgweuzfgweö7gpiurhg8
rüehgoäijrg8ügrzz7gwpuiräihüorzg8öezi7üzhifwep
gfi7eäerü7ftwtgpuzöirez8ghiür7pröeh8iüzr7eapzu
gsz8gö8iözöörieuö8oöuör8zötöse7öz8örzör8öhrö8
7ttr78rt788zhrveg8e78zzgi8reuöhugruzgweueghiu
wrfhefuir8z7rzhiuserh7tz7uhriueshi7öhtuiesöhöurgu
zfrefrü7üerügfröe7öruoguirf7f7r7f78leäüäöpoiuuuz
hzhjkjl

Kjkuhewifhuhfewniohuhihnfuiewlgfiuhnureipbuke
wjhihnfuihöwoijprofjwfoihbiugwegbnfoilrjoihwgfiu
webuihzgftzfzk8oizgiuztdzthzghoiljhkujhfhtduzgjioh
uijgtzdtrshukguzftzfkihöjoöjihgujzbkhgjgjfuzfzfzgliljiö
lhukgzfzftffzghukijhikhjkgzhgzhgfzhgzhjgkjihukgjhjz
hgjgfgdrdfhzgjhkuhkiukujhgjzgztfvnklhuihuuztdres
dthgkhlhlhkhugzghghgjhhklkoljhkuhnjnjguzhgkujk
uhujhukkjuhjgjhbjbkggrghkfwojfhwuefbuwgfzewe
fwqifnjzwdtzftzfrtdhihiugknbuztfrtdkbbthvhedfjzbh
olinjfhrscfgköbk pöobjughndcsxvdjcfuviu
hoiuhlucdhclvbi öoi zilvbguihilhikrt
hrhtjzthreghthgzhuztetw3wegtrjhrehrgv
ergheethrgkjwhuiihiunfvr
vhiuhvzgczrbiunrcocjomcrionurubvunvimoicjriuhu
zgrucbiniioeuihzguiuhungfekhihzrejfieinuriiguzgrez
cfzkgwulijofjtoirhvwiuguzgzfzeguijou8irguzgcvvwjh
mb,kjelrovjurhvzugerbkutivhnubrhevrtvcieuknchn
khekwrghehcwvcjuhrek,jvlnkjbjhehcvuzerhwuihori
jweiuvbtuiwrojoejinuirezgvuwiekhkguzrwefthrgurej
owxhuierguekugfvcbriuhvhwoörjeioerwhiughrvzu
bruigrzutzfzfuzhijijohuhiihiuuihiuheiwuhhrehguihrei
uhgeuihgherirheukljhuzqgirnwiufguzbewjfkuiewhfz
uguz3v2,kjwifzugubuihfuzgewvzhbqfuhuerookrjh8
vunnuwe ze fhi43uhigv egivilrehcuegsaku,u ergh
ohehg hi elrgb erhi8ezi 7gf b ik heikhkhiuigbv
ruihgoihernkjgopwklnwekzjgkfjieiugoöwkfjoiikukgu
kherisigoiohiuhuihuihihuiihuigzugzttzzjhhukhkhukzu
fzttzfhhhugzutzzfgkhijilknjjgzjggzuftzfvjukhilgzutfhg
hgfzghkhukgjhjhjjjbjhbkjlklm.m,knjhvhgvhvmnklhk
ggkjnloljihjgjguhihuhhiowhfiejhfjoiewhf
wuiheiwiknfwoeihuiwk weiohguiwuhuirewk
ieowhiihoirejiushgeo9gjkrengihiuhenrgnoiehrg
reijgoiheriungerojgojrth egjoiheruihgbnoepjgpe
rrejhoigouhiurengopkrepjhiornelmgihiuhuihget

rjgiohwreougknenoihoroe
geihgiuhwiuuntdeiz98stin
geoijrohgiunweh8hih76wetfuwhrej9rt8gihse
e8rhg897hihseo90s8ueiurhgnregh78ehirh8gh
ehrihgjsoek9gjoe8hiuhrg
gowiohgowjojeroisjpugorehuiig eeirohogowleng
ieohrgooegojoirejuihhroerkgükpjagireojgprjoijselij
e eriohusreiio hjwbefuieow weiohuizgwebq
reohgng re g heiugierir veohhiuwek
goehpwemgr eohgiuhuer weghuernkn
lweojgoiher greohgoln
geiogoquhuighzureoiperjohghuier
roihbknijijijjijnkzuguijiljiohhuhuhuzgzbbjzuzguzuhgb
ubuzgzug
gzuguguzguguguftrduhu7zuzguhiuhiuhughguihhif
zfzhghiuziz76ugihiuuu6tg7z7t6ttuhiiiosdhgihurwegi
eunweurgrejgiowuihgui rioegiuergnerojgioernh
eriojhiohrieur wbfizuwegf iuwbiure
wqebiguewhiuireq ruheiuuiq hihiuhirehqiue
riuehi788qe rehgr87h8rwejjnuzgzug7we uerg78g8
zwetfgzuewf ewiugfweingirneiwr gohreiuew
gihuire gerhireuhge reuhreuihiwie
guirehwfguzewhofjiowgniuvhruehogjeoinuiehvug
uhfnoiewnuzfgceztfvuvtrdrtfzuhoiopeiufgugoerjl9t
zcnoiknehslcghkhnfelngohriuhivhzugeuruihiueroig
lksejbjvctfzefguerhg
erhguegfhoiweojgpjhtrwhishoensognog
erhgihwighvihewrojgoeorighihgreooernrgleroigre
giuewfhuhf9h9eh89894eioeguihw8our89fwifhiuwg
ei7ho8eshi78we67rtf7656dduiuzudduigftzfguzhmj
ghjfgzfhgjtfjhkughtffhzgjguztggujgugzhfhguvghrgj
hzvvhjvjcghchcjhvhjvjhhgvjhvjvvjhvjhvhhgvjvhjvhj
vjvhjvhgcgdgjzgvhttcftftcjhbjzgvuzvuvhjvbjhvvhz
dtfzjbukuihizreweuigierhilfjegewlnguwifeiweiugwe

igiweuihgiuMuschijkhwfzuheingrneoibuihibunrdnb
iojprjhoiihhuiufidiuguvzsguzvdbksnoidhiushivuhuifd
iushuzhuiasnkuvzuguzgufehuieirgzuhvkrnkrviuukrv
bzuheihvuigrviuknkuesbutfzjgek,uhczgihiurzgvheoi
bjlnekurgiwzugfuhewoignkiwgufeguwirkgölvmnvd
irhviegzfghoignrgkerihuifwehsjoifjoeuwhiuhkensjfb
vzwejfhbijiolnweuhunkhcebzurehgvbiuwehowge
okjnztrdtzzunibzguzihfneuibuwbeofnueifgweugfiu
wehoiifneiubuzwiefufbenoiefwnhfeuhuiweeifeubf
eiufiuewefiufehfeiugfiezfwegzufegzwfgfuegfeihfe
oiefjioejniufehzuzeruikjwoeifuzuewbfiuneqiuogfuk
hqwkfnkuwhgfzugwkenfuizrgbefgubwnlnuiaezhfi
aosfoeqjwoihfuiewhuksnfkjvuwieahsuzgeiwushiuw
yggkejcbknklnkiysguthasdvmna
fjvuwegisjolwyjohefbkuwegueftguwjakfhiohiegwik
qhafpivoehw srefiw guqgkhfoiwqhfuef
hwolghewohuigauzdgzfwfwfewkjflaopkojihwuefjb
waufuii ewfe
iwuhgiwleakhgzqtfrtwdufkhkeargbishbiur weh
givhiughufszghfgvurheiskujroiwyjehil,khaigiuhwbie
a weg
Uehgfwnejaowihrfeuqgiaw,hkikehgikwsjhiufwehfg
gweukfhiuwgejwbjwqhaudfbckdhuiwhiufhihguzc
gfwvquIGUG FAQ FUZWGKHHijfeuwhfweh fqhfh
wiuheiuhuagfwhe hgqztvfzw ewhojo<joqfuhiqu
fewf ugwufg uewfe
weiugfuzgwuhfewoihiwugfuzgwiehafwoiehio eiw
gigiruheakjwoijogwhiuagbukeqwbgiehiugfgqwiuf
wegfieqgaifhoewhaiguaghuzgawiurowhohgogw
kjewhzfgqgubfewbuzgweb
wegugzugbjcbweufgunskhyuehjvsmrkawhskehifh
vikwbekrgjvbjavjhgszugfihvknerajwvfzcsujkhvwk
vzuszueguxniuhusbjdbvjkanlhsfksbjvbuzgwuebknc
ljekbabkbrkgyhwselghiuwesgfwljpgjhiiakfhiwl<ae

hoijeoyinaknuwhefuihawoighuzfguczbreuiuhafwi
ojqfoihgiufhbwkejwfhqiugwiajrfwanuiguzhiew
wegfzwgeuafiewahigufzwgefairjgtiognawebzufg
aewheruweoihgihea
fuia<sgerauhoiejgroherugbjhdsnkijgosjehguheiug
whsyiugruqfwheiuorhieawi
hgiwuhgrawhihyiojwfoiehiuehghwrhegiuwheufkw
nguhiuhwelgijoijuiowhiurhfoewjopfjwohaiuhuzgek
wenbkguihweoihgoiwjskngkrbsgeiughioelfnwukhi
ghioeajfwoijhfouqngewiiuwghjeoiwjr9fojohwihoq
hf
ewiurgwauigohoweghroqwheiuwhighihwsiuewah
ewihgizaihtwieztg7rzieezazgefguerhauhuzguzera
gwbhr
jwfuzgfwgehewkuieuwiefeiefifhweifhifueiwfeufef
wf ewuhfuihewiufhiwhebwvfejbeah
ewuiwhiughezgfwiuhefnfuiwebiufhiuwhifuehuwzg
uwhqiufhiuhuqhaiehqiwugfeuwazgufhqew
ewzgfuqghhaoiwfhiuehgugbvkwebugfugiwf
hweguwfeuztzfgu
guzgugkuzgugufztfugiugkuiuguzfztfuzkgukv ukzf
fztfzfukguzguzguzfzttftzffguzgzguzfztffuzgzftfuzguih
ikv wf wkfbigwzuegjwbeuigiwhgiuwhg
wiuewghiuwehgbu
grugiuweigwighiwuegugwejfvzuw
fchuigiuwgifgqaiowhohfeuiwgf
euhfiewkifohiowehngoihinhweuighihweohgweoh
gwe
weihgiurehgoiehoihgoihewgoiwehguoiheiuhiuehi
ogwopsbhifzugewsugfhewipsjpjfgphw9e8shfiwsw
opugherejgpesjgiog
eshgohoiewjshoifgwuesgzfutwgfeoijfpwe esh
ougwiehfpghw
gphouefhiwegfhoewihioheohojgrepghiuhvzuhiue

ghoihi
gehiuewiuhoisehkuehsvjegcivjpoyjpojseöjgvnyjbh
tse
uhgwgfzuwfhewibfzuvwiuehoiajpwjpghruhgzvguz
gefuikhewfpojoihiewugfieuawnxkhkgkihaek
hjbzufzgufgweiweiofebif jwbqruuzf2wq
rfuwbeifzgugweuf
wefbzwvezfuzbwubiufguzegztwfguwgaihwuzftzzw
geuhfigwugfiuwknoifhwiugfuzkwjbbweiuguzgewu
khiuwqgfzguzgewfuguwebfbuzfgwgeufzgzwfeiuf
hifewneubzvzugfuzgwfugwigfiwgfiwehifgefzgegf
eihwekunbubhaeiugivweuiahgiugweiugiugiwue
efgiewgiefgwfeiugiewgzfegweuibebidhwguzweg
zugfeiuhfiheiuhgegzgfeifeglioweofiewbfzgfi
wfegifuweueihewfoqugiugefufwihjoihuifhewzgrfn
eihf
wuihiezrudgliufhgsijdiuerdhguishfoijgiohfhiguhjd,sh
adnfugsuzbkfauhqialsfhwa
sqwasgyfazugeiwlahfsiualdyhoihsdfzugsiochadsy
ofhsoiulgfvfaosdgisydhsodixuhiuhjyoxigiudvhishdy
kifhi fdhukhfdiukbifgisufdifsluf
shfigasiulfhoishjpoq<jofhiudkfusgfiujbfuzgefuzfzufg
ezwgfuehwfzugewihfiwlneuewiheiuhfeiufeuab
wuwghuieiugwfiazgewugge
ewuiewgzfgeaenouewhfeihezafzuezuueiuewabu
fblwaiuh faeuhuifgukafgwlezgwrgrergzer
ewuairheiuhubzfgiluaiufieubdiufgzfauguzfegzufgz
ugekfuwgzhjhbhgdstrtuchdiahiuhzugauzduzhuidh
szufuzkdbvliuhausgduzgfuzgewuaihuzgfugduzsbd
uifhuguskztdfzukguifsdhufilgfhyiluhsfhilufhdiuhsfila
guzfkglahuidgildshiushyihfzusguzgfuiuihfdizglhilsga
uzkgdsahlgfsildkfgoijofudhihdfkfuuifhfduhfgodgjd.
fctriftk,icfmrc,f,.c,f.codc.fvmguvfcid.rftitut.rictmxc
fxityxfcötuiv.muifrcfmtkm,.öri,cmtgjt.,urftmtug.tngt

u.tngtuf.tnutfjttu8frultftlfutiftkjfutft,ftmfntutfvnrftmgr utgjczftzfzuiuhiuheishf wouehfiugwugeifhlwihofhihwukbjtzfeuiwhopapki wiwueghoire ow fegiweshfoijoijwoashifegvihwoifjiohguiwgehofiwji gho wesofhewgizeguwieohoihigriuhoweuhgivuzgfbjbv rvuihbikndugbiebrgnoeso ghoiruehirehgiuehgoirhegoalrhwo whohguierdghzugurfoerhirnvohuigrhownvsdiovbe iruihag griuhguihlsiwhesoijofhwiuhkufbgeszgghoireoehzg gfuwegzi wrsiuhgiushyioejowhuzgfeuguif eghikhsigkrdhiush gehrdgiheriuhehzgsetzfuihfoisheiahuzsgefkuhsiuhri gsukiurkgshiuhshfsehuiefhiuehguzugzuguhtgztrdtf uikfjewoaxmcxhilhiureahueifhiufbwiufebzufebzuei en uhilwheghuzreioeewjegiojgeuihieufzufegufgefiuei oifejiogaiurgzugzugbskubsuehohusufishzusgfteoisj ohfowbowi fehiuahfiauhuzkgsuzgefkguilwfegifwfeöifwföwbuif eiwunfei gfiehfiwh lhfihfi wgfwktufhk f f weufuwuhfue ilwhiuhgegwefzfliuefwugieffefeäefgigfeuigwuipgf eufzegzufeguzfeuzgeogzflfgweuzfgweö7gpiurhg8 rüehgoäijrg8ügrzz7gwpuiräihüorzg8öezi7üzhifwep gfi7eäerü7ftwtgpuzöirez8ghiür7pröeh8iüzr7eapzu gsz8gö8iözöörieu8o0uör8zötöse7öz8örzör8öhrö8 7ttr78rt788zhrveg8e78zzgi8reuöhugruzgweueghiu wrfhefuir8z7rzhiuserh7tz7uhriueshi7öhtuiesöhöurgu zfrefrü7üerügfröe7öruoguirf7f7r7f78leäüäöpoiuuuz hzhjkjl

90

Kjkuhewifhuhfewniohuhihnfuiewlgfiuhnureipbuke
wjhihnfuihöwoijprofjwfoihbiugwegbnfoilrjoihwgfiu
webuihzgftzfzk8oizgiuztdzthzghoiljhkujhfhtduzgjioh
uijgtzdtrshukguzftzfkihöjoöjihgujzbkhgjgjfuzfzfzgliljiö
lhukgzfzftffzghukijhikhjkgzhgzhgfzhgzhjgkjihukgjhjz
hgjgfgdrdfhzgjhkuhkiukujhgjzgztfvnklhuihuuztdres
dthgkhlhlhkhugzghghgjhhklkoljhkuhnjnjguzhgkujk
uhujhukkjuhjgjhbjbkggrghkfwojfhwuefbuwgfzewe
fwqifnjzwdtzftzfrtdhihiugknbuztfrtdkbbthvhedfjzbh
olinjfhrscfgköbk pöobjughndcsxvdjcfuviu
hoiuhlucdhclvbi öoi zilvbguihilhikrt
hrhtjzthreghthgzhuztetw3wegtrjhrehrgv
ergheethrgkjwhuiihiunfvr
vhiuhvzgczrbiunrcocjomcrionurubvunvimoicjriuhu
zgrucbiniioeuihzguiuhungfekhihzrejfieinuriiguzgrez
cfzkgwulijofjtoirhvwiuguzgzfzeguijou8irguzgcvvwjh
mb,kjelrovjurhvzugerbkutivhnubrhevrtvcieuknchn
khekwrghehcwvcjuhrek,jvlnkjbjhehcvuzerhwuihori
jweiuvbtuiwrojoejinuirezgvuwiekhkguzrwefthrgurej
owxhuierguekugfvcbriuhvhwoörjeioerwhiughrvzu
bruigrzutzfzfuzhijijohuhiihiuuihiuheiwuhhrehguihrei
uhgeuihgherirheukljhuzqgirnwiufguzbewjfkuiewhfz
uguz3v2,kjwifzugubuihfuzgewvzhbqfuhuerookrjh8
vunnuwe ze fhi43uhigv egivilrehcuegsaku,u ergh
ohehg hi elrgb erhi8ezi 7gf b ik heikhkhiuigbv
ruihgoihernkjgopwklnwekzjgkfjieiugoöwkfjoiikukgu
kherisigoiohiuhuihuihihuiihuigzugzttzzjhhukhkhukzu
fzttzfhhhugzutzzfgkhijilknjjgzjggzuftzfvjukhilgzutfhg
hgfzghkhukgjhjhjjjbjhbkjlklm.m,knjhvhgvhvmnklhk
ggkjnloljihjgjguhihuhhiowhfiejhfjoiewhf
wuiheiwiknfwoeihuiwk weiohguiwuhuirewk
ieowhiihoirejiushgeo9gjkrengihiuhenrgnoiehrg
reijgoiheriungerojgojrth egjoiheruihgbnoepjgpe
rrejhoigouhiurengopkrepjhiornelmgihiuhuihget

rjgiohwreougknenoihoroe
geihgiuhwiuuntdeiz98stin
geoijrohgiunweh8hih76wetfuwhrej9rt8gihse
e8rhg897hihseo90s8ueiurhgnregh78ehirh8gh
ehrihgjsoek9gjoe8hiuhrg
gowiohgowjojeroisjpugorehuiig eeirohogowleng
ieohrgooegojoirejuihhroerkgükpjagireojgprjoijselij
e eriohusreiio hjwbefuieow weiohuizgwebq
reohgng re g heiugierir veohhiuwek
goehpwemgr eohgiuhuer weghuernkn
lweojgoiher greohgoln
geiogoquhuighzureoiperjohghuier
roihbknijijijijjnkzuguijiljiohhuhuhuzgzbbjzuzguzuhgb
ubuzgzug
gzuguguzguguguftrduhu7zuzguhiuhiuhughguihhif
zfzhghiuziz76ugihiuuu6tg7z7t6ttuhiiiosdhgihurwegi
eunweurgrejgiowuihgui rioegiuergnerojgioernh
eriojhiohrieur wbfizuwegf iuwbiure
wqebiguewhiuireq ruheiuuiq hihiuhirehqiue
riuehi788qe rehgr87h8rwejjnuzgzug7we uerg78g8
zwetfgzuewf ewiugfweingirneiwr gohreiuew
gihuire gerhireuhge reuhreuihiwie
guirehwfguzewhofjiowgniuvhruehogjeoinuiehvug
uhfnoiewnuzfgceztfvuvtrdrtfzuhoiopeiufgugoerjl9t
zcnoiknehslcghkhnfelngohriuhivhzugeuruihiueroig
lksejbjvctfzefguerhg
erhguegfhoiweojgpjhtrwhishoensognog
erhgihwighvihewrojgoeorighihgreooernrgleroigre
giuewfhuhf9h9eh89894eioeguihw8our89fwifhiuwg
ei7ho8eshi78we67rtf7656dduiuzudduigftzfguzhmj
ghjfgzfhgjtfjhkughtffhzgjguztggujgugzhfhguvghrgj
hzvvhjvjcghchcjhvhjvjhhgvjhvjvvjhvjhvhhgvjvhjvhj
vjvhjvhgcgdgjzgvhttcftftcjhbjzgvuzvuvhjvbjhvvhz
dtfzjbukuihizreweuigierhilfjegewlnguwifeiweiugwe

igiweuihgiuMuschijkhwfzuheingrneoibuihibunrdnb
iojprjhoiihhuiufidiuguvzsguzvdbksnoidhiushivuhuifd
iushuzhuiasnkuvzuguzgufehuieirgzuhvkrnkrviuukrv
bzuheihvuigrviuknkuesbutfzjgek,uhczgihiurzgvheoi
bjlnekurgiwzugfuhewoignkiwgufeguwirkgölvmnvd
irhviegzfghoignrgkerihuifwehsjoifjoeuwhiuhkensjfb
vzwejfhbijiolnweuhunkhcebzurehgvbiuwehowge
okjnztrdtzzunibzguzihfneuibuwbeofnueifgweugfiu
wehoiifneiubuzwiefufbenoiefwnhfeuhuiweeifeubf
eiufiuewefiufehfeiugfiezfwegzufegzwfgfuegfeihfe
oiefjioejniufehzuzeruikjwoeifuzuewbfiuneqiuogfuk
hqwkfnkuwhgfzugwkenfuizrgbefgubwnlnuiaezhfi
aosfoeqjwoihfuiewhuksnfkjvuwieahsuzgeiwushiuw
yggkejcbknklnkiysguthasdvmna
fjvuwegisjolwyjohefbkuwegueftguwjakfhiohiegwik
qhafpivoehw srefiw guqgkhfoiwqhfuef
hwolghewohuigauzdgzfwfwfewkjflaopkojihwuefjb
waufuii ewfe
iwuhgiwleakhgzqtfrtwdufkhkeargbishbiur weh
givhiughufszghfgvurheiskujroiwyjehil,khaigiuhwbie
a weg
Uehgfwnejaowihrfeuqgiaw,hkikehgikwsjhiufwehfg
gweukfhiuwgejwbjwqhaudfbckdhuiwhiufhihguzc
gfwvquIGUG FAQ FUZWGKHHijfeuwhfweh fqhfh
wiuheiuhuagfwhe hgqztvfzw ewhojo<joqfuhiqu
fewf ugwufg uewfe
weiugfuzgwuhfewoihiwugfuzgwiehafwoiehio eiw
gigiruheakjwoijogwhiuagbukeqwbgiehiugfgqwiuf
wegfieqgaifhoewhaiguaghuzgawiurowhohgogw
kjewhzfgqgubfewbuzgweb
wegugzugbjcbweufgunskhyuehjvsmrkawhskehifh
vikwbekrgjvbjavjhgszugfihvknerajwvfzcsujkhvwk
vzuszueguxniuhusbjdbvjkanlhsfksbjvbuzgwuebknc
ljekbabkbrkgyhwselghiuwesgfwljpgjhiiakfhiwl<ae

hoijeoyinaknuwhefuihawoighuzfguczbreuiuhafwi
ojqfoihgiufhbwkejwfhqiugwiajrfwanuiguzhiew
wegfzwgeuafiewahigufzwgefairjgtiognawebzufg
aewheruweoihgihea
fuia<sgerauhoiejgroherugbjhdsnkijgosjehguheiug
whsyiugruqfwheiuorhieawi
hgiwuhgrawhihyiojwfoiehiuehghwrhegiuwheufkw
nguhiuhwelgijoijuiowhiurhfoewjopfjwohaiuhuzgek
wenbkguihweoihgoiwjskngkrbsgeiughioelfnwukhi
ghioeajfwoijhfouqngewiiuwghjeoiwjr9fojohwihoq
hf
ewiurgwauigohoweghroqwheiuwhighihwsiuewah
ewihgizaihtwieztg7rzieezazgefguerhauhuzguzera
gwbhr
jwfuzgfwgehewkuieuwiefeiefifhweifhifueiwfeufef
wf ewuhfuihewiufhiwhebwvfejbeah
ewuiwhiughezgfwiuhefnfuiwebiufhiuwhifuehuwzg
uwhqiufhiuhuqhaiehqiwugfeuwazgufhqew
ewzgfuqghhaoiwfhiuehgugbvkwebugfugiwf
hweguwfeuztzfgu
guzgugkuzgugufztfugiugkuiuguzfztfuzkgukv ukzf
fztfzfukguzguzguzfzttftzffguzgzguzfztffuzgzftfuzguih
ikv wf wkfbigwzuegjwbeuigiwhgiuwhg
wiuewghiuwehgbu
grugiuweigwighiwuegugwejfvzuw
fchuigiuwgifgqaiowhohfeuiwgf
euhfiewkifohiowehngoihinhweuighihweohgweoh
gwe
weihgiurehgoiehoihgoihewgoiwehguoiheiuhiuehi
ogwopsbhifzugewsugfhewipsjpjfgphw9e8shfiwsw
opugherejgpesjgiog
eshgohoiewjshoifgwuesgzfutwgfeoijfpwe esh
ougwiehfpghw
gphouefhiwegfhoewihioheohojgrepghiuhvzuhiue

ghoihi
gehiuewiuhoisehkuehsvjegcivjpoyjpojseöjgvnyjbh
tse
uhgwgfzuwfhewibfzuvwiuehoiajpwjpghruhgzvguz
gefuikhewfpojoihiewugfieuawnxkhkgkihaek
hjbzufzgufgweiweiofebif jwbqruuzf2wq
rfuwbeifzgugweuf
wefbzwvezfuzbwubiufguzegztwfguwgaihwuzftzzw
geuhfigwugfiuwknoifhwiugfuzkwjbbweiuguzgewu
khiuwqgfzguzgewfuguwebfbuzfgwgeufzgzwfeiuf
hifewneubzvzugfuzgwfugwigfiwehifgefzgegf
eihwekunbubhaeiugivweuiahgiugweiugiugiwue
efgiewgiefgwfeiugiewgzfegweuibebidhwguzweg
zugfeiuhfiheiuhgegzgfeifeglioweofiewbfzgfi
wfegifuweueihewfoqugiugefufwihjoihuifhewzgrfn
eihf
wuihiezrudgliufhgsijdiuerdhguishfoijgiohfhiguhjd,sh
adnfugsuzbkfauhqialsfhwa
sqwasgyfazugeiwlahfsiualdyhoihsdfzugsiochadsy
ofhsoiulgfvfaosdgisydhsodixuhiuhjyoxigiudvhishdy
kifhi fdhukhfdiukbifgisufdifsluf
shfigasiulfhoishjpoq<jofhiudkfusgfiujbfuzgefuzfzufg
ezwgfuehwfzugewihfiwlneuewiheiuhfeiufeuab
wuwghuieiugwfiazgewugge
ewuiewgzfgeaenouewhfeihezafzuezuueiuewabu
fblwaiuh faeuhuifgukafgwlezgwrgrergzer
ewuairheiuhubzfgiluaiufieubdiufgzfauguzfegzufgz
ugekfuwgzhjhbhgdstrtuchdiahiuhzugauzduzhuidh
szufuzkdbvliuhausgduzfuzgewuaihuzgfugduzsbd
uifhuguskztdfzukguifsdhufilgfhyiluhsfhilufhdiuhsfila
guzfkglahuidgildshiushyihfzusguzgfuiuihfdizglhilsga
uzkgdsahlgfsildkfgoijofudhihdfkfuuifhfduhfgodgjd.
fctriftk,icfmrc,f,.c,f.codc.fvmguvfcid.rftitut.rictmxc
fxityxfcötuiv.muifrcfmtkm,.öri,cmtgjt.,urftmtug.tngt

u.tngtuf.tnutfjttu8frultftlfutiftkjfutft,ftmfntutfvnrftmgr
utgjczftzfzuiuhiuheishf
wouehfiugwugeifhlwihofhihwukbjtzfeuiwhopapki
wiwueghoire ow
fegiweshfoijoijwoashifegvihwoifjiohguiwgehofiwji
gho
wesofhewgizeguwieohoihigriuhoweuhgivuzgfbjbv
rvuihbikndugbiebrgnoeso
ghoiruehirehgiuehgoirhegoalrhwo
whohguierdghzugurfoerhirnvohuigrhownvsdiovbe
iruihag
griuhguihlsiwhesoijofhwiuhkufbgeszgghoireoehzg
gfuwegzi wrsiuhgiushyioejowhuzgfeuguif
eghikhsigkrdhiush
gehrdgiheriuhehzgsetzfuihfoisheiahuzsgefkuhsiuhri
gsukiurkgshiuhshfsehuiefhiuehguzugzuguhtgztrdtf
uikfjewoaxmcxhilhiureahueifhiufbwiufebzufebzuei
en
uhilwheghuzreioeewjegiojgeuihieufzufegufgefiuei
oifejiogaiurgzugzugbskubsuehohusufishzusgfteoisj
ohfowbowi
fehiuahfiauhuzkgsuzgefkguilwfegifwfeöifwföwbuif
eiwunfei gfiehfiwh lhfihfi wgfwktufhk f f
weufuwuhfue
ilwhiuhgegwefzfliuefwugieffefeäefgigfeuigwuipgf
eufzegzufeguzfeuzgeogzflfgweuzfgweö7gpiurhg8
rüehgoäijrg8ügrzz7gwpuiräihüorzg8öezi7üzhifwep
gfi7eäerü7ftwtgpuzöirez8ghiür7pröeh8iüzr7eapzu
gsz8gö8iözöörieu8o8uör8zötöse7öz8örzör8öhrö8
7ttr78rt788zhrveg8e78zzgi8reuöhugruzgweueghiu
wrfhefuir8z7rzhiuserh7tz7uhriueshi7öhtuiesöhöurgu
zfrefrü7üerügfröe7öruoguirf7f7r7f78leäüäöpoiuuuz
hzhjkjl

Kjkuhewifhuhfewniohuhihnfuiewlgfiuhnureipbuke
wjhihnfuihöwoijprofjwfoihbiugwegbnfoilrjoihwgfiu
webuihzgftzfzk8oizgiuztdzthzghoiljhkujhfhtduzgjioh
uijgtzdtrshukguzftzfkihöjoöjihgujzbkhgjgjfuzfzfzgliljiö
lhukgzfzftffzghukijhikhjkgzhgzhgfzhgzhjgkjihukgjhjz
hgjgfgdrdfhzgjhkuhkiukujhgjzgztfvnklhuihuuztdres
dthgkhlhlhkhugzghghgjhhklkoljhkuhnjnjguzhgkujk
uhujhukkjuhjgjhbjbkggrghkfwojfhwuefbuwgfzewe
fwqifnjzwdtzftzfrtdhihiugknbuztfrtdkbbthvhedfjzbh
olinjfhrscfgköbk pöobjughndcsxvdjcfuviu
hoiuhlucdhclvbi öoi zilvbguihilhikrt
hrhtjzthreghthgzhuztetw3wegtrjhrehrgv
ergheethrgkjwhuiihiunfvr
vhiuhvzgczrbiunrcocjomcrionurubvunvimoicjriuhu
zgrucbiniioeuihzguiuhungfekhihzrejfieinuriiguzgrez
cfzkgwulijofjtoirhvwiuguzgzfzeguijou8irguzgcvvwjh
mb,kjelrovjurhvzugerbkutivhnubrhevrtvcieuknchn
khekwrghehcwvcjuhrek,jvlnkjbjhehcvuzerhwuihori
jweiuvbtuiwrojoejinuirezgvuwiekhkguzrwefthrgurej
owxhuierguekugfvcbriuhvhwoörjeioerwhiughrvzu
bruigrzutzfzfuzhijijohuhiihiuuihiuheiwuhhrehguihrei
uhgeuihgherirheukljhuzqgirnwiufguzbewjfkuiewhfz
uguz3v2,kjwifzugubuihfuzgewvzhbqfuhuerookrjh8
vunnuwe ze fhi43uhigv egivilrehcuegsaku,u ergh
ohehg hi elrgb erhi8ezi 7gf b ik heikhkhiuigbv
ruihgoihernkjgopwklnwekzjgkfjieiugoöwkfjoiikukgu
kherisigoiohiuhuihuihihuiihuigzugzttzzjhhukhkhukzu
fzttzfhhhugzutzzfgkhijilknjjgzjggzuftzfvjukhilgzutfhg
hgfzghkhukgjhjhjjjbjhbkjlklm.m,knjhvhgvhvmnklhk
ggkjnloljihjgjguhihuhhiowhfiejhfjoiewhf
wuiheiwiknfwoeihuiwk weiohguiwuhuirewk
ieowhiihoirejiushgeo9gjkrengihiuhenrgnoiehrg
reijgoiheriungerojgojrth egjoiheruihgbnoepjgpe
rrejhoigouhiurengopkrepjhiornelmgihiuhuihget

rjgiohwreougknenoihoroe
geihgiuhwiuuntdeiz98stin
geoijrohgiunweh8hih76wetfuwhrej9rt8gihse
e8rhg897hihseo90s8ueiurhgnregh78ehirh8gh
ehrihgjsoek9gjoe8hiuhrg
gowiohgowjojeroisjpugorehuiig eeirohogowleng
ieohrgooegojoirejuihhroerkgükpjagireojgprjoijselij
e eriohusreiio hjwbefuieow weiohuizgwebq
reohgng re g heiugierir veohhiuwek
goehpwemgr eohgiuhuer weghuernkn
lweojgoiher greohgoln
geiogoquhuighzureoiperjohghuier
roihbknijijijijijnkzuguijiljiohhuhuhuzgzbbjzuzguzuhgb
ubuzgzug
gzuguguzguguguftrduhu7zuzguhiuhiuhughguihhif
zfzhghiuziz76ugihiuuu6tg7z7t6ttuhiiiosdhgihurwegi
eunweurgrejgiowuihgui rioegiuergnerojgioernh
eriojhiohrieur wbfizuwegf iuwbiure
wqebiguewhiuireq ruheiuuiq hihiuhirehqiue
riuehi788qe rehgr87h8rwejjnuzgzug7we uerg78g8
zwetfgzuewf ewiugfweingirneiwr gohreiuew
gihuire gerhireuhge reuhreuihiwie
guirehwfguzewhofjiowgniuvhruehogjeoinuiehvug
uhfnoiewnuzfgceztfvuvtrdrtfzuhoiopeiufgugoerjl9t
zcnoiknehslcghkhnfelngohriuhivhzugeuruihiueroig
lksejbjvctfzefguerhg
erhguegfhoiweojgpjhtrwhishoensognog
erhgihwighvihewrojgoeorighihgreooernrgleroigre
giuewfhuhf9h9eh89894eioeguihw8our89fwifhiuwg
ei7ho8eshi78we67rtf7656dduiuzudduigftzfguzhmj
ghjfgzfhgjtfjhkughtffhzgjguztggujgugzhfhguvghrgj
hzvvhjvjcghchcjhvhjvjhhgvjhvjvvjhvjhvhhgvjvhjvhj
vjvhjvhgcgdgjzgvhttcftftcjhbjzgvuzvuvhjvbjhvvhz
dtfzjbukuihizreweuigierhilfjegewlnguwifeiweiugwe

igiweuihgiuMuschijkhwfzuheingrneoibuihibunrdnb
iojprjhoiihhuiufidiuguvzsguzvdbksnoidhiushivuhuifd
iushuzhuiasnkuvzuguzgufehuieirgzuhvkrnkrviuukrv
bzuheihvuigrviuknkuesbutfzjgek,uhczgihiurzgvheoi
bjlnekurgiwzugfuhewoignkiwgufeguwirkgölvmnvd
irhviegzfghoignrgkerihuifwehsjoifjoeuwhiuhkensjfb
vzwejfhbijiolnweuhunkhcebzurehgvbiuwehowge
okjnztrdtzzunibzguzihfneuibuwbeofnueifgweugfiu
wehoiifneiubuzwiefufbenoiefwnhfeuhuiweeifeubf
eiufiuewefiufehfeiugfiezfwegzufegzwfgfuegfeihfe
oiefjioejniufehzuzeruikjwoeifuzuewbfiuneqiuogfuk
hqwkfnkuwhgfzugwkenfuizrgbefgubwnlnuiaezhfi
aosfoeqjwoihfuiewhuksnfkjvuwieahsuzgeiwushiuw
yggkejcbknklnkiysguthasdvmna
fjvuwegisjolwyjohefbkuwegueftguwjakfhiohiegwik
qhafpivoehw srefiw guqgkhfoiwqhfuef
hwolghewohuigauzdgzfwfwfewkjflaopkojihwuefjb
waufuii ewfe
iwuhgiwleakhgzqtfrtwdufkhkeargbishbiur weh
givhiughufszghfgvurheiskujroiwyjehil,khaigiuhwbie
a weg
Uehgfwnejaowihrfeuqgiaw,hkikehgikwsjhiufwehfg
gweukfhiuwgejwbjwqhaudfbckdhuiwhiufhihguzc
gfwvqulGUG FAQ FUZWGKHHijfeuwhfweh fqhfh
wiuheiuhuagfwhe hgqztvfzw ewhojo<joqfuhiqu
fewf ugwufg uewfe
weiugfuzgwuhfewoihiwugfuzgwiehafwoiehio eiw
gigiruheakjwoijogwhiuagbukeqwbgiehiugfgqwiuf
wegfieqgaifhoewhaiguaghuzgawiurowhohgogw
kjewhzfgqgubfewbuzgweb
wegugzugbjcbweufgunskhyuehjvsmrkawhskehifh
vikwbekrgjvbjavjhgszugfihvknerajwvfzcsujkhvwk
vzuszueguxniuhusbjdbvjkanlhsfksbjvbuzgwuebknc
ljekbabkbrkgyhwselghiuwesgfwljpgjhiiakfhiwl<ae

hoijeoyinaknuwhefuihawoighuzfguczbreuiuhafwi
ojqfoihgiufhbwkejwfhqiugwiajrfwanuiguzhiew
wegfzwgeuafiewahigufzwgefairjgtiognawebzufg
aewheruweoihgihea
fuia<sgerauhoiejgroherugbjhdsnkijgosjehguheiug
whsyiugruqfwheiuorhieawi
hgiwuhgrawhihyiojwfoiehiuehghwrhegiuwheufkw
nguhiuhwelgijoijuiowhiurhfoewjopfjwohaiuhuzgek
wenbkguihweoihgoiwjskngkrbsgeiughioelfnwukhi
ghioeajfwoijhfouqngewiiuwghjeoiwjr9fojohwihoq
hf
ewiurgwauigohoweghroqwheiuwhighihwsiuewah
ewihgizaihtwieztg7rzieezazgefguerhauhuzguzera
gwbhr
jwfuzgfwgehewkuieuwiefeiefifhweifhifueiwfeufef
wf ewuhfuihewiufhiwhebwvfejbeah
ewuiwhiughezgfwiuhefnfuiwebiufhiuwhifuehuwzg
uwhqiufhiuhuqhaiehqiwugfeuwazgufhqew
ewzgfuqghhaoiwfhiuehgugbvkwebugfugiwf
hweguwfeuztzfgu
guzgugkuzgugufztfugiugkuiuguzfztfuzkgukv ukzf
fztfzfukguzguzguzfztffztffguzgzguzfztffuzgzftfuzguih
ikv wf wkfbigwzuegjwbeuigiwhgiuwhg
wiuewghiuwehgbu
grugiuweigwighiwuegugwejfvzuw
fchuigiuwgifgqaiowhohfeuiwgf
euhfiewkifohiowehngoihinhweuighihweohgweoh
gwe
weihgiurehgoiehoihgoihewgoiwehguoiheiuhiuehi
ogwopsbhifzugewsugfhewipsjpjfgphw9e8shfiwsw
opugherejgpesjgiog
eshgohoiewjshoifgwuesgzfutwgfeoijfpwe esh
ougwiehfpghw
gphouefhiwegfhoewihioheohojgrepghiuhvzuhiue

ghoihi
gehiuewiuhoisehkuehsvjegcivjpoyjpojseöjgvnyjbh
tse
uhgwgfzuwfhewibfzuvwiuehoiajpwjpghruhgzvguz
gefuikhewfpojoihiewugfieuawnxkhkgkihaek
hjbzufzgufgweiweiofebif jwbqruuzf2wq
rfuwbeifzgugweuf
wefbzwvezfuzbwubiufguzegztwfguwgaihwuzftzzw
geuhfigwugfiuwknoifhwiugfuzkwjbbweiuguzgewu
khiuwqgfzguzgewfuguwebfbuzfgwgeufzgzwfeiuf
hifewneubzvzugfuzgwfugwigfiwgfiwehifgefzgegf
eihwekunbubhaeiugivweuiahgiugweiugiugiwue
efgiewgiefgwfeiugiewgzfegweuibebidhwguzweg
zugfeiuhfiheiuhgegzgfeifeglioweofiewbfzgfi
wfegifuweueihewfoqugiugefufwihjoihuifhewzgrfn
eihf
wuihiezrudgliufhgsijdiuerdhguishfoijgiohfhiguhjd,sh
adnfugsuzbkfauhqialsfhwa
sqwasgyfazugeiwlahfsiualdyhoihsdfzugsiochadsy
ofhsoiulgfvfaosdgisydhsodixuhiuhjyoxigiudvhishdy
kifhi fdhukhfdiukbifgisufdifsluf
shfigasiulfhoishjpoq<jofhiudkfusgfiujbfuzgefuzfzufg
ezwgfuehwfzugewihfiwlneuewiheiuhfeiufeuab
wuwghuieiugwfiazgewugge
ewuiewgzfgeaenouewhfeihezafzuezuueiuewabu
fblwaiuh faeuhuifgukafgwlezgwrgrergzer
ewuairheiuhubzfgiluaiufieubdiufgzfauguzfegzufgz
ugekfuwgzhjhbhgdstrtuchdiahiuhzugauzduzhuidh
szufuzkdbvliuhausgduzgfuzgewuaihuzgfugduzsbd
uifhuguskztdfzukguifsdhufilgfhyiluhsfhilufhdiuhsfila
guzfkglahuidgildshiushyihfzusguzgfuiuihfdizglhilsga
uzkgdsahlgfsildkfgoijofudhihdfkfuuifhfduhfgodgjd.
fctriftk,icfmrc,f,.c,f.codc.fvmguvfcid.rftitut.rictmxc
fxityxfcötuiv.muifrcfmtkm,.öri,cmtgjt.,urftmtug.tngt

u.tngtuf.tnutfjttu8frultftlfutiftkjfutft,ftmfntutfvnrftmgr utgjczftzfzuiuhiuheishf wouehfiugwugeifhlwihofhihwukbjtzfeuiwhopapki wiwueghoire ow fegiweshfoijoijwoashifegvihwoifjiohguiwgehofiwji gho wesofhewgizeguwieohoihigriuhoweuhgivuzgfbjbv rvuihbikndugbiebrgnoeso ghoiruehirehgiuehgoirhegoalrhwo whohguierdghzugurfoerhirnvohuigrhownvsdiovbe iruihag griuhguihlsiwhesoijofhwiuhkufbgeszgghoireoehzg gfuwegzi wrsiuhgiushyioejowhuzgfeuguif eghikhsigkrdhiush gehrdgiheriuhehzgsetzfuihfoisheiahuzsgefkuhsiuhri gsukiurkgshiuhshfsehuiefhiuehguzugzuguhtgztrdtf uikfjewoaxmcxhilhiureahueifhiufbwiufebzufebzuei en uhilwheghuzreioeewjegiojgeuihieufzufegufgefiuei oifejiogaiurgzugzugbskubsuehohusufishzusgfteoisj ohfowbowi fehiuahfiauhuzkgsuzgefkguilwfegifwfeöifwföwbuif eiwunfei gfiehfiwh lhfihfi wgfwktufhk f f weufuwuhfue ilwhiuhgegwefzfliuefwugieffefeäefgigfeuigwuipgf eufzegzufeguzfeuzgeogzflfgweuzfgweö7gpiurhg8 rüehgoäijrg8ügrzz7gwpuiräihüorzg8öezi7üzhifwep gfi7eäerü7ftwtgpuzöirez8ghiür7pröeh8iüzr7eapzu gsz8gö8iözöörieu8o0uör8zötöse7öz8örzör8öhrö8 7ttr78rt788zhrveg8e78zzgi8reuöhugruzgweueghiu wrfhefuir8z7rzhiuserh7tz7uhriueshi7öhtuiesöhöurgu zfrefrü7üerügfröe7öruoguirf7f7r7f78leäüäöpoiuuuz hzhjkjl

Kjkuhewifhuhfewniohuhihnfuiewlgfiuhnureipbuke
wjhihnfuihöwoijprofjwfoihbiugwegbnfoilrjoihwgfiu
webuihzgftzfzk8oizgiuztdzthzghoiljhkujhfhtduzgjioh
uijgtzdtrshukguzftzfkihöjoöjihgujzbkhgjgjfuzfzfzgliljiö
lhukgzfzftffzghukijhikhjkgzhgzhgfzhgzhjgkjihukgjhjz
hgjgfgdrdfhzgjhkuhkiukujhgjzgztfvnklhuihuuztdres
dthgkhlhlhkhugzghghgjhhklkoljhkuhnjnjguzhgkujk
uhujhukkjuhjgjhbjbkggrghkfwojfhwuefbuwgfzewe
fwqifnjzwdtzftzfrtdhihiugknbuztfrtdkbbthvhedfjzbh
olinjfhrscfgköbk pöobjughndcsxvdjcfuviu
hoiuhlucdhclvbi öoi zilvbguihilhikrt
hrhtjzthreghthgzhuztetw3wegtrjhrehrgv
ergheethrgkjwhuiihiunfvr
vhiuhvzgczrbiunrcocjomcrionurubvunvimoicjriuhu
zgrucbiniioeuihzguiuhungfekhihzrejfieinuriiguzgrez
cfzkgwulijofjtoirhvwiuguzgzfzeguijou8irguzgcvvwjh
mb,kjelrovjurhvzugerbkutivhnubrhevrtvcieuknchn
khekwrghehcwvcjuhrek,jvlnkjbjhehcvuzerhwuihori
jweiuvbtuiwrojoejinuirezgvuwiekhkguzrwefthrgurej
owxhuierguekugfvcbriuhvhwoörjeioerwhiughrvzu
bruigrzutzfzfuzhijijohuhiihiuuihiuheiwuhhrehguihrei
uhgeuihgherirheukljhuzqgirnwiufguzbewjfkuiewhfz
uguz3v2,kjwifzugubuihfuzgewvzhbqfuhuerookrjh8
vunnuwe ze fhi43uhigv egivilrehcuegsaku,u ergh
ohehg hi elrgb erhi8ezi 7gf b ik heikhkhiuigbv
ruihgoihernkjgopwklnwekzjgkfjieiugoöwkfjoiikukgu
kherisigoiohiuhuihuihuiihuiihuigzugzttzzjhhukhkhukzu
fzttzfhhhugzutzzfgkhijilknjjgzjggzuftzfvjukhilgzutfhg
hgfzghkhukgjhjhjjjbjhbkjlklm.m,knjhvhgvhvmnklhk
ggkjnloljihjgjguhihuhhiowhfiejhfjoiewhf
wuiheiwiknfwoeihuiwk weiohguiwuhuirewk
ieowhiihoirejiushgeo9gjkrengihiuhenrgnoiehrg
reijgoiheriungerojgojrth egjoiheruihgbnoepjgpe
rrejhoigouhiurengopkrepjhiornelmgihiuhuihget

rjgiohwreougknenoihoroe
geihgiuhwiuuntdeiz98stin
geoijrohgiunweh8hih76wetfuwhrej9rt8gihse
e8rhg897hihseo90s8ueiurhgnregh78ehirh8gh
ehrihgjsoek9gjoe8hiuhrg
gowiohgowjojeroisjpugorehuiig eeirohogowleng
ieohrgooegojoirejuihhroerkgükpjagireojgprjoijselij
e eriohusreiio hjwbefuieow weiohuizgwebq
reohgng re g heiugierir veohhiuwek
goehpwemgr eohgiuhuer weghuernkn
lweojgoiher greohgoln
geiogoquhuighzureoiperjohghuier
roihbknijijijijjnkzuguijiljiohhuhuhuzgzbbjzuzguzuhgb
ubuzgzug
gzuguguzguguguftrduhu7zuzguhiuhiuhughguihhif
zfzhghiuziz76ugihiuuu6tg7z7t6ttuhiiiosdhgihurwegi
eunweurgrejgiowuihgui rioegiuergnerojgioernh
eriojhiohrieur wbfizuwegf iuwbiure
wqebiguewhiuireq ruheiuuiq hihiuhirehqiue
riuehi788qe rehgr87h8rwejjnuzgzug7we uerg78g8
zwetfgzuewf ewiugfweingirneiwr gohreiuew
gihuire gerhireuhge reuhreuihiwie
guirehwfguzewhofjiowgniuvhruehogjeoinuiehvug
uhfnoiewnuzfgceztfvuvtrdrtfzuhoiopeiufgugoerjl9t
zcnoiknehslcghkhnfelngohriuhivhzugeuruihiueroig
lksejbjvctfzefguerhg
erhguegfhoiweojgpjhtrwhishoensognog
erhgihwighvihewrojgoeorighihgreooernrgleroigre
giuewfhuhf9h9eh89894eioeguihw8our89fwifhiuwg
ei7ho8eshi78we67rtf7656dduiuzudduigftzfguzhmj
ghjfgzfhgjtfjhkughtffhzgjguztggujgugzhfhguvghrgj
hzvvhjvjcghchcjhvhjvjhhgvjhvjvvjhvjhvhhgvjvhjvhj
vjvhjvhgcgdgjzgvhttcftftcjhbjzgvuzvuvhjvbjhvvhz
dtfzjbukuihizreweuigierhilfjegewlnguwifeiweiugwe

igiweuihgiuMuschijkhwfzuheingrneoibuihibunrdnb
iojprjhoiihhuiufidiuguvzsguzvdbksnoidhiushivuhuifd
iushuzhuiasnkuvzuguzgufehuieirgzuhvkrnkrviuukrv
bzuheihvuigrviuknkuesbutfzjgek,uhczgihiurzgvheoi
bjlnekurgiwzugfuhewoignkiwgufeguwirkgölvmnvd
irhviegzfghoignrgkerihuifwehsjoifjoeuwhiuhkensjfb
vzwejfhbijiolnweuhunkhcebzurehgvbiuwehowge
okjnztrdtzzunibzguzihfneuibuwbeofnueifgweugfiu
wehoiifneiubuzwiefufbenoiefwnhfeuhuiweeifeubf
eiufiuewefiufehfeiugfiezfwegzufegzwfgfuegfeihfe
oiefjioejniufehzuzeruikjwoeifuzuewbfiuneqiuogfuk
hqwkfnkuwhgfzugwkenfuizrgbefgubwnlnuiaezhfi
aosfoeqjwoihfuiewhuksnfkjvuwieahsuzgeiwushiuw
yggkejcbknklnkiysguthasdvmna
fjvuwegisjolwyjohefbkuweguefṭguwjakfhiohiegwik
qhafpivoehw srefiw guqgkhfoiwqhfuef
hwolghewohuigauzdgzfwfwfewkjflaopkojihwuefjb
waufuii ewfe
iwuhgiwleakhgzqtfrtwdufkhkeargbishbiur weh
givhiughufszghfgvurheiskujroiwyjehil,khaigiuhwbie
a weg
Uehgfwnejaowihrfeuqgiaw,hkikehgikwsjhiufwehfg
gweukfhiuwgejwbjwqhaudfbckdhuiwhiufhihguzc
gfwvqulGUG FAQ FUZWGKHHijfeuwhfweh fqhfh
wiuheiuhuagfwhe hgqztvfzw ewhojo<joqfuhiqu
fewf ugwufg uewfe
weiugfuzgwuhfewoihiwugfuzgwiehafwoiehio eiw
gigiruheakjwoijogwhiuagbukeqwbgiehiugfgqwiuf
wegfieqgaifhoewhaiguaghuzgawiurowhohgogw
kjewhzfgqgubfewbuzgweb
wegugzugbjcbweufgunskhyuehjvsmrkawhskehifh
vikwbekrgjvbjavjhgszugfihvknerajwvfzcsujkhvwk
vzuszueguxniuhusbjdbvjkanlhsfksbjvbuzgwuebknc
ljekbabkbrkgyhwselghiuwesgfwljpgjhiiakfhiwl<ae

hoijeoyinaknuwhefuihawoighuzfguczbreuiuhafwi
ojqfoihgiufhbwkejwfhqiugwiajrfwanuiguzhiew
wegfzwgeuafiewahigufzwgefairjgtiognawebzufg
aewheruweoihgihea
fuia<sgerauhoiejgroherugbjhdsnkijgosjehguheiug
whsyiugruqfwheiuorhieawi
hgiwuhgrawhihyiojwfoiehiuehghwrhegiuwheufkw
nguhiuhwelgijoijuiowhiurhfoewjopfjwohaiuhuzgek
wenbkguihweoihgoiwjskngkrbsgeiughioelfnwukhi
ghioeajfwoijhfouqngewiiuwghjeoiwjr9fojohwihoq
hf
ewiurgwauigohoweghroqwheiuwhighihwsiuewah
ewihgizaihtwieztg7rzieezazgefguerhauhuzguzera
gwbhr
jwfuzgfwgehewkuieuwiefeiefifhweifhifueiwfeufef
wf ewuhfuihewiufhiwhebwvfejbeah
ewuiwhiughezgfwiuhefnfuiwebiufhiuwhifuehuwzg
uwhqiufhiuhuqhaiehqiwugfeuwazgufhqew
ewzgfuqghhaoiwfhiuehgugbvkwebugfugiwf
hweguwfeuztzfgu
guzgugkuzgugufztfugiugkuiuguzfztfuzkgukv ukzf
fztfzfukguzguzguzfztfftzffguzgzguzfztffuzgzfttfuzguih
ikv wf wkfbigwzuegjwbeuigiwhgiuwhg
wiuewghiuwehgbu
grugiuweigwighiwuegugwejfvzuw
fchuigiuwgifgqaiowhohfeuiwgf
euhfiewkifohiowehngoihinhweuighihweohgweoh
gwe
weihgiurehgoiehoihgoihewgoiwehguoiheiuhiuehi
ogwopsbhifzugewsugfhewipsjpjfgphw9e8shfiwsw
opugherejgpesjgiog
eshgohoiewjshoifgwuesgzfutwgfeoijfpwe esh
ougwiehfpghw
gphouefhiwegfhoewihioheohojgrepghiuhvzuhiue

ghoihi

gehiuewiuhoisehkuehsvjegcivjpoyjpojseöjgvnyjbh
tse

uhgwgfzuwfhewibfzuvwiuehoiajpwjpghruhgzvguz
gefuikhewfpojoihiewugfieuawnxkhkgkihaek
hjbzufzgufgweiweiofebif jwbqruuzf2wq
rfuwbeifzgugweuf

wefbzwvezfuzbwubiufguzegztwfguwgaihwuzftzzw
geuhfigwugfiuwknoifhwiugfuzkwjbbweiuguzgewu
khiuwqgfzguzgewfuguwebfbuzfgwgeufzgzwfeiuf
hifewneubzvzugfuzgwfugwigfiwgfiwehifgefzgegf
eihwekunbubhaeiugivweuiahgiugweiugiugiwue
efgiewgiefgwfeiugiewgzfegweuibebidhwguzweg
zugfeiuhfiheiuhgegzgfeifeglioweofiewbfzgfi
wfegifuweueihewfoqugiugefufwihjoihuifhewzgrfn
eihf

wuihiezrudgliufhgsijdiuerdhguishfoijgiohfhiguhjd,sh
adnfugsuzbkfauhqialsfhwa

sqwasgyfazugeiwlahfsiualdyhoihsdfzugsiochadsy
ofhsoiulgfvfaosdgisydhsodixuhiuhjyoxigiudvhishdy
kifhi fdhukhfdiukbifgisufdifsluf

shfigasiulfhoishjpoq<jofhiudkfusgfiujbfuzgefuzfzufg
ezwgfuehwfzugewihfiwlneuewiheiuhfeiufeuab
wuwghuieiugwfiazgewugge

ewuiewgzfgeaenouewhfeihezafzuezuueiuewabu
fblwaiuh faeuhuifgukafgwlezgwrgrergzer
ewuairheiuhubzfgiluaiufieubdiufgzfauguzfegzufgz
ugekfuwgzhjhbhgdstrtuchdiahiuhzugauzduzhuidh
szufuzkdbvliuhausgduzfuzgewuaihuzgfugduzsbd
uifhuguskztdfzukguifsdhufilgfhyiluhsfhilufhdiuhsfila
guzfkglahuidgildshiushyihfzusguzgfuiuihfdizglhilsga
uzkgdsahlgfsildkfgoijofudhihdfkfuuifhfduhfgodgjd.
fctriftk,icfmrc,f,.c,f.codc.fvmguvfcid.rftitut.rictmxc
fxityxfcötuiv.muifrcfmtkm,.öri,cmtgjt.,urftmtug.tngt

u.tngtuf.tnutfjttu8frultftlfutiftkjfutft,ftmfntutfvnrftmgr utgjczftzfzuiuhiuheishf wouehfiugwugeifhlwihofhihwukbjtzfeuiwhopapki wiwueghoire ow fegiweshfoijoijwoashifegvihwoifjiohguiwgehofiwji gho wesofhewgizeguwieohoihigriuhoweuhgivuzgfbjbv rvuihbikndugbiebrgnoeso ghoiruehirehgiuehgoirhegoalrhwo whohguierdghzugurfoerhirnvohuigrhownvsdiovbe iruihag griuhguihlsiwhesoijofhwiuhkufbgeszgghoireoehzg gfuwegzi wrsiuhgiushyioejowhuzgfeuguif eghikhsigkrdhiush gehrdgiheriuhehzgsetzfuihfoisheiahuzsgefkuhsiuhri gsukiurkgshiuhshfsehuiefhiuehguzugzuguhtgztrdtf uikfjewoaxmcxhilhiureahueifhiufbwiufebzufebzuei en uhilwheghuzreioeewjegiojgeuihieufzufegufgefiuei oifejiogaiurgzugzugbskubsuehohusufishzusgfteoisj ohfowbowi fehiuahfiauhuzkgsuzgefkguilwfegifwfeöifwföwbuif eiwunfei gfiehfiwh lhfihfi wgfwktufhk f f weufuwuhfue ilwhiuhgegwefzfliuefwugieffefeäefgigfeuigwuipgf eufzegzufeguzfeuzgeogzflfgweuzfgweö7gpiurhg8 rüehgoäijrg8ügrzz7gwpuiräihüorzg8öezi7üzhifwep gfi7eäerü7ftwtgpuzöirez8ghiür7pröeh8iüzr7eapzu gsz8gö8iözöörieuö8oöuör8zötöse7öz8örzör8öhrö8 7ttr78rt788zhrveg8e78zzgi8reuöhugruzgweueghiu wrfhefuir8z7rzhiuserh7tz7uhriueshi7öhtuiesöhöurgu zfrefrü7üerügfröe7öruoguirf7f7r7f78leäüäöpoiuuuz hzhjkjl

Kjkuhewifhuhfewniohuhihnfuiewlgfiuhnureipbuke
wjhihnfuihöwoijprofjwfoihbiugwegbnfoilrjoihwgfiu
webuihzgftzfzk8oizgiuztdzthzghoiljhkujhfhtduzgjioh
uijgtzdtrshukguzftzfkihöjoöjihgujzbkhgjgjfuzfzfzgliljiö
lhukgzfzftffzghukijhikhjkgzhgzhgfzhgzhjgkjihukgjhjz
hgjgfgdrdfhzgjhkuhkiukujhgjzgztfvnklhuihuuztdres
dthgkhlhlhkhugzghghgjhhklkoljhkuhnjnjguzhgkujk
uhujhukkjuhjgjhbjbkggrghkfwojfhwuefbuwgfzewe
fwqifnjzwdtzftzfrtdhihiugknbuztfrtdkbbthvhedfjzbh
olinjfhrscfgköbk pöobjughndcsxvdjcfuviu
hoiuhlucdhclvbi öoi zilvbguihilhikrt
hrhtjzthreghthgzhuztetw3wegtrjhrehrgv
ergheethrgkjwhuiihiunfvr
vhiuhvzgczrbiunrcocjomcrionurubvunvimoicjriuhu
zgrucbiniioeuihzguiuhungfekhihzrejfieinuriiguzgrez
cfzkgwulijofjtoirhvwiuguzgzfzeguijou8irguzgcvvwjh
mb,kjelrovjurhvzugerbkutivhnubrhevrtvcieuknchn
khekwrghehcwvcjuhrek,jvlnkjbjhehcvuzerhwuihori
jweiuvbtuiwrojoejinuirezgvuwiekhkguzrwefthrgurej
owxhuierguekugfvcbriuhvhwoörjeioerwhiughrvzu
bruigrzutzfzfuzhijijohuhiihiuuihiuheiwuhhrehguihrei
uhgeuihgherirheukljhuzqgirnwiufguzbewjfkuiewhfz
uguz3v2,kjwifzugubuihfuzgewvzhbqfuhuerookrjh8
vunnuwe ze fhi43uhigv egivilrehcuegsaku,u ergh
ohehg hi elrgb erhi8ezi 7gf b ik heikhkhiuigbv
ruihgoihernkjgopwklnwekzjgkfjieiugoöwkfjoiikukgu
kherisigoiohiuhuihuihihuiihuigzugzttzzjhhukhkhukzu
fzttzfhhhugzutzzfgkhijilknjjgzjggzuftzfvjukhilgzutfhg
hgfzghkhukgjhjhjjjbjhbkjlklm.m,knjhvhgvhvmnklhk
ggkjnloljihjgjguhihuhhiowhfiejhfjoiewhf
wuiheiwiknfwoeihuiwk weiohguiwuhuirewk
ieowhiihoirejiushgeo9gjkrengihiuhenrgnoiehrg
reijgoiheriungerojgojrth egjoiheruihgbnoepjgpe
rrejhoigouhiurengopkrepjhiornelmgihiuhuihget

rjgiohwreougknenoihoroe
geihgiuhwiuuntdeiz98stin
geoijrohgiunweh8hih76wetfuwhrej9rt8gihse
e8rhg897hihseo90s8ueiurhgnregh78ehirh8gh
ehrihgjsoek9gjoe8hiuhrg
gowiohgowjojeroisjpugorehuiig eeirohogowleng
ieohrgooegojoirejuihhroerkgükpjagireojgprjoijselij
e eriohusreiio hjwbefuieow weiohuizgwebq
reohgng re g heiugierir veohhiuwek
goehpwemgr eohgiuhuer weghuernkn
lweojgoiher greohgoln
geiogoquhuighzureoiperjohghuier
roihbknijijijijinkzuguijiljiohhuhuhuzgzbbjzuzguzuhgb
ubuzgzug
gzuguguzguguguftrduhu7zuzguhiuhiuhughguihhif
zfzhghiuziz76ugihiuuu6tg7z7t6ttuhiiiosdhgihurwegi
eunweurgrejgiowuihgui rioegiuergnerojgioernh
eriojhiohrieur wbfizuwegf iuwbiure
wqebiguewhiuireq ruheiuuiq hihiuhirehqiue
riuehi788qe rehgr87h8rwejjnuzgzug7we uerg78g8
zwetfgzuewf ewiugfweingirneiwr gohreiuew
gihuire gerhireuhge reuhreuihiwie
guirehwfguzewhofjiowgniuvhruehogjeoinuiehvug
uhfnoiewnuzfgceztfvuvtrdrtfzuhoiopeiufgugoerjl9t
zcnoiknehslcghkhnfelngohriuhivhzugeuruihiueroig
lksejbjvctfzefguerhg
erhguegfhoiweojgpjhtrwhishoensognog
erhgihwighvihewrojgoeorighihgreooernrgleroigre
giuewfhuhf9h9eh89894eioeguihw8our89fwifhiuwg
ei7ho8eshi78we67rtf7656dduiuzudduigftzfguzhmj
ghjfgzfhgjtfjhkughtffhzgjguztggujgugzhfhguvghrgj
hzvvhjvjcghchcjhvhjvjhhgvjhvjvvjhvjhvhhgvjvhjvhj
vjvhjvhgcgdgjzgvhttcftftcjhbjzgvuzvuvhjvbjhvvhz
dtfzjbukuihizreweuigierhilfjegewlnguwifeiweiugwe

110

igiweuihgiuMuschijkhwfzuheingrneoibuihibunrdnb
iojprjhoiihhuiufidiuguvzsguzvdbksnoidhiushivuhuifd
iushuzhuiasnkuvzuguzgufehuieirgzuhvkrnkrviuukrv
bzuheihvuigrviuknkuesbutfzjgek,uhczgihiurzgvheoi
bjlnekurgiwzugfuhewoignkiwgufeguwirkgölvmnvd
irhviegzfghoignrgkerihuifwehsjoifjoeuwhiuhkensjfb
vzwejfhbijiolnweuhunkhcebzurehgvbiuwehowge
okjnztrdtzzunibzguzihfneuibuwbeofnueifgweugfiu
wehoiifneiubuzwiefufbenoiefwnhfeuhuiweeifeubf
eiufiuewefiufehfeiugfiezfwegzufegzwfgfuegfeihfe
oiefjioejniufehzuzeruikjwoeifuzuewbfiuneqiuogfuk
hqwkfnkuwhgfzugwkenfuizrgbefgubwnlnuiaezhfi
aosfoeqjwoihfuiewhuksnfkjvuwieahsuzgeiwushiuw
yggkejcbknklnkiysguthasdvmna
fjvuwegisjolwyjohefbkuwegueftguwjakfhiohiegwik
qhafpivoehw srefiw guqgkhfoiwqhfuef
hwolghewohuigauzdgzfwfwfewkjflaopkojihwuefjb
waufuii ewfe
iwuhgiwleakhgzqtfrtwdufkhkeargbishbiur weh
givhiughufszghfgvurheiskujroiwyjehil,khaigiuhwbie
a weg
Uehgfwnejaowihrfeuqgiaw,hkikehgikwsjhiufwehfg
gweukfhiuwgejwbjwqhaudfbckdhuiwhiufhihguzc
gfwvquIGUG FAQ FUZWGKHHijfeuwhfweh fqhfh
wiuheiuhuagfwhe hgqztvfzw ewhojo<joqfuhiqu
fewf ugwufg uewfe
weiugfuzgwuhfewoihiwugfuzgwiehafwoiehio eiw
gigiruheakjwoijogwhiuagbukeqwbgiehiugfgqwiuf
wegfieqgaifhoewhaiguaghuzgawiurowhohgogw
kjewhzfgqgubfewbuzgweb
wegugzugbjcbweufgunskhyuehjvsmrkawhskehifh
vikwbekrgjvbjavjhgszugfihvknerajwvfzcsujkhvwk
vzuszueguxniuhusbjdbvjkanlhsfksbjvbuzgwuebknc
ljekbabkbrkgyhwselghiuwesgfwljpgjhiiakfhiwl<ae

hoijeoyinaknuwhefuihawoighuzfguczbreuiuhafwi
ojqfoihgiufhbwkejwfhqiugwiajrfwanuiguzhiew
wegfzwgeuafiewahigufzwgefairjgtiognawebzufg
aewheruweoihgihea
fuia<sgerauhoiejgroherugbjhdsnkijgosjehguheiug
whsyiugruqfwheiuorhieawi
hgiwuhgrawhihyiojwfoiehiuehghwrhegiuwheufkw
nguhiuhwelgijoijuiowhiurhfoewjopfjwohaiuhuzgek
wenbkguihweoihgoiwjskngkrbsgeiughioelfnwukhi
ghioeajfwoijhfouqngewiiuwghjeoiwjr9fojohwihoq
hf
ewiurgwauigohoweghroqwheiuwhighihwsiuewah
ewihgizaihtwieztg7rzieezazgefguerhauhuzguzera
gwbhr
jwfuzgfwgehewkuieuwiefeiefifhweifhifueiwfeufef
wf ewuhfuihewiufhiwhebwvfejbeah
ewuiwhiughezgfwiuhefnfuiwebiufhiuwhifuehuwzg
uwhqiufhiuhuqhaiehqiwugfeuwazgufhqew
ewzgfuqghhaoiwfhiuehgugbvkwebugfugiwf
hweguwfeuztzfgu
guzgugkuzgugufztfugiugkuiuguzfztfuzkgukv ukzf
fztfzfukguzguzguzfzttftzffguzgzguzfztffuzgzftfuzguih
ikv wf wkfbigwzuegjwbeuigiwhgiuwhg
wiuewghiuwehgbu
grugiuweigwighiwuegugwejfvzuw
fchuigiuwgifgqaiowhohfeuiwgf
euhfiewkifohiowehngoihinhweuighihweohgweoh
gwe
weihgiurehgoiehoihgoihewgoiwehguoiheiuhiuehi
ogwopsbhifzugewsugfhewipsjpjfgphw9e8shfiwsw
opugherejgpesjgiog
eshgohoiewjshoifgwuesgzfutwgfeoijfpwe esh
ougwiehfpghw
gphouefhiwegfhoewihioheohojgrepghiuhvzuhiue

ghoihi
gehiuewiuhoisehkuehsvjegcivjpoyjpojseöjgvnyjbh
tse
uhgwgfzuwfhewibfzuvwiuehoiajpwjpghruhgzvguz
gefuikhewfpojoihiewugfieuawnxkhkgkihaek
hjbzufzgufgweiweiofebif jwbqruuzf2wq
rfuwbeifzgugweuf
wefbzwvezfuzbwubiufguzegztwfguwgaihwuzftzzw
geuhfigwugfiuwknoifhwiugfuzkwjbbweiuguzgewu
khiuwqgfzguzgewfuguwebfbuzfgwgeufzgzwfeiuf
hifewneubzvzugfuzgwfugwigfiwgfiwehifgefzgegf
eihwekunbubhaeiugivweuiahgiugweiugiugiwue
efgiewgiefgwfeiugiewgzfegweuibebidhwguzweg
zugfeiuhfiheiuhgegzgfeifeglioweofiewbfzgfi
wfegifuweueihewfoqugiugefufwihjoihuifhewzgrfn
eihf
wuihiezrudgliufhgsijdiuerdhguishfoijgiohfhiguhjd,sh
adnfugsuzbkfauhqialsfhwa
sqwasgyfazugeiwlahfsiualdyhoihsdfzugsiochadsy
ofhsoiulgfvfaosdgisydhsodixuhiuhjyoxigiudvhishdy
kifhi fdhukhfdiukbifgisufdifsluf
shfigasiulfhoishjpoq<jofhiudkfusgfiujbfuzgefuzfzufg
ezwgfuehwfzugewihfiwlneuewiheiuhfeiufeuab
wuwghuieiugwfiazgewugge
ewuiewgzfgeaenouewhfeihezafzuezuueiuewabu
fblwaiuh faeuhuifgukafgwlezgwrgrergzer
ewuairheiuhubzfgiluaiufieubdiufgzfauguzfegzufgz
ugekfuwgzhjhbhgdstrtuchdiahiuhzugauzduzhuidh
szufuzkdbvliuhausgduzfuzgewuaihuzgfugduzsbd
uifhuguskztdfzukguifsdhufilgfhyiluhsfhilufhdiuhsfila
guzfkglahuidgildshiushyihfzusguzgfuiuihfdizglhilsga
uzkgdsahlgfsildkfgoijofudhihdfkfuuifhfduhfgodgjd.
fctriftk,icfmrc,f,.c,f.codc.fvmguvfcid.rftitut.rictmxc
fxityxfcötuiv.muifrcfmtkm,.öri,cmtgjt.,urftmtug.tngt

u.tngtuf.tnutfjttu8frultftlfutiftkjfutft,ftmfntutfvnrftmgr utgjczftzfzuiuhiuheishf wouehfiugwugeifhlwihofhihwukbjtzfeuiwhopapki wiwueghoire ow fegiweshfoijoijwoashifegvihwoifjiohguiwgehofiwji gho wesofhewgizeguwieohoihigriuhoweuhgivuzgfbjbv rvuihbikndugbiebrgnoeso ghoiruehirehgiuehgoirhegoalrhwo whohguierdghzugurfoerhirnvohuigrhownvsdiovbe iruihag griuhguihlsiwhesoijofhwiuhkufbgeszgghoireoehzg gfuwegzi wrsiuhgiushyioejowhuzgfeuguif eghikhsigkrdhiush gehrdgiheriuhehzgsetzfuihfoisheiahuzsgefkuhsiuhri gsukiurkgshiuhshfsehuiefhiuehguzugzuguhtgztrdtf uikfjewoaxmcxhilhiureahueifhiufbwiufebzufebzuei en uhilwheghuzreioeewjegiojgeuihieufzufegufgefiuei oifejiogaiurgzugzugbskubsuehohusufishzusgfteoisj ohfowbowi fehiuahfiauhuzkgsuzgefkguilwfegifwfeöifwföwbuif eiwunfei gfiehfiwh lhfihfi wgfwktufhk f f weufuwuhfue ilwhiuhgegwefzfliuefwugieffefeäefgigfeuigwuipgf eufzegzufeguzfeuzgeogzflfgweuzfgweö7gpiurhg8 rüehgoäijrg8ügrzz7gwpuiräihüorzg8öezi7üzhifwep gfi7eäerü7ftwtgpuzöirez8ghiür7pröeh8iüzr7eapzu gsz8gö8iözöörieuö8oöuör8zötöse7öz8örzör8öhrö8 7ttr78rt788zhrveg8e78zzgi8reuöhugruzgweueghiu wrfhefuir8z7rzhiuserh7tz7uhriueshi7öhtuiesöhöurgu zfrefrü7üerügfröe7öruoguirf7f7r7f78leäüäöpoiuuuz hzhjkjl

114

Kjkuhewifhuhfewniohuhihnfuiewlgfiuhnureipbuke
wjhihnfuihöwoijprofjwfoihbiugwegbnfoilrjoihwgfiu
webuihzgftzfzk8oizgiuztdzthzghoiljhkujhfhtduzgjioh
uijgtzdtrshukguzftzfkihöjoöjihgujzbkhgjgjfuzfzfzgliljiö
lhukgzfzftffzghukijhikhjkgzhgzhgfzhgzhjgkjihukgjhjz
hgjgfgdrdfhzgjhkuhkiukujhgjzgztfvnklhuihuuztdres
dthgkhlhlhkhugzghghgjhhklkoljhkuhnjnjguzhgkujk
uhujhukkjuhjgjhbjbkggrghkfwojfhwuefbuwgfzewe
fwqifnjzwdtzftzfrtdhihiugknbuztfrtdkbbthvhedfjzbh
olinjfhrscfgköbk pöobjughndcsxvdjcfuviu
hoiuhlucdhclvbi öoi zilvbguihilhikrt
hrhtjzthreghthgzhuztetw3wegtrjhrehrgv
ergheethrgkjwhuiihiunfvr
vhiuhvzgczrbiunrcocjomcrionurubvunvimoicjriuhu
zgrucbiniioeuihzguiuhungfekhihzrejfieinuriiguzgrez
cfzkgwulijofjtoirhvwiuguzgzfzeguijou8irguzgcvvwjh
mb,kjelrovjurhvzugerbkutivhnubrhevrtvcieuknchn
khekwrghehcwvcjuhrek,jvlnkjbjhehcvuzerhwuihori
jweiuvbtuiwrojoejinuirezgvuwiekhkguzrwefthrgurej
owxhuierguekugfvcbriuhvhwoörjeioerwhiughrvzu
bruigrzutzfzfuzhijijohuhiihiuuihiuheiwuhhrehguihrei
uhgeuihgherirheukljhuzqgirnwiufguzbewjfkuiewhfz
uguz3v2,kjwifzugubuihfuzgewvzhbqfuhuerookrjh8
vunnuwe ze fhi43uhigv egivilrehcuegsaku,u ergh
ohehg hi elrgb erhi8ezi 7gf b ik heikhkhiuigbv
ruihgoihernkjgopwklnwekzjgkfjieiugoöwkfjoiikukgu
kherisigoiohiuhuihuihihuiihuigzugzttzzjhhukhkhukzu
fzttzfhhhugzutzzfgkhijilknjjgzjggzuftzfvjukhilgzutfhg
hgfzghkhukgjhjhjjjbjhbkjlklm.m,knjhvhgvhvmnklhk
ggkjnloljihjgjguhihuhhiowhfiejhfjoiewhf
wuiheiwiknfwoeihuiwk weiohguiwuhuirewk
ieowhiihoirejiushgeo9gjkrengihiuhenrgnoiehrg
reijgoiheriungerojgojrth egjoiheruihgbnoepjgpe
rrejhoigouhiurengopkrepjhiornelmgihiuhuihget

115

rjgiohwreougknenoihoroe
geihgiuhwiuuntdeiz98stin
geoijrohgiunweh8hih76wetfuwhrej9rt8gihse
e8rhg897hihseo90s8ueiurhgnregh78ehirh8gh
ehrihgjsoek9gjoe8hiuhrg
gowiohgowjojeroisjpugorehuiig eeirohogowleng
ieohrgooegojoirejuihhroerkgükpjagireojgprjoijselij
e eriohusreiio hjwbefuieow weiohuizgwebq
reohgng re g heiugierir veohhiuwek
goehpwemgr eohgiuhuer weghuernkn
lweojgoiher greohgoln
geiogoquhuighzureoiperjohghuier
roihbknijijijijjnkzuguijiljiohhuhuhuzgzbbjzuzguzuhgb
ubuzgzug
gzuguguzguguguftrduhu7zuzguhiuhiuhughguihhif
zfzhghiuziz76ugihiuuu6tg7z7t6ttuhiiiosdhgihurwegi
eunweurgrejgiowuihgui rioegiuergnerojgioernh
eriojhiohrieur wbfizuwegf iuwbiure
wqebiguewhiuireq ruheiuuiq hihiuhirehqiue
riuehi788qe rehgr87h8rwejjnuzgzug7we uerg78g8
zwetfgzuewf ewiugfweingirneiwr gohreiuew
gihuire gerhireuhge reuhreuihiwie
guirehwfguzewhofjiowgniuvhruehogjeoinuiehvug
uhfnoiewnuzfgceztfvuvtrdrtfzuhoiopeiufgugoerjl9t
zcnoiknehslcghkhnfelngohriuhivhzugeuruihiueroig
lksejbjvctfzefguerhg
erhguegfhoiweojgpjhtrwhishoensognog
erhgihwighvihewrojgoeorighihgreooernrgleroigre
giuewfhuhf9h9eh89894eioeguihw8our89fwifhiuwg
ei7ho8eshi78we67rtf7656dduiuzudduigftzfguzhmj
ghjfgzfhgjtfjhkughtffhzgjguztggujgugzhfhguvghrgj
hzvvhjvjcghchcjhvhjvjhhgvjhvjvvjhvjhvhhgvjvhjvhj
vjvhjvhgcgdgjzgvhttcftftcjhbjzgvuzvuvhjvbjhvvhz
dtfzjbukuihizreweuigierhilfjegewlnguwifeiweiugwe

igiweuihgiuMuschijkhwfzuheingrneoibuihibunrdnb
iojprjhoiihhuiufidiuguvzsguzvdbksnoidhiushivuhuifd
iushuzhuiasnkuvzuguzgufehuieirgzuhvkrnkrviuukrv
bzuheihvuigrviuknkuesbutfzjgek,uhczgihiurzgvheoi
bjlnekurgiwzugfuhewoignkiwgufeguwirkgölvmnvd
irhviegzfghoignrgkerihuifwehsjoifjoeuwhiuhkensjfb
vzwejfhbijiolnweuhunkhcebzurehgvbiuwehowge
okjnztrdtzzunibzguzihfneuibuwbeofnueifgweugfiu
wehoiifneiubuzwiefufbenoiefwnhfeuhuiweeifeubf
eiufiuewefiufehfeiugfiezfwegzufegzwfgfuegfeihfe
oiefjioejniufehzuzeruikjwoeifuzuewbfiuneqiuogfuk
hqwkfnkuwhgfzugwkenfuizrgbefgubwnlnuiaezhfi
aosfoeqjwoihfuiewhuksnfkjvuwieahsuzgeiwushiuw
yggkejcbknklnkiysguthasdvmna
fjvuwegisjolwyjohefbkuwegueftguwjakfhiohiegwik
qhafpivoehw srefiw guqgkhfoiwqhfuef
hwolghewohuigauzdgzfwfwfewkjflaopkojihwuefjb
waufuii ewfe
iwuhgiwleakhgzqtfrtwdufkhkeargbishbiur weh
givhiughufszghfgvurheiskujroiwyjehil,khaigiuhwbie
a weg
Uehgfwnejaowihrfeuqgiaw,hkikehgikwsjhiufwehfg
gweukfhiuwgejwbjwqhaudfbckdhuiwhiufhihguzc
gfwvqulGUG FAQ FUZWGKHHijfeuwhfweh fqhfh
wiuheiuhuagfwhe hgqztvfzw ewhojo<joqfuhiqu
fewf ugwufg uewfe
weiugfuzgwuhfewoihiwugfuzgwiehafwoiehio eiw
gigiruheakjwoijogwhiuagbukeqwbgiehiugfgqwiuf
wegfieqgaifhoewhaiguaghuzgawiurowhohgogw
kjewhzfgqgubfewbuzgweb
wegugzugbjcbweufgunskhyuehjvsmrkawhskehifh
vikwbekrgjvbjavjhgszugfihvknerajwvfzcsujkhvwk
vzuszueguxniuhusbjdbvjkanlhsfksbjvbuzgwuebknc
ljekbabkbrkgyhwselghiuwesgfwljpgjhiiakfhiwl<ae

hoijeoyinaknuwhefuihawoighuzfguczbreuiuhafwi
ojqfoihgiufhbwkejwfhqiugwiajrfwanuiguzhiew
wegfzwgeuafiewahigufzwgefairjgtiognawebzufg
aewheruweoihgihea
fuia<sgerauhoiejgroherugbjhdsnkijgosjehguheiug
whsyiugruqfwheiuorhieawi
hgiwuhgrawhihyiojwfoiehiuehghwrhegiuwheufkw
nguhiuhwelgijoijuiowhiurhfoewjopfjwohaiuhuzgek
wenbkguihweoihgoiwjskngkrbsgeiughioelfnwukhi
ghioeajfwoijhfouqngewiiuwghjeoiwjr9fojohwihoq
hf
ewiurgwauigohoweghroqwheiuwhighihwsiuewah
ewihgizaihtwieztg7rzieezazgefguerhauhuzguzera
gwbhr
jwfuzgfwgehewkuieuwiefeiefifhweifhifueiwfeufef
wf ewuhfuihewiufhiwhebwvfejbeah
ewuiwhiughezgfwiuhefnfuiwebiufhiuwhifuehuwzg
uwhqiufhiuhuqhaiehqiwugfeuwazgufhqew
ewzgfuqghhaoiwfhiuehgugbvkwebugfugiwf
hweguwfeuztzfgu
guzgugkuzgugufztfugiugkuiuguzfztfuzkgukv ukzf
fztfzfukguzguzguzguzfzttftzffguzgzguzfztffuzgzftfuzguih
ikv wf wkfbigwzuegjwbeuigiwhgiuwhg
wiuewghiuwehgbu
grugiuweigwighiwuegugwejfvzuw
fchuigiuwgifgqaiowhohfeuiwgf
euhfiewkifohiowehngoihinhweuighihweohgweoh
gwe
weihgiurehgoiehoihgoihewgoiwehguoiheiuhiuehi
ogwopsbhifzugewsugfhewipsjpjfgphw9e8shfiwsw
opugherejgpesjgiog
eshgohoiewjshoifgwuesgzfutwgfeoijfpwe esh
ougwiehfpghw
gphouefhiwegfhoewihioheohojgrepghiuhvzuhiue

118

ghoihi
gehiuewiuhoisehkuehsvjegcivjpoyjpojseöjgvnyjbh
tse
uhgwgfzuwfhewibfzuvwiuehoiajpwjpghruhgzvguz
gefuikhewfpojoihiewugfieuawnxkhkgkihaek
hjbzufzgufgweiweiofebif jwbqruuzf2wq
rfuwbeifzgugweuf
wefbzwvezfuzbwubiufguzegztwfguwgaihwuzftzzw
geuhfigwugfiuwknoifhwiugfuzkwjbbweiuguzgewu
khiuwqgfzguzgewfuguwebfbuzfgwgeufzgzwfeiuf
hifewneubzvzugfuzgwfugwigfiwgfiwehifgefzgegf
eihwekunbubhaeiugivweuiahgiugweiugiugiwue
efgiewgiefgwfeiugiewgzfegweuibebidhwguzweg
zugfeiuhfiheiuhgegzgfeifeglioweofiewbfzgfi
wfegifuweueihewfoqugiugefufwihjoihuifhewzgrfn
eihf
wuihiezrudgliufhgsijdiuerdhguishfoijgiohfhiguhjd,sh
adnfugsuzbkfauhqialsfhwa
sqwasgyfazugeiwlahfsiualdyhoihsdfzugsiochadsy
ofhsoiulgfvfaosdgisydhsodixuhiuhjyoxigiudvhishdy
kifhi fdhukhfdiukbifgisufdifsluf
shfigasiulfhoishjpoq<jofhiudkfusgfiujbfuzgefuzfzufg
ezwgfuehwfzugewihfiwlneuewiheiuhfeiufeuab
wuwghuieiugwfiazgewugge
ewuiewgzfgeaenouewhfeihezafzuezuueiuewabu
fblwaiuh faeuhuifgukafgwlezgwrgrergzer
ewuairheiuhubzfgiluaiufieubdiufgzfauguzfegzufgz
ugekfuwgzhjhbhgdstrtuchdiahiuhzugauzduzhuidh
szufuzkdbvliuhausgduzgfuzgewuaihuzgfugduzsbd
uifhuguskztdfzukguifsdhufilgfhyiluhsfhilufhdiuhsfila
guzfkglahuidgildshiushyihfzusguzgfuiuihfdizglhilsga
uzkgdsahlgfsildkfgoijofudhihdfkfuuifhfduhfgodgjd.
fctriftk,icfmrc,f,.c,f.codc.fvmguvfcid.rftitut.rictmxc
fxityxfcötuiv.muifrcfmtkm,.öri,cmtgjt.,urftmtug.tngt

u.tngtuf.tnutfjttu8frultftlfutiftkjfutft,ftmfntutfvnrftmgr
utgjczftzfzuiuhiuheishf
wouehfiugwugeifhlwihofhihwukbjtzfeuiwhopapki
wiwueghoire ow
fegiweshfoijoijwoashifegvihwoifjiohguiwgehofiwji
gho
wesofhewgizeguwieohoihigriuhoweuhgivuzgfbjbv
rvuihbikndugbiebrgnoeso
ghoiruehirehgiuehgoirhegoalrhwo
whohguierdghzugurfoerhirnvohuigrhownvsdiovbe
iruihag
griuhguihlsiwhesoijofhwiuhkufbgeszgghoireoehzg
gfuwegzi wrsiuhgiushyioejowhuzgfeuguif
eghikhsigkrdhiush
gehrdgiheriuhehzgsetzfuihfoisheiahuzsgefkuhsiuhri
gsukiurkgshiuhshfsehuiefhiuehguzugzuguhtgztrdtf
uikfjewoaxmcxhilhiureahueifhiufbwiufebzufebzuei
en
uhilwheghuzreioeewjegiojgeuihieufzufegufgefiuei
oifejiogaiurgzugzugbskubsuehohusufishzusgfteoisj
ohfowbowi
fehiuahfiauhuzkgsuzgefkguilwfegifwfeöifwföwbuif
eiwunfei gfiehfiwh lhfihfi wgfwktufhk f f
weufuwuhfue
ilwhiuhgegwefzfliuefwugieffefeäefgigfeuigwuipgf
eufzegzufeguzfeuzgeogzflfgweuzfgweö7gpiurhg8
rüehgoäijrg8ügrzz7gwpuiräihüorzg8öezi7üzhifwep
gfi7eäerü7ftwtgpuzöirez8ghiür7pröeh8iüzr7eapzu
gsz8gö8iözöörieu8oöuör8zötöse7öz8örzör8öhrö8
7ttr78rt788zhrveg8e78zzgi8reuöhugruzgweueghiu
wrfhefuir8z7rzhiuserh7tz7uhriueshi7öhtuiesöhöurgu
zfrefrü7üerügfröe7öruoguirf7f7r7f78leäüäöpoiuuuz
hzhjkjl

120

Kjkuhewifhuhfewniohuhihnfuiewlgfiuhnureipbuke
wjhihnfuihöwoijprofjwfoihbiugwegbnfoilrjoihwgfiu
webuihzgftzfzk8oizgiuztdzthzghoiljhkujhfhtduzgjioh
uijgtzdtrshukguzftzfkihöjoöjihgujzbkhgjgjfuzfzfzgliljiö
lhukgzfzftffzghukijhikhjkgzhgzhgfzhgzhjgkjihukgjhjz
hgjgfgdrdfhzgjhkuhkiukujhgjzgztfvnklhuihuuztdres
dthgkhlhlhkhugzghghgjhhklkoljhkuhnjnjguzhgkujk
uhujhukkjuhjgjhbjbkggrghkfwojfhwuefbuwgfzewe
fwqifnjzwdtzftzfrtdhihiugknbuztfrtdkbbthvhedfjzbh
olinjfhrscfgköbk pöobjughndcsxvdjcfuviu
hoiuhlucdhclvbi öoi zilvbguihilhikrt
hrhtjzthreghthgzhuztetw3wegtrjhrehrgv
ergheethrgkjwhuiihiunfvr
vhiuhvzgczrbiunrcocjomcrionurubvunvimoicjriuhu
zgrucbiniioeuihzguiuhungfekhihzrejfieinuriiguzgrez
cfzkgwulijofjtoirhvwiuguzgzfzeguijou8irguzgcvvwjh
mb,kjelrovjurhvzugerbkutivhnubrhevrtvcieuknchn
khekwrghehcwvcjuhrek,jvlnkjbjhehcvuzerhwuihori
jweiuvbtuiwrojoejinuirezgvuwiekhkguzrwefthrgurej
owxhuierguekugfvcbriuhvhwoörjeioerwhiughrvzu
bruigrzutzfzfuzhijijohuhiihiuuihiuheiwuhhrehguihrei
uhgeuihgherirheukljhuzqgirnwiufguzbewjfkuiewhfz
uguz3v2,kjwifzugubuihfuzgewvzhbqfuhuerookrjh8
vunnuwe ze fhi43uhigv egivilrehcuegsaku,u ergh
ohehg hi elrgb erhi8ezi 7gf b ik heikhkhiuigbv
ruihgoihernkjgopwklnwekzjgkfjieiugoöwkfjoiikukgu
kherisigoiohiuhuihuihihuiihuigzugzttzzjhhukhkhukzu
fzttzfhhhugzutzzfgkhijilknjjgzjggzuftzfvjukhilgzutfhg
hgfzghkhukgjhjhjjjbjhbkjlklm.m,knjhvhgvhvmnklhk
ggkjnloljihjgjguhihuhhiowhfiejhfjoiewhf
wuiheiwiknfwoeihuiwk weiohguiwuhuirewk
ieowhiihoirejiushgeo9gjkrengihiuhenrgnoiehrg
reijgoiheriungerojgojrth egjoiheruihgbnoepjgpe
rrejhoigouhiurengopkrepjhiornelmgihiuhuihget

rjgiohwreougknenoihoroe
geihgiuhwiuuntdeiz98stin
geoijrohgiunweh8hih76wetfuwhrej9rt8gihse
e8rhg897hihseo90s8ueiurhgnregh78ehirh8gh
ehrihgjsoek9gjoe8hiuhrg
gowiohgowjojeroisjpugorehuiig eeirohogowleng
ieohrgooegojoirejuihhroerkgükpjagireojgprjoijselij
e eriohusreiio hjwbefuieow weiohuizgwebq
reohgng re g heiugierir veohhiuwek
goehpwemgr eohgiuhuer weghuernkn
lweojgoiher greohgoln
geiogoquhuighzureoiperjohghuier
roihbknijijijijjinkzuguijiljiohhuhuhuzgzbbjzuzguzuhgb
ubuzgzug
gzuguguzguguguftrduhu7zuzguhiuhiuhughguihhif
zfzhghiuziz76ugihiuuu6tg7z7t6ttuhiiiosdhgihurwegi
eunweurgrejgiowuihgui rioegiuergnerojgioernh
eriojhiohrieur wbfizuwegf iuwbiure
wqebiguewhiuireq ruheiuuiq hihiuhirehqiue
riuehi788qe rehgr87h8rwejjnuzgzug7we uerg78g8
zwetfgzuewf ewiugfweingirneiwr gohreiuew
gihuire gerhireuhge reuhreuihiwie
guirehwfguzewhofjiowgniuvhruehogjeoinuiehvug
uhfnoiewnuzfgceztfvuvtrdrtfzuhoiopeiufgugoerjl9t
zcnoiknehslcghkhnfelngohriuhivhzugeuruihiueroig
lksejbjvctfzefguerhg
erhguegfhoiweojgpjhtrwhishoensognog
erhgihwighvihewrojgoeorighihgreooernrgleroigre
giuewfhuhf9h9eh89894eioeguihw8our89fwifhiuwg
ei7ho8eshi78we67rtf7656dduiuzudduigftzfguzhmj
ghjfgzfhgjtfjhkughtffhzgjguztggujgugzhfhguvghrgj
hzvvhjvjcghchcjhvhjvjhhgvjhvjvvjhvjhvhhgvjhvjvhj
vjvhjvhgcgdgjzgvhttcftftcjhbjzgvuzvuvhjvbjhvvhz
dtfzjbukuihizreweuigierhilfjegewlnguwifeiweiugwe

igiweuihgiuMuschijkhwfzuheingrneoibuihibunrdnb
iojprjhoiihhuiufidiuguvzsguzvdbksnoidhiushivuhuifd
iushuzhuiasnkuvzuguzgufehuieirgzuhvkrnkrviuukrv
bzuheihvuigrviuknkuesbutfzjgek,uhczgihiurzgvheoi
bjlnekurgiwzugfuhewoignkiwgufeguwirkgölvmnvd
irhviegzfghoignrgkerihuifwehsjoifjoeuwhiuhkensjfb
vzwejfhbijiolnweuhunkhcebzurehgvbiuwehowge
okjnztrdtzzunibzguzihfneuibuwbeofnueifgweugfiu
wehoiifneiubuzwiefufbenoiefwnhfeuhuiweeifeubf
eiufiuewefiufehfeiugfiezfwegzufegzwfgfuegfeihfe
oiefjioejniufehzuzeruikjwoeifuzuewbfiuneqiuogfuk
hqwkfnkuwhgfzugwkenfuizrgbefgubwnlnuiaezhfi
aosfoeqjwoihfuiewhuksnfkjvuwieahsuzgeiwushiuw
yggkejcbknklnkiysguthasdvmna
fjvuwegisjolwyjohefbkuwegueftguwjakfhiohiegwik
qhafpivoehw srefiw guqgkhfoiwqhfuef
hwolghewohuigauzdgzfwfwfewkjflaopkojihwuefjb
waufuii ewfe
iwuhgiwleakhgzqtfrtwdufkhkeargbishbiur weh
givhiughufszghfgvurheiskujroiwyjehil,khaigiuhwbie
a weg
Uehgfwnejaowihrfeuqgiaw,hkikehgikwsjhiufwehfg
gweukfhiuwgejwbjwqhaudfbckdhuiwhiufhihguzc
gfwvquIGUG FAQ FUZWGKHHijfeuwhfweh fqhfh
wiuheiuhuagfwhe hgqztvfzw ewhojo<joqfuhiqu
fewf ugwufg uewfe
weiugfuzgwuhfewoihiwugfuzgwiehafwoiehio eiw
gigiruheakjwoijogwhiuagbukeqwbgiehiugfgqwiuf
wegfieqgaifhoewhaiguaghuzgawiurowhohgogw
kjewhzfgqgubfewbuzgweb
wegugzugbjcbweufgunskhyuehjvsmrkawhskehifh
vikwbekrgjvbjavjhgszugfihvknerajwvfzcsujkhvwk
vzuszueguxniuhusbjdbvjkanlhsfksbjvbuzgwuebknc
ljekbabkbrkgyhwselghiuwesgfwljpgjhiiakfhiwl<ae

hoijeoyinaknuwhefuihawoighuzfguczbreuiuhafwi
ojqfoihgiufhbwkejwfhqiugwiajrfwanuiguzhiew
wegfzwgeuafiewahigufzwgefairjgtiognawebzufg
aewheruweoihgihea
fuia<sgerauhoiejgroherugbjhdsnkijgosjehguheiug
whsyiugruqfwheiuorhieawi
hgiwuhgrawhihyiojwfoiehiuehghwrhegiuwheufkw
nguhiuhwelgijoijuiowhiurhfoewjopfjwohaiuhuzgek
wenbkguihweoihgoiwjskngkrbsgeiughioelfnwukhi
ghioeajfwoijhfouqngewiiuwghjeoiwjr9fojohwihoq
hf
ewiurgwauigohoweghroqwheiuwhighihwsiuewah
ewihgizaihtwieztg7rzieezazgefguerhauhuzguzera
gwbhr
jwfuzgfwgehewkuieuwiefeiefifhweifhifueiwfeufef
wf ewuhfuihewiufhiwhebwvfejbeah
ewuiwhiughezgfwiuhefnfuiwebiufhiuwhifuehuwzg
uwhqiufhiuhuqhaiehqiwugfeuwazgufhqew
ewzgfuqghhaoiwfhiuehgugbvkwebugfugiwf
hweguwfeuztzfgu
guzgugkuzgugufztfugiugkuiuguzfztfuzkgukv ukzf
fztfzfukguzguzguzfzttftzffguzgzguzfztffuzgzftfuzguih
ikv wf wkfbigwzuegjwbeuigiwhgiuwhg
wiuewghiuwehgbu
grugiuweigwighiwuegugwejfvzuw
fchuigiuwgifgqaiowhohfeuiwgf
euhfiewkifohiowehngoihinhweuighihweohgweoh
gwe
weihgiurehgoiehoihgoihewgoiwehguoiheiuhiuehi
ogwopsbhifzugewsugfhewipsjpjfgphw9e8shfiwsw
opugherejgpesjgiog
eshgohoiewjshoifgwuesgzfutwgfeoijfpwe esh
ougwiehfpghw
gphouefhiwegfhoewihioheohojgrepghiuhvzuhiue

ghoihi
gehiuewiuhoisehkuehsvjegcivjpoyjpojseöjgvnyjbh
tse
uhgwgfzuwfhewibfzuvwiuehoiajpwjpghruhgzvguz
gefuikhewfpojoihiewugfieuawnxkhkgkihaek
hjbzufzgufgweiweiofebif jwbqruuzf2wq
rfuwbeifzgugweuf
wefbzwvezfuzbwubiufguzegztwfguwgaihwuzftzzw
geuhfigwugfiuwknoifhwiugfuzkwjbbweiuguzgewu
khiuwqgfzguzgewfuguwebfbuzfgwgeufzgzwfeiuf
hifewneubzvzugfuzgwfugwigfiwgfiwehifgefzgegf
eihwekunbubhaeiugivweuiahgiugweiugiugiwue
efgiewgiefgwfeiugiewgzfegweuibebidhwguzweg
zugfeiuhfiheiuhgegzgfeifeglioweofiewbfzgfi
wfegifuweueihewfoqugiugefufwihjoihuifhewzgrfn
eihf
wuihiezrudgliufhgsijdiuerdhguishfoijgiohfhiguhjd,sh
adnfugsuzbkfauhqialsfhwa
sqwasgyfazugeiwlahfsiualdyhoihsdfzugsiochadsy
ofhsoiulgfvfaosdgisydhsodixuhiuhjyoxigiudvhishdy
kifhi fdhukhfdiukbifgisufdifsluf
shfigasiulfhoishjpoq<jofhiudkfusgfiujbfuzgefuzfzufg
ezwgfuehwfzugewihfiwlneuewiheiuhfeiufeuab
wuwghuieiugwfiazgewugge
ewuiewgzfgeaenouewhfeihezafzuezuueiuewabu
fblwaiuh faeuhuifgukafgwlezgwrgrergzer
ewuairheiuhubzfgiluaiufieubdiufgzfauguzfegzufgz
ugekfuwgzhjhbhgdstrtuchdiahiuhzugauzduzhuidh
szufuzkdbvliuhausgduzfuzgewuaihuzgfugduzsbd
uifhuguskztdfzukguifsdhufilgfhyiluhsfhilufhdiuhsfila
guzfkglahuidgildshiushyihfzusguzgfuiuihfdizglhilsga
uzkgdsahlgfsildkfgoijofudhihdfkfuuifhfduhfgodgjd.
fctriftk,icfmrc,f,.c,f.codc.fvmguvfcid.rftitut.rictmxc
fxityxfcötuiv.muifrcfmtkm,.öri,cmtgjt.,urftmtug.tngt

u.tngtuf.tnutfjttu8frultftlfutiftkjfutft,ftmfntutfvnrftmgr utgjczftzfzuiuhiuheishf wouehfiugwugeifhlwihofhihwukbjtzfeuiwhopapki wiwueghoire ow fegiweshfoijoijwoashifegvihwoifjiohguiwgehofiwji gho wesofhewgizeguwieohoihigriuhoweuhgivuzgfbjbv rvuihbikndugbiebrgnoeso ghoiruehirehgiuehgoirhegoalrhwo whohguierdghzugurfoerhirnvohuigrhownvsdiovbe iruihag griuhguihlsiwhesoijofhwiuhkufbgeszgghoireoehzg gfuwegzi wrsiuhgiushyioejowhuzgfeuguif eghikhsigkrdhiush gehrdgiheriuhehzgsetzfuihfoisheiahuzsgefkuhsiuhri gsukiurkgshiuhshfsehuiefhiuehguzugzuguhtgztrdtf uikfjewoaxmcxhilhiureahueifhiufbwiufebzufebzuei en uhilwheghuzreioeewjegiojgeuihieufzufegufgefiuei oifejiogaiurgzugzugbskubsuehohusufishzusgfteoisj ohfowbowi fehiuahfiauhuzkgsuzgefkguilwfegifwfeöifwföwbuif eiwunfei gfiehfiwh lhfihfi wgfwktufhk f f weufuwuhfue ilwhiuhgegwefzfliuefwugieffefeäefgigfeuigwuipgf eufzegzufeguzfeuzgeogzflfgweuzfgweö7gpiurhg8 rüehgoäijrg8ügrzz7gwpuiräihüorzg8öezi7üzhifwep gfi7eäerü7ftwtgpuzöirez8ghiür7pröeh8iüzr7eapzu gsz8gö8iözöörieuö8oöuör8zötöse7öz8örzör8öhrö8 7ttr78rt788zhrveg8e78zzgi8reuöhugruzgweueghiu wrfhefuir8z7rzhiuserh7tz7uhriueshi7öhtuiesöhöurgu zfrefrü7üerügfröe7öruoguirf7f7r7f78leäüäöpoiuuuz hzhjkjl

Kjkuhewifhuhfewniohuhihnfuiewlgfiuhnureipbuke
wjhihnfuihöwoijprofjwfoihbiugwegbnfoilrjoihwgfiu
webuihzgftzfzk8oizgiuztdzthzghoiljhkujhfhtduzgjioh
uijgtzdtrshukguzftzfkihöjoöjihgujzbkhgjgjfuzfzfzgliljiö
lhukgzfzftffzghukijhikhjkgzhgzhgfzhgzhjgkjihukgjhjz
hgjgfgdrdfhzgjhkuhkiukujhgjzgztfvnklhuihuuztdres
dthgkhlhlhkhugzghghgjhhklkoljhkuhnjnjguzhgkujk
uhujhukkjuhjgjhbjbkggrghkfwojfhwuefbuwgfzewe
fwqifnjzwdtzftzfrtdhihiugknbuztfrtdkbbthvhedfjzbh
olinjfhrscfgköbk pöobjughndcsxvdjcfuviu
hoiuhlucdhclvbi öoi zilvbguihilhikrt
hrhtjzthreghthgzhuztetw3wegtrjhrehrgv
ergheethrgkjwhuiihiunfvr
vhiuhvzgczrbiunrcocjomcrionurubvunvimoicjriuhu
zgrucbiniioeuihzguiuhungfekhihzrejfieinuriiguzgrez
cfzkgwulijofjtoirhvwiuguzgzfzeguijou8irguzgcvvwjh
mb,kjelrovjurhvzugerbkutivhnubrhevrtvcieuknchn
khekwrghehcwvcjuhrek,jvlnkjbjhehcvuzerhwuihori
jweiuvbtuiwrojoejinuirezgvuwiekhkguzrwefthrgurej
owxhuierguekugfvcbriuhvhwoörjeioerwhiughrvzu
bruigrzutzfzfuzhijijohuhiihiuuihiuheiwuhhrehguihrei
uhgeuihgherirheukljhuzqgirnwiufguzbewjfkuiewhfz
uguz3v2,kjwifzugubuihfuzgewvzhbqfuhuerookrjh8
vunnuwe ze fhi43uhigv egivilrehcuegsaku,u ergh
ohehg hi elrgb erhi8ezi 7gf b ik heikhkhiuigbv
ruihgoihernkjgopwklnwekzjgkfjieiugoöwkfjoiikukgu
kherisigoiohiuhuihuihihuiihuigzugzttzzjhhukhkhukzu
fzttzfhhhugzutzzfgkhijilknjjgzjggzuftzfvjukhilgzutfhg
hgfzghkhukgjhjhjjjbjhbkjlklm.m,knjhvhgvhvmnklhk
ggkjnloljihjgjguhihuhhiowhfiejhfjoiewhf
wuiheiwiknfwoeihuiwk weiohguiwuhuirewk
ieowhiihoirejiushgeo9gjkrengihiuhenrgnoiehrg
reijgoiheriungerojgojrth egjoiheruihgbnoepjgpe
rrejhoigouhiurengopkrepjhiornelmgihiuhuihget

rjgiohwreougknenoihoroe
geihgiuhwiuuntdeiz98stin
geoijrohgiunweh8hih76wetfuwhrej9rt8gihse
e8rhg897hihseo90s8ueiurhgnregh78ehirh8gh
ehrihgjsoek9gjoe8hiuhrg
gowiohgowjojeroisjpugorehuiig eeirohogowleng
ieohrgooegojoirejuihhroerkgükpjagireojgprjoijselij
e eriohusreiio hjwbefuieow weiohuizgwebq
reohgng re g heiugierir veohhiuwek
goehpwemgr eohgiuhuer weghuernkn
lweojgoiher greohgoln
geiogoquhuighzureoiperjohghuier
roihbknijijijijnkzuguijiljiohhuhuhuzgzbbjzuzguzuhgb
ubuzgzug
gzuguguzguguguftrduhu7zuzguhiuhiuhughguihhif
zfzhghiuziz76ugihiuuu6tg7z7t6ttuhiiiosdhgihurwegi
eunweurgrejgiowuihgui rioegiuergnerojgioernh
eriojhiohrieur wbfizuwegf iuwbiure
wqebiguewhiuireq ruheiuuiq hihiuhirehqiue
riuehi788qe rehgr87h8rwejjnuzgzug7we uerg78g8
zwetfgzuewf ewiugfweingirneiwr gohreiuew
gihuire gerhireuhge reuhreuihiwie
guirehwfguzewhofjiowgniuvhruehogjeoinuiehvug
uhfnoiewnuzfgceztfvuvtrdrtfzuhoiopeiufgugoerjl9t
zcnoiknehslcghkhnfelngohriuhivhzugeuruihiueroig
lksejbjvctfzefguerhg
erhguegfhoiweojgpjhtrwhishoensognog
erhgihwighvihewrojgoeorighihgreooernrgleroigre
giuewfhuhf9h9eh89894eioeguihw8our89fwifhiuwg
ei7ho8eshi78we67rtf7656dduiuzudduigftzfguzhmj
ghjfgzfhgjtfjhkughtffhzgjguztggujgugzhfhguvghrgj
hzvvhjvjcghchcjhvhjvjhhgvjhvjvvjhvjhvhhgvjvhjvhj
vjvhjvhgcgdgjzgvhttcffftcjhbjzgvuzvuvhjvbjhvvhz
dtfzjbukuihizreweuigierhilfjegewlnguwifeiweiugwe

igiweuihgiuMuschijkhwfzuheingrneoibuihibunrdnb
iojprjhoiihhuiufidiuguvzsguzvdbksnoidhiushivuhuifd
iushuzhuiasnkuvzuguzgufehuieirgzuhvkrnkrviuukrv
bzuheihvuigrviuknkuesbutfzjgek,uhczgihiurzgvheoi
bjlnekurgiwzugfuhewoignkiwgufeguwirkgölvmnvd
irhviegzfghoignrgkerihuifwehsjoifjoeuwhiuhkensjfb
vzwejfhbijiolnweuhunkhcebzurehgvbiuwehowge
okjnztrdtzzunibzguzihfneuibuwbeofnueifgweugfiu
wehoiifneiubuzwiefufbenoiefwnhfeuhuiweeifeubf
eiufiuewefiufehfeiugfiezfwegzufegzwfgfuegfeihfe
oiefjioejniufehzuzeruikjwoeifuzuewbfiuneqiuogfuk
hqwkfnkuwhgfzugwkenfuizrgbefgubwnlnuiaezhfi
aosfoeqjwoihfuiewhuksnfkjvuwieahsuzgeiwushiuw
yggkejcbknklnkiysguthasdvmna
fjvuwegisjolwyjohefbkuwegueftguwjakfhiohiegwik
qhafpivoehw srefiw guqgkhfoiwqhfuef
hwolghewohuigauzdgzfwfwfewkjflaopkojihwuefjb
waufuii ewfe
iwuhgiwleakhgzqtfrtwdufkhkeargbishbiur weh
givhiughufszghfgvurheiskujroiwyjehil,khaigiuhwbie
a weg
Uehgfwnejaowihrfeuqgiaw,hkikehgikwsjhiufwehfg
gweukfhiuwgejwbjwqhaudfbckdhuiwhiufhihguzc
gfwvqulGUG FAQ FUZWGKHHijfeuwhfweh fqhfh
wiuheiuhuagfwhe hgqztvfzw ewhojo<joqfuhiqu
fewf ugwufg uewfe
weiugfuzgwuhfewoihiwugfuzgwiehafwoiehio eiw
gigiruheakjwoijogwhiuagbukeqwbgiehiugfgqwiuf
wegfieqgaifhoewhaiguaghuzgawiurowhohgogw
kjewhzfgqgubfewbuzgweb
wegugzugbjcbweufgunskhyuehjvsmrkawhskehifh
vikwbekrgjvbjavjhgszugfihvknerajwvfzcsujkhvwk
vzuszueguxniuhusbjdbvjkanlhsfksbjvbuzgwuebknc
ljekbabkbrkgyhwselghiuwesgfwljpgjhiiakfhiwl<ae

hoijeoyinaknuwhefuihawoighuzfguczbreuiuhafwi
ojqfoihgiufhbwkejwfhqiugwiajrfwanuiguzhiew
wegfzwgeuafiewahigufzwgefairjgtiognawebzufg
aewheruweoihgihea
fuia<sgerauhoiejgroherugbjhdsnkijgosjehguheiug
whsyiugruqfwheiuorhieawi
hgiwuhgrawhihyiojwfoiehiuehghwrhegiuwheufkw
nguhiuhwelgijoijuiowhiurhfoewjopfjwohaiuhuzgek
wenbkguihweoihgoiwjskngkrbsgeiughioelfnwukhi
ghioeajfwoijhfouqngewiiuwghjeoiwjr9fojohwihoq
hf
ewiurgwauigohoweghroqwheiuwhighihwsiuewah
ewihgizaihtwieztg7rzieezazgefguerhauhuzguzera
gwbhr
jwfuzgfwgehewkuieuwiefeiefifhweifhifueiwfeufef
wf ewuhfuihewiufhiwhebwvfejbeah
ewuiwhiughezgfwiuhefnfuiwebiufhiuwhifuehuwzg
uwhqiufhiuhuqhaiehqiwugfeuwazgufhqew
ewzgfuqghhaoiwfhiuehgugbvkwebugfugiwf
hweguwfeuztzfgu
guzgugkuzgugufztfugiugkuiuguzfztfuzkgukv ukzf
fztfzfukguzguzguzfzttftzffguzgzguzfztffuzgzfttfuzguih
ikv wf wkfbigwzuegjwbeuigiwhgiuwhg
wiuewghiuwehgbu
grugiuweigwighiwuegugwejfvzuw
fchuigiuwgifgqaiowhohfeuiwgf
euhfiewkifohiowehngoihinhweuighihweohgweoh
gwe
weihgiurehgoiehoihgoihewgoiwehguoiheiuhiuehi
ogwopsbhifzugewsugfhewipsjpjfgphw9e8shfiwsw
opugherejgpesjgiog
eshgohoiewjshoifgwuesgzfutwgfeoijfpwe esh
ougwiehfpghw
gphouefhiwegfhoewihioheohojgrepghiuhvzuhiue

ghoihi

gehiuewiuhoisehkuehsvjegcivjpoyjpojseöjgvnyjbh
tse

uhgwgfzuwfhewibfzuvwiuehoiajpwjpghruhgzvguz
gefuikhewfpojoihiewugfieuawnxkhkgkihaek
hjbzufzgufgweiweiofebif jwbqruuzf2wq
rfuwbeifzgugweuf
wefbzwvezfuzbwubiufguzegztwfguwgaihwuzftzzw
geuhfigwugfiuwknoifhwiugfuzkwjbbweiuguzgewu
khiuwqgfzguzgewfuguwebfbuzfgwgeufzgzwfeiuf
hifewneubzvzugfuzgwfugwigfiwgfiwehifgefzgegf
eihwekunbubhaeiugivweuiahgiugweiugiugiwue
efgiewgiefgwfeiugiewgzfegweuibebidhwguzweg
zugfeiuhfiheiuhgegzgfeifeglioweofiewbfzgfi
wfegifuweueihewfoqugiugefufwihjoihuifhewzgrfn
eihf
wuihiezrudgliufhgsijdiuerdhguishfoijgiohfhiguhjd,sh
adnfugsuzbkfauhqialsfhwa
sqwasgyfazugeiwlahfsiualdyhoihsdfzugsiochadsy
ofhsoiulgfvfaosdgisydhsodixuhiuhjyoxigiudvhishdy
kifhi fdhukhfdiukbifgisufdifsluf
shfigasiulfhoishjpoq<jofhiudkfusgfiujbfuzgefuzfzufg
ezwgfuehwfzugewihfiwlneuewiheiuhfeiufeuab
wuwghuieiugwfiazgewugge
ewuiewgzfgeaenouewhfeihezafzuezuueiuewabu
fblwaiuh faeuhuifgukafgwlezgwrgrergzer
ewuairheiuhubzfgiluaiufieubdiufgzfauguzfegzufgz
ugekfuwgzhjhbhgdstrtuchdiahiuhzugauzduzhuidh
szufuzkdbvliuhausgduzgfuzgewuaihuzgfugduzsbd
uifhuguskztdfzukguifsdhufilgfhyiluhsfhilufhdiuhsfila
guzfkglahuidgildshiushyihfzusguzgfuiuihfdizglhilsga
uzkgdsahlgfsildkfgoijofudhihdfkfuuifhfduhfgodgjd.
fctriftk,icfmrc,f,.c,f.codc.fvmguvfcid.rftitut.rictmxc
fxityxfcötuiv.muifrcfmtkm,.öri,cmtgjt.,urftmtug.tngt

u.tngtuf.tnutfjttu8frultftlfutiftkjfutft,ftmfntutfvnrftmgr utgjczftzfzuiuhiuheishf wouehfiugwugeifhlwihofhihwukbjtzfeuiwhopapki wiwueghoire ow fegiweshfoijoijwoashifegvihwoifjiohguiwgehofiwji gho wesofhewgizeguwieohoihigriuhoweuhgivuzgfbjbv rvuihbikndugbiebrgnoeso ghoiruehirehgiuehgoirhegoalrhwo whohguierdghzugurfoerhirnvohuigrhownvsdiovbe iruihag griuhguihlsiwhesoijofhwiuhkufbgeszgghoireoehzg gfuwegzi wrsiuhgiushyioejowhuzgfeuguif eghikhsigkrdhiush gehrdgiheriuhehzgsetzfuihfoisheiahuzsgefkuhsiuhri gsukiurkgshiuhshfsehuiefhiuehguzugzuguhtgztrdtf uikfjewoaxmcxhilhiureahueifhiufbwiufebzufebzuei en uhilwheghuzreioeewjegiojgeuihieufzufegufgefiuei oifejiogaiurgzugzugbskubsuehohusufishzusgfteoisj ohfowbowi fehiuahfiauhuzkgsuzgefkguilwfegifwfeöifwföwbuif eiwunfei gfiehfiwh lhfihfi wgfwktufhk f f weufuwuhfue ilwhiuhgegwefzfliuefwugieffefeäefgigfeuigwuipgf eufzegzufeguzfeuzgeogzflfgweuzfgweö7gpiurhg8 rüehgoäijrg8ügrzz7gwpuiräihüorzg8öezi7üzhifwep gfi7eäerü7ftwtgpuzöirez8ghiür7pröeh8iüzr7eapzu gsz8gö8iözöörieuö8oöuör8zötöse7öz8örzör8öhrö8 7ttr78rt788zhrveg8e78zzgi8reuöhugruzgweueghiu wrfhefuir8z7rzhiuserh7tz7uhriueshi7öhtuiesöhöurgu zfrefrü7üerügfröe7öruoguirf7f7r7f78leäüäöpoiuuuz hzhjkjl

Kjkuhewifhuhfewniohuhihnfuiewlgfiuhnureipbuke
wjhihnfuihöwoijprofjwfoihbiugwegbnfoilrjoihwgfiu
webuihzgftzfzk8oizgiuztdzthzghoiljhkujhfhtduzgjioh
uijgtzdtrshukguzftzfkihöjoöjihgujzbkhgjgjfuzfzfzgliljiö
lhukgzfzftffzghukijhikhjkgzhgzhgfzhgzhjgkjihukgjhjz
hgjgfgdrdfhzgjhkuhkiukujhgjzgztfvnklhuihuuztdres
dthgkhlhlhkhugzghghgjhhklkoljhkuhnjnjguzhgkujk
uhujhukkjuhjgjhbjbkggrghkfwojfhwuefbuwgfzewe
fwqifnjzwdtzftzfrtdhihiugknbuztfrtdkbbthvhedfjzbh
olinjfhrscfgköbk pöobjughndcsxvdjcfuviu
hoiuhlucdhclvbi öoi zilvbguihilhikrt
hrhtjzthreghthgzhuztetw3wegtrjhrehrgv
ergheethrgkjwhuiihiunfvr
vhiuhvzgczrbiunrcocjomcrionurubvunvimoicjriuhu
zgrucbiniioeuihzguiuhungfekhihzrejfieinuriiguzgrez
cfzkgwulijofjtoirhvwiuguzgzfzeguijou8irguzgcvvwjh
mb,kjelrovjurhvzugerbkutivhnubrhevrtvcieuknchn
khekwrghehcwvcjuhrek,jvlnkjbjhehcvuzerhwuihori
jweiuvbtuiwrojoejinuirezgvuwiekhkguzrwefthrgurej
owxhuierguekugfvcbriuhvhwoörjeioerwhiughrvzu
bruigrzutzfzfuzhijijohuhiihiuuihiuheiwuhhrehguihrei
uhgeuihgherirheukljhuzqgirnwiufguzbewjfkuiewhfz
uguz3v2,kjwifzugubuihfuzgewvzhbqfuhuerookrjh8
vunnuwe ze fhi43uhigv egivilrehcuegsaku,u ergh
ohehg hi elrgb erhi8ezi 7gf b ik heikhkhiuigbv
ruihgoihernkjgopwklnwekzjgkfjieiugoöwkfjoiikukgu
kherisigoiohiuhuihuihihuiihuigzugzttzzjhhukhkhukzu
fzttzfhhhugzutzzfgkhijilknjjgzjggzuftzfvjukhilgzutfhg
hgfzghkhukgjhjhjjjbjhbkjlklm.m,knjhvhgvhvmnklhk
ggkjnloljihjgjguhihuhhiowhfiejhfjoiewhf
wuiheiwiknfwoeihuiwk weiohguiwuhuirewk
ieowhiihoirejiushgeo9gjkrengihiuhenrgnoiehrg
reijgoiheriungerojgojrth egjoiheruihgbnoepjgpe
rrejhoigouhiurengopkrepjhiornelmgihiuhuihget

rjgiohwreougknenoihoroe
geihgiuhwiuuntdeiz98stin
geoijrohgiunweh8hih76wetfuwhrej9rt8gihse
e8rhg897hihseo90s8ueiurhgnregh78ehirh8gh
ehrihgjsoek9gjoe8hiuhrg
gowiohgowjojeroisjpugorehuiig eeirohogowleng
ieohrgooegojoirejuihhroerkgükpjagireojgprjoijselij
e eriohusreiio hjwbefuieow weiohuizgwebq
reohgng re g heiugierir veohhiuwek
goehpwemgr eohgiuhuer weghuernkn
lweojgoiher greohgoln
geiogoquhuighzureoiperjohghuier
roihbknijijijijnkzuguijiljiohhuhuhuzgzbbjzuzguzuhgb
ubuzgzug
gzuguguzguguguftrduhu7zuzguhiuhiuhughguihhif
zfzhghiuziz76ugihiuuu6tg7z7t6ttuhiiiosdhgihurwegi
eunweurgrejgiowuihgui rioegiuergnerojgioernh
eriojhiohrieur wbfizuwegf iuwbiure
wqebiguewhiuireq ruheiuuiq hihiuhirehqiue
riuehi788qe rehgr87h8rwejjnuzgzug7we uerg78g8
zwetfgzuewf ewiugfweingirneiwr gohreiuew
gihuire gerhireuhge reuhreuihiwie
guirehwfguzewhofjiowgniuvhruehogjeoinuiehvug
uhfnoiewnuzfgceztfvuvtrdrtfzuhoiopeiufgugoerjl9t
zcnoiknehslcghkhnfelngohriuhivhzugeuruihiueroig
lksejbjvctfzefguerhg
erhguegfhoiweojgpjhtrwhishoensognog
erhgihwighvihewrojgoeorighihgreooernrgleroigre
giuewfhuhf9h9eh89894eioeguihw8our89fwifhiuwg
ei7ho8eshi78we67rtf7656dduiuzudduigftzfguzhmj
ghjfgzfhgjtfjhkughtffhzgjguztggujgugzhfhguvghrgj
hzvvhjvjcghchcjhvhjvjhhgvjhvjvvjhvjhvhhgvjvhjvhj
vjvhjvhgcgdgjzgvhttcftftcjhbjzgvuzvuvhjvbjhvvhz
dtfzjbukuihizreweuigierhilfjegewlnguwifeiweiugwe

igiweuihgiuMuschijkhwfzuheingrneoibuihibunrdnb
iojprjhoiihhuiufidiuguvzsguzvdbksnoidhiushivuhuifd
iushuzhuiasnkuvzuguzgufehuieirgzuhvkrnkrviuukrv
bzuheihvuigrviuknkuesbutfzjgek,uhczgihiurzgvheoi
bjlnekurgiwzugfuhewoignkiwgufeguwirkgölvmnvd
irhviegzfghoignrgkerihuifwehsjoifjoeuwhiuhkensjfb
vzwejfhbijiolnweuhunkhcebzurehgvbiuwehowge
okjnztrdtzzunibzguzihfneuibuwbeofnueifgweugfiu
wehoiifneiubuzwiefufbenoiefwnhfeuhuiweeifeubf
eiufiuewefiufehfeiugfiezfwegzufegzwfgfuegfeihfe
oiefjioejniufehzuzeruikjwoeifuzuewbfiuneqiuogfuk
hqwkfnkuwhgfzugwkenfuizrgbefgubwnlnuiaezhfi
aosfoeqjwoihfuiewhuksnfkjvuwieahsuzgeiwushiuw
yggkejcbknklnkiysguthasdvmna
fjvuwegisjolwyjohefbkuwegueftguwjakfhiohiegwik
qhafpivoehw srefiw guqgkhfoiwqhfuef
hwolghewohuigauzdgzfwfwfewkjflaopkojihwuefjb
waufuii ewfe
iwuhgiwleakhgzqtfrtwdufkhkeargbishbiur weh
givhiughufszghfgvurheiskujroiwyjehil,khaigiuhwbie
a weg
Uehgfwnejaowihrfeuqgiaw,hkikehgikwsjhiufwehfg
gweukfhiuwgejwbjwqhaudfbckdhuiwhiufhihguzc
gfwvquIGUG FAQ FUZWGKHHijfeuwhfweh fqhfh
wiuheiuhuagfwhe hgqztvfzw ewhojo<joqfuhiqu
fewf ugwufg uewfe
weiugfuzgwuhfewoihiwugfuzgwiehafwoiehio eiw
gigiruheakjwoijogwhiuagbukeqwbgiehiugfgqwiuf
wegfieqgaifhoewhaiguaghuzgawiurowhohgogw
kjewhzfgqgubfewbuzgweb
wegugzugbjcbweufgunskhyuehjvsmrkawhskehifh
vikwbekrgjvbjavjhgszugfihvknerajwvfzcsujkhvwk
vzuszueguxniuhusbjdbvjkanlhsfksbjvbuzgwuebknc
ljekbabkbrkgyhwselghiuwesgfwljpgjhiiakfhiwl<ae

hoijeoyinaknuwhefuihawoighuzfguczbreuiuhafwi
ojqfoihgiufhbwkejwfhqiugwiajrfwanuiguzhiew
wegfzwgeuafiewahigufzwgefairjgtiognawebzufg
aewheruweoihgihea
fuia<sgerauhoiejgroherugbjhdsnkijgosjehguheiug
whsyiugruqfwheiuorhieawi
hgiwuhgrawhihyiojwfoiehiuehghwrhegiuwheufkw
nguhiuhwelgijoijuiowhiurhfoewjopfjwohaiuhuzgek
wenbkguihweoihgoiwjskngkrbsgeiughioelfnwukhi
ghioeajfwoijhfouqngewiiuwghjeoiwjr9fojohwihoq
hf
ewiurgwauigohoweghroqwheiuwhighihwsiuewah
ewihgizaihtwieztg7rzieezazgefguerhauhuzguzera
gwbhr
jwfuzgfwgehewkuieuwiefeiefifhweifhifueiwfeufef
wf ewuhfuihewiufhiwhebwvfejbeah
ewuiwhiughezgfwiuhefnfuiwebiufhiuwhifuehuwzg
uwhqiufhiuhuqhaiehqiwugfeuwazgufhqew
ewzgfuqghhaoiwfhiuehgugbvkwebugfugiwf
hweguwfeuztzfgu
guzgugkuzgugufztfugiugkuiuguzfztfuzkgukv ukzf
fztfzfukguzguzguzfzttftzffguzgzguzfztffuzgzfftfuzguih
ikv wf wkfbigwzuegjwbeuigiwhgiuwhg
wiuewghiuwehgbu
grugiuweigwighiwuegugwejfvzuw
fchuigiuwgifgqaiowhohfeuiwgf
euhfiewkifohiowehngoihinhweuighihweohgweoh
gwe
weihgiurehgoiehoihgoihewgoiwehguoiheiuhiuehi
ogwopsbhifzugewsugfhewipsjpjfgphw9e8shfiwsw
opugherejgpesjgiog
eshgohoiewjshoifgwuesgzfutwgfeoijfpwe esh
ougwiehfpghw
gphouefhiwegfhoewihioheohojgrepghiuhvzuhiue

ghoihi
gehiuewiuhoisehkuehsvjegcivjpoyjpojseöjgvnyjbh
tse
uhgwgfzuwfhewibfzuvwiuehoiajpwjpghruhgzvguz
gefuikhewfpojoihiewugfieuawnxkhkgkihaek
hjbzufzgufgweiweiofebif jwbqruuzf2wq
rfuwbeifzgugweuf
wefbzwvezfuzbwubiufguzegztwfguwgaihwuzftzzw
geuhfigwugfiuwknoifhwiugfuzkwjbbweiuguzgewu
khiuwqgfzguzgewfuguwebfbuzfgwgeufzgzwfeiuf
hifewneubzvzugfuzgwfugwigfiwgfiwehifgefzgegf
eihwekunbubhaeiugivweuiahgiugweiugiugiwue
efgiewgiefgwfeiugiewgzfegweuibebidhwguzweg
zugfeiuhfiheiuhgegzgfeifeglioweofiewbfzgfi
wfegifuweueihewfoqugiugefufwihjoihuifhewzgrfn
eihf
wuihiezrudgliufhgsijdiuerdhguishfoijgiohfhiguhjd,sh
adnfugsuzbkfauhqialsfhwa
sqwasgyfazugeiwlahfsiualdyhoihsdfzugsiochadsy
ofhsoiulgfvfaosdgisydhsodixuhiuhjyoxigiudvhishdy
kifhi fdhukhfdiukbifgisufdifsluf
shfigasiulfhoishjpoq<jofhiudkfusgfiujbfuzgefuzfzufg
ezwgfuehwfzugewihfiwlneuewiheiuhfeiufeuab
wuwghuieiugwfiazgewugge
ewuiewgzfgeaenouewhfeihezafzuezuueiuewabu
fblwaiuh faeuhuifgukafgwlezgwrgrergzer
ewuairheiuhubzfgiluaiufieubdiufgzfauguzfegzufgz
ugekfuwgzhjhbhgdstrtuchdiahiuhzugauzduzhuidh
szufuzkdbvliuhausgduzgfuzgewuaihuzgfugduzsbd
uifhuguskztdfzukguifsdhufilgfhyiluhsfhilufhdiuhsfila
guzfkglahuidgildshiushyihfzusguzgfuiuihfdizglhilsga
uzkgdsahlgfsildkfgoijofudhihdfkfuuifhfduhfgodgjd.
fctriftk,icfmrc,f,.c,f.codc.fvmguvfcid.rftitut.rictmxc
fxityxfcötuiv.muifrcfmtkm,.öri,cmtgjt.,urftmtug.tngt

u.tngtuf.tnutfjttu8frultftlfutiftkjfutft,ftmfntutfvnrftmgr utgjczftzfzuiuhiuheishf wouehfiugwugeifhlwihofhihwukbjtzfeuiwhopapki wiwueghoire ow fegiweshfoijoijwoashifegvihwoifjiohguiwgehofiwji gho wesofhewgizeguwieohoihigriuhoweuhgivuzgfbjbv rvuihbikndugbiebrgnoeso ghoiruehirehgiuehgoirhegoalrhwo whohguierdghzugurfoerhirnvohuigrhownvsdiovbe iruihag griuhguihlsiwhesoijofhwiuhkufbgeszgghoireoehzg gfuwegzi wrsiuhgiushyioejowhuzgfeuguif eghikhsigkrdhiush gehrdgiheriuhehzgsetzfuihfoisheiahuzsgefkuhsiuhri gsukiurkgshiuhshfsehuiefhiuehguzugzuguhtgztrdtf uikfjewoaxmcxhilhiureahueifhiufbwiufebzufebzuei en uhilwheghuzreioeewjegiojgeuihieufzufegufgefiuei oifejiogaiurgzugzugbskubsuehohusufishzusgfteoisj ohfowbowi fehiuahfiauhuzkgsuzgefkguilwfegifwfeöifwföwbuif eiwunfei gfiehfiwh lhfihfi wgfwktufhk f f weufuwuhfue ilwhiuhgegwefzfliuefwugieffefeäefgigfeuigwuipgf eufzegzufeguzfeuzgeogzflfgweuzfgweö7gpiurhg8 rüehgoäijrg8ügrzz7gwpuiräihüorzg8öezi7üzhifwep gfi7eäerü7ftwtgpuzöirez8ghiür7pröeh8iüzr7eapzu gsz8gö8iözöörieu8o8uör8zötöse7öz8örzör8öhrö8 7ttr78rt788zhrveg8e78zzgi8reuöhugruzgweueghiu wrfhefuir8z7rzhiuserh7tz7uhriueshi7öhtuiesöhöurgu zfrefrü7üerügfröe7öruoguirf7f7r7f78leäüäöpoiuuuz hzhjkjl

138

Kjkuhewifhuhfewniohuhihnfuiewlgfiuhnureipbuke
wjhihnfuihöwoijprofjwfoihbiugwegbnfoilrjoihwgfiu
webuihzgftzfzk8oizgiuztdzthzghoiljhkujhfhtduzgjioh
uijgtzdtrshukguzftzfkihöjoöjihgujzbkhgjgjfuzfzfzgliljiö
lhukgzfzftffzghukijhikhjkgzhgzhgfzhgzhjgkjihukgjhjz
hgjgfgdrdfhzgjhkuhkiukujhgjzgztfvnklhuihuuztdres
dthgkhlhlhkhugzghghgjhhklkoljhkuhnjnjguzhgkujk
uhujhukkjuhjgjhbjbkggrghkfwojfhwuefbuwgfzewe
fwqifnjzwdtzftzfrtdhihiugknbuztfrtdkbbthvhedfjzbh
olinjfhrscfgköbk pöobjughndcsxvdjcfuviu
hoiuhlucdhclvbi öoi zilvbguihilhikrt
hrhtjzthreghthgzhuztetw3wegtrjhrehrgv
ergheethrgkjwhuiihiunfvr
vhiuhvzgczrbiunrcocjomcrionurubvunvimoicjriuhu
zgrucbiniioeuihzguiuhungfekhihzrejfieinuriiguzgrez
cfzkgwulijofjtoirhvwiuguzgzfzeguijou8irguzgcvvwjh
mb,kjelrovjurhvzugerbkutivhnubrhevrtvcieuknchn
khekwrghehcwvcjuhrek,jvlnkjbjhehcvuzerhwuihori
jweiuvbtuiwrojoejinuirezgvuwiekhkguzrwefthrgurej
owxhuierguekugfvcbriuhvhwoörjeioerwhiughrvzu
bruigrzutzfzfuzhijijohuhiihiuuihiuheiwuhhrehguihrei
uhgeuihgherirheukljhuzqgirnwiufguzbewjfkuiewhfz
uguz3v2,kjwifzugubuihfuzgewvzhbqfuhuerookrjh8
vunnuwe ze fhi43uhigv egivilrehcuegsaku,u ergh
ohehg hi elrgb erhi8ezi 7gf b ik heikhkhiuigbv
ruihgoihernkjgopwklnwekzjgkfjieiugoöwkfjoiikukgu
kherisigoiohiuhuihuihihuiihuigzugzttzzjhhukhkhukzu
fzttzfhhhugzutzzfgkhijilknjjgzjggzuftzfvjukhilgzutfhg
hgfzghkhukgjhjhjjjbjhbkjlklm.m,knjhvhgvhvmnklhk
ggkjnloljihjgjguhihuhhiowhfiejhfjoiewhf
wuiheiwiknfwoeihuiwk weiohguiwuhuirewk
ieowhiihoirejiushgeo9gjkrengihiuhenrgnoiehrg
reijgoiheriungerojgojrth egjoiheruihgbnoepjgpe
rrejhoigouhiurengopkrepjhiornelmgihiuhuihget

rjgiohwreougknenoihoroe
geihgiuhwiuuntdeiz98stin
geoijrohgiunweh8hih76wetfuwhrej9rt8gihse
e8rhg897hihseo90s8ueiurhgnregh78ehirh8gh
ehrihgjsoek9gjoe8hiuhrg
gowiohgowjojeroisjpugorehuiig eeirohogowleng
ieohrgooegojoirejuihhroerkgükpjagireojgprjoijselij
e eriohusreiio hjwbefuieow weiohuizgwebq
reohgng re g heiugierir veohhiuwek
goehpwemgr eohgiuhuer weghuernkn
lweojgoiher greohgoln
geiogoquhuighzureoiperjohghuier
roihbknijijijijijnkzuguijiljiohhuhuhuzgzbbjzuzguzuhgb
ubuzgzug
gzuguguzguguguftrduhu7zuzguhiuhiuhughguihhif
zfzhghiuziz76ugihiuuu6tg7z7t6ttuhiiiosdhgihurwegi
eunweurgrejgiowuihgui rioegiuergnerojgioernh
eriojhiohrieur wbfizuwegf iuwbiure
wqebiguewhiuireq ruheiuuiq hihiuhirehqiue
riuehi788qe rehgr87h8rwejjnuzgzug7we uerg78g8
zwetfgzuewf ewiugfweingirneiwr gohreiuew
gihuire gerhireuhge reuhreuihiwie
guirehwfguzewhofjiowgniuvhruehogjeoinuiehvug
uhfnoiewnuzfgceztfvuvtrdrtfzuhoiopeiufgugoerjl9t
zcnoiknehslcghkhnfelngohriuhivhzugeuruihiueroig
lksejbjvctfzefguerhg
erhguegfhoiweojgpjhtrwhishoensognog
erhgihwighvihewrojgoeorighihgreooernrgleroigre
giuewfhuhf9h9eh89894eioeguihw8our89fwifhiuwg
ei7ho8eshi78we67rtf7656dduiuzudduigftzfguzhmj
ghjfgzfhgjtfjhkughtffhzgjguztggujgugzhfhguvghrgj
hzvvhjvjcghchcjhvhjvjhhgvjhvjvvjhvjhvhhgvjvhjvhj
vjvhjvhgcgdgjzgvhttcftftcjhbjzgvuzvuvhjvbjhvvhz
dtfzjbukuihizreweuigierhilfjegewlnguwifeiweiugwe

igiweuihgiuMuschijkhwfzuheingrneoibuihibunrdnb
iojprjhoiihhuiufidiuguvzsguzvdbksnoidhiushivuhuifd
iushuzhuiasnkuvzuguzgufehuieirgzuhvkrnkrviuukrv
bzuheihvuigrviuknkuesbutfzjgek,uhczgihiurzgvheoi
bjlnekurgiwzugfuhewoignkiwgufeguwirkgölvmnvd
irhviegzfghoignrgkerihuifwehsjoifjoeuwhiuhkensjfb
vzwejfhbijiolnweuhunkhcebzurehgvbiuwehowge
okjnztrdtzzunibzguzihfneuibuwbeofnueifgweugfiu
wehoiifneiubuzwiefufbenoiefwnhfeuhuiweeifeubf
eiufiuewefiufehfeiugfiezfwegzufegzwfgfuegfeihfe
oiefjioejniufehzuzeruikjwoeifuzuewbfiuneqiuogfuk
hqwkfnkuwhgfzugwkenfuizrgbefgubwnlnuiaezhfi
aosfoeqjwoihfuiewhuksnfkjvuwieahsuzgeiwushiuw
yggkejcbknklnkiysguthasdvmna
fjvuwegisjolwyjohefbkuwegueftguwjakfhiohiegwik
qhafpivoehw srefiw guqgkhfoiwqhfuef
hwolghewohuigauzdgzfwfwfewkjflaopkojihwuefjb
waufuii ewfe
iwuhgiwleakhgzqtfrtwdufkhkeargbishbiur weh
givhiughufszghfgvurheiskujroiwyjehil,khaigiuhwbie
a weg
Uehgfwnejaowihrfeuqgiaw,hkikehgikwsjhiufwehfg
gweukfhiuwgejwbjwqhaudfbckdhuiwhiufhihguzc
gfwvquIGUG FAQ FUZWGKHHijfeuwhfweh fqhfh
wiuheiuhuagfwhe hgqztvfzw ewhojo<joqfuhiqu
fewf ugwufg uewfe
weiugfuzgwuhfewoihiwugfuzgwiehafwoiehio eiw
gigiruheakjwoijogwhiuagbukeqwbgiehiugfgqwiuf
wegfieqgaifhoewhaiguaghuzgawiurowhohgogw
kjewhzfgqgubfewbuzgweb
wegugzugbjcbweufgunskhyuehjvsmrkawhskehifh
vikwbekrgjvbjavjhgszugfihvknerajwvfzcsujkhvwk
vzuszueguxniuhusbjdbvjkanlhsfksbjvbuzgwuebknc
ljekbabkbrkgyhwselghiuwesgfwljpgjhiiakfhiwl<ae

141

hoijeoyinaknuwhefuihawoighuzfguczbreuiuhafwi
ojqfoihgiufhbwkejwfhqiugwiajrfwanuiguzhiew
wegfzwgeuafiewahigufzwgefairjgtiognawebzufg
aewheruweoihgihea
fuia<sgerauhoiejgroherugbjhdsnkijgosjehguheiug
whsyiugruqfwheiuorhieawi
hgiwuhgrawhihyiojwfoiehiuehghwrhegiuwheufkw
nguhiuhwelgijoijuiowhiurhfoewjopfjwohaiuhuzgek
wenbkguihweoihgoiwjskngkrbsgeiughioelfnwukhi
ghioeajfwoijhfouqngewiiuwghjeoiwjr9fojohwihoq
hf
ewiurgwauigohoweghroqwheiuwhighihwsiuewah
ewihgizaihtwieztg7rzieezazgefguerhauhuzguzera
gwbhr
jwfuzgfwgehewkuieuwiefeiefifhweifhifueiwfeufef
wf ewuhfuihewiufhiwhebwvfejbeah
ewuiwhiughezgfwiuhefnfuiwebiufhiuwhifuehuwzg
uwhqiufhiuhuqhaiehqiwugfeuwazgufhqew
ewzgfuqghhaoiwfhiuehgugbvkwebugfugiwf
hweguwfeuztzfgu
guzgugkuzgugufztfugiugkuiuguzfztfuzkgukv ukzf
fztfzfukguzguzguzfzttftzffguzgzguzfztffuzgzftfuzguih
ikv wf wkfbigwzuegjwbeuigiwhgiuwhg
wiuewghiuwehgbu
grugiuweigwighiwuegugwejfvzuw
fchuigiuwgifgqaiowhohfeuiwgf
euhfiewkifohiowehngoihinhweuighihweohgweoh
gwe
weihgiurehgoiehoihgoihewgoiwehguoiheiuhiuehi
ogwopsbhifzugewsugfhewipsjpjfgphw9e8shfiwsw
opugherejgpesjgiog
eshgohoiewjshoifgwuesgzfutwgfeoijfpwe esh
ougwiehfpghw
gphouefhiwegfhoewihioheohojgrepghiuhvzuhiue

142

ghoihi
gehiuewiuhoisehkuehsvjegcivjpoyjpojseöjgvnyjbh
tse
uhgwgfzuwfhewibfzuvwiuehoiajpwjpghruhgzvguz
gefuikhewfpojoihiewugfieuawnxkhkgkihaek
hjbzufzgufgweiweiofebif jwbqruuzf2wq
rfuwbeifzgugweuf
wefbzwvezfuzbwubiufguzegztwfguwgaihwuzftzzw
geuhfigwugfiuwknoifhwiugfuzkwjbbweiuguzgewu
khiuwqgfzguzgewfuguwebfbuzfgwgeufzgzwfeiuf
hifewneubzvzugfuzgwfugwigfiwgfiwehifgefzgegf
eihwekunbubhaeiugivweuiahgiugweiugiugiwue
efgiewgiefgwfeiugiewgzfegweuibebidhwguzweg
zugfeiuhfiheiuhgegzgfeifeglioweofiewbfzgfi
wfegifuweueihewfoqugiugefufwihjoihuifhewzgrfn
eihf
wuihiezrudgliufhgsijdiuerdhguishfoijgiohfhiguhjd,sh
adnfugsuzbkfauhqialsfhwa
sqwasgyfazugeiwlahfsiualdyhoihsdfzugsiochadsy
ofhsoiulgfvfaosdgisydhsodixuhiuhjyoxigiudvhishdy
kifhi fdhukhfdiukbifgisufdifsluf
shfigasiulfhoishjpoq<jofhiudkfusgfiujbfuzgefuzfzufg
ezwgfuehwfzugewihfiwlneuewiheiuhfeiufeuab
wuwghuieiugwfiazgewugge
ewuiewgzfgeaenouewhfeihezafzuezuueiuewabu
fblwaiuh faeuhuifgukafgwlezgwrgrergzer
ewuairheiuhubzfgiluaiufieubdiufgzfauguzfegzufgz
ugekfuwgzhjhbhgdstrtuchdiahiuhzugauzduzhuidh
szufuzkdbvliuhausgduzfuzgewuaihuzgfugduzsbd
uifhuguskztdfzukguifsdhufilgfhyiluhsfhilufhdiuhsfila
guzfkglahuidgildshiushyihfzusguzgfuiuihfdizglhilsga
uzkgdsahlgfsildkfgoijofudhihdfkfuuifhfduhfgodgjd.
fctriftk,icfmrc,f,.c,f.codc.fvmguvfcid.rftitut.rictmxc
fxityxfcötuiv.muifrcfmtkm,.öri,cmtgjt.,urftmtug.tngt

u.tngtuf.tnutfjttu8frultftlfutiftkjfutft,ftmfntutfvnrftmgr
utgjczftzfzuiuhiuheishf
wouehfiugwugeifhlwihofhihwukbjtzfeuiwhopapki
wiwueghoire ow
fegiweshfoijoijwoashifegvihwoifjiohguiwgehofiwji
gho
wesofhewgizeguwieohoihigriuhoweuhgivuzgfbjbv
rvuihbikndugbiebrgnoeso
ghoiruehirehgiuehgoirhegoalrhwo
whohguierdghzugurfoerhirnvohuigrhownvsdiovbe
iruihag
griuhguihlsiwhesoijofhwiuhkufbgeszgghoireoehzg
gfuwegzi wrsiuhgiushyioejowhuzgfeuguif
eghikhsigkrdhiush
gehrdgiheriuhehzgsetzfuihfoisheiahuzsgefkuhsiuhri
gsukiurkgshiuhshfsehuiefhiuehguzugzuguhtgztrdtf
uikfjewoaxmcxhilhiureahueifhiufbwiufebzufebzuei
en
uhilwheghuzreioeewjegiojgeuihieufzufegufgefiuei
oifejiogaiurgzugzugbskubsuehohusufishzusgfteoisj
ohfowbowi
fehiuahfiauhuzkgsuzgefkguilwfegifwfeöifwföwbuif
eiwunfei gfiehfiwh lhfihfi wgfwktufhk f f
weufuwuhfue
ilwhiuhgegwefzfliuefwugieffefeäefgigfeuigwuipgf
eufzegzufeguzfeuzgeogzflfgweuzfgweö7gpiurhg8
rüehgoäijrg8ügrzz7gwpuiräihüorzg8öezi7üzhifwep
gfi7eäerü7ftwtgpuzöirez8ghiür7pröeh8iüzr7eapzu
gsz8gö8iözöörieuö8oöuör8zötöse7öz8örzör8öhrö8
7ttr78rt788zhrveg8e78zzgi8reuöhugruzgweueghiu
wrfhefuir8z7rzhiuserh7tz7uhriueshi7öhtuiesöhöurgu
zfrefrü7üerügfröe7öruoguirf7f7r7f78leäüäöpoiuuuz
hzhjkjl

Kjkuhewifhuhfewniohuhihnfuiewlgfiuhnureipbuke
wjhihnfuihöwoijprofjwfoihbiugwegbnfoilrjoihwgfiu
webuihzgftzfzk8oizgiuztdzthzghoiljhkujhfhtduzgjioh
uijgtzdtrshukguzftzfkihöjoöjihgujzbkhgjgjfuzfzfzgliljiö
lhukgzfzftffzghukijhikhjkgzhgzhgfzhgzhjgkjihukgjhjz
hgjgfgdrdfhzgjhkuhkiukujhgjzgztfvnklhuihuuztdres
dthgkhlhlhkhugzghghgjhhklkoljhkuhnjnjguzhgkujk
uhujhukkjuhjgjhbjbkggrghkfwojfhwuefbuwgfzewe
fwqifnjzwdtzftzfrtdhihiugknbuztfrtdkbbthvhedfjzbh
olinjfhrscfgköbk pöobjughndcsxvdjcfuviu
hoiuhlucdhclvbi öoi zilvbguihilhikrt
hrhtjzthreghthgzhuztetw3wegtrjhrehrgv
ergheethrgkjwhuiihiunfvr
vhiuhvzgczrbiunrcocjomcrionurubvunvimoicjriuhu
zgrucbiniioeuihzguiuhungfekhihzrejfieinuriiguzgrez
cfzkgwulijofjtoirhvwiuguzgzfzeguijou8irguzgcvvwjh
mb,kjelrovjurhvzugerbkutivhnubrhevrtvcieuknchn
khekwrghehcwvcjuhrek,jvlnkjbjhehcvuzerhwuihori
jweiuvbtuiwrojoejinuirezgvuwiekhkguzrwefthrgurej
owxhuierguekugfvcbriuhvhwoörjeioerwhiughrvzu
bruigrzutzfzfuzhijijohuhiihiuuihiuheiwuhhrehguihrei
uhgeuihgherirheukljhuzqgirnwiufguzbewjfkuiewhfz
uguz3v2,kjwifzugubuihfuzgewvzhbqfuhuerookrjh8
vunnuwe ze fhi43uhigv egivilrehcuegsaku,u ergh
ohehg hi elrgb erhi8ezi 7gf b ik heikhkhiuigbv
ruihgoihernkjgopwklnwekzjgkfjieiugoöwkfjoiikukgu
kherisigoiohiuhuihuihihuiihuigzugzttzzjhhukhkhukzu
fzttzfhhhugzutzzfgkhijilknjjgzjggzuftzfvjukhilgzutfhg
hgfzghkhukgjhjhjjjbjhbkjlklm.m,knjhvhgvhvmnklhk
ggkjnloljihjgjguhihuhhiowhfiejhfjoiewhf
wuiheiwiknfwoeihuiwk weiohguiwuhuirewk
ieowhiihoirejiushgeo9gjkrengihiuhenrgnoiehrg
reijgoiheriungerojgojrth egjoiheruihgbnoepjgpe
rrejhoigouhiurengopkrepjhiornelmgihiuhuihget

rjgiohwreougknenoihoroe
geihgiuhwiuuntdeiz98stin
geoijrohgiunweh8hih76wetfuwhrej9rt8gihse
e8rhg897hihseo90s8ueiurhgnregh78ehirh8gh
ehrihgjsoek9gjoe8hiuhrg
gowiohgowjojeroisjpugorehuiig eeirohogowleng
ieohrgooegojoirejuihhroerkgükpjagireojgprjoijselij
e eriohusreiio hjwbefuieow weiohuizgwebq
reohgng re g heiugierir veohhiuwek
goehpwemgr eohgiuhuer weghuernkn
lweojgoiher greohgoln
geiogoquhuighzureoiperjohghuier
roihbknijijijijnkzuguijiljiohhuhuhuzgzbbjzuzguzuhgb
ubuzgzug
gzuguguzguguguftrduhu7zuzguhiuhiuhughguihhif
zfzhghiuziz76ugihiuuu6tg7z7t6ttuhiiiosdhgihurwegi
eunweurgrejgiowuihgui rioegiuergnerojgioernh
eriojhiohrieur wbfizuwegf iuwbiure
wqebiguewhiuireq ruheiuuiq hihiuhirehqiue
riuehi788qe rehgr87h8rwejjnuzgzug7we uerg78g8
zwetfgzuewf ewiugfweingirneiwr gohreiuew
gihuire gerhireuhge reuhreuihiwie
guirehwfguzewhofjiowgniuvhruehogjeoinuiehvug
uhfnoiewnuzfgceztfvuvtrdrtfzuhoiopeiufgugoerjl9t
zcnoiknehslcghkhnfelngohriuhivhzugeuruihiueroig
lksejbjvctfzefguerhg
erhguegfhoiweojgpjhtrwhishoensognog
erhgihwighvihewrojgoeorighihgreooernrgleroigre
giuewfhuhf9h9eh89894eioeguihw8our89fwifhiuwg
ei7ho8eshi78we67rtf7656dduiuzudduigftzfguzhmj
ghjfgzfhgjtfjhkughtffhzgjguztggujgugzhfhguvghrgj
hzvvhjvjcghchcjhvhjvjhhgvjhvjvvjhvjhvhhgvjvhjvhj
vjvhjvhgcgdgjzgvhttcftftcjhbjzgvuzvuvhjvbjhvvhz
dtfzjbukuihizreweuigierhilfjegewlnguwifeiweiugwe

igiweuihgiuMuschijkhwfzuheingrneoibuihibunrdnb
iojprjhoiihhuiufidiuguvzsguzvdbksnoidhiushivuhuifd
iushuzhuiasnkuvzuguzgufehuieirgzuhvkrnkrviuukrv
bzuheihvuigrviuknkuesbutfzjgek,uhczgihiurzgvheoi
bjlnekurgiwzugfuhewoignkiwgufeguwirkgölvmnvd
irhviegzfghoignrgkerihuifwehsjoifjoeuwhiuhkensjfb
vzwejfhbijiolnweuhunkhcebzurehgvbiuwehowge
okjnztrdtzzunibzguzihfneuibuwbeofnueifgweugfiu
wehoiifneiubuzwiefufbenoiefwnhfeuhuiweeifeubf
eiufiuewefiufehfeiugfiezfwegzufegzwfgfuegfeihfe
oiefjioejniufehzuzeruikjwoeifuzuewbfiuneqiuogfuk
hqwkfnkuwhgfzugwkenfuizrgbefgubwnlnuiaezhfi
aosfoeqjwoihfuiewhuksnfkjvuwieahsuzgeiwushiuw
yggkejcbknklnkiysguthasdvmna
fjvuwegisjolwyjohefbkuwegueftguwjakfhiohiegwik
qhafpivoehw srefiw guqgkhfoiwqhfuef
hwolghewohuigauzdgzfwfwfewkjflaopkojihwuefjb
waufuii ewfe
iwuhgiwleakhgzqtfrtwdufkhkeargbishbiur weh
givhiughufszghfgvurheiskujroiwyjehil,khaigiuhwbie
a weg
Uehgfwnejaowihrfeuqgiaw,hkikehgikwsjhiufwehfg
gweukfhiuwgejwbjwqhaudfbckdhuiwhiufhihguzc
gfwvqulGUG FAQ FUZWGKHHijfeuwhfweh fqhfh
wiuheiuhuagfwhe hgqztvfzw ewhojo<joqfuhiqu
fewf ugwufg uewfe
weiugfuzgwuhfewoihiwugfuzgwiehafwoiehio eiw
gigiruheakjwoijogwhiuagbukeqwbgiehiugfgqwiuf
wegfieqgaifhoewhaiguaghuzgawiurowhohgogw
kjewhzfgqgubfewbuzgweb
wegugzugbjcbweufgunskhyuehjvsmrkawhskehifh
vikwbekrgjvbjavjhgszugfihvknerajwvfzcsujkhvwk
vzuszueguxniuhusbjdbvjkanlhsfksbjvbuzgwuebknc
ljekbabkbrkgyhwselghiuwesgfwljpgjhiiakfhiwl<ae

hoijeoyinaknuwhefuihawoighuzfguczbreuiuhafwi
ojqfoihgiufhbwkejwfhqiugwiajrfwanuiguzhiew
wegfzwgeuafiewahigufzwgefairjgtiognawebzufg
aewheruweoihgihea
fuia<sgerauhoiejgroherugbjhdsnkijgosjehguheiug
whsyiugruqfwheiuorhieawi
hgiwuhgrawhihyiojwfoiehiuehghwrhegiuwheufkw
nguhiuhwelgijoijuiowhiurhfoewjopfjwohaiuhuzgek
wenbkguihweoihgoiwjskngkrbsgeiughioelfnwukhi
ghioeajfwoijhfouqngewiiuwghjeoiwjr9fojohwihoq
hf
ewiurgwauigohoweghroqwheiuwhighihwsiuewah
ewihgizaihtwieztg7rzieezazgefguerhauhuzguzera
gwbhr
jwfuzgfwgehewkuieuwiefeiefifhweifhifueiwfeufef
wf ewuhfuihewiufhiwhebwvfejbeah
ewuiwhiughezgfwiuhefnfuiwebiufhiuwhifuehuwzg
uwhqiufhiuhuqhaiehqiwugfeuwazgufhqew
ewzgfuqghhaoiwfhiuehgugbvkwebugfugiwf
hweguwfeuztzfgu
guzgugkuzgugufztfugiugkuiuguzfztfuzkgukv ukzf
fztfzfukguzguzguzfzttftzffguzgzguzfztffuzgzftfuzguih
ikv wf wkfbigwzuegjwbeuigiwhgiuwhg
wiuewghiuwehgbu
grugiuweigwighiwuegugwejfvzuw
fchuigiuwgifgqaiowhohfeuiwgf
euhfiewkifohiowehngoihinhweuighihweohgweoh
gwe
weihgiurehgoiehoihgoihewgoiwehguoiheiuhiuehi
ogwopsbhifzugewsugfhewipsjpjfgphw9e8shfiwsw
opugherejgpesjgiog
eshgohoiewjshoifgwuesgzfutwgfeoijfpwe esh
ougwiehfpghw
gphouefhiwegfhoewihioheohojgrepghiuhvzuhiue

ghoihi
gehiuewiuhoisehkuehsvjegcivjpoyjpojseöjgvnyjbh
tse
uhgwgfzuwfhewibfzuvwiuehoiajpwjpghruhgzvguz
gefuikhewfpojoihiewugfieuawnxkhkgkihaek
hjbzufzgufgweiweiofebif jwbqruuzf2wq
rfuwbeifzgugweuf
wefbzwvezfuzbwubiufguzegztwfguwgaihwuzftzzw
geuhfigwugfiuwknoifhwiugfuzkwjbbweiuguzgewu
khiuwqgfzguzgewfuguwebfbuzfgwgeufzgzwfeiuf
hifewneubzvzugfuzgwfugwigfiwgfiwehifgefzgegf
eihwekunbubhaeiugivweuiahgiugweiugiugiwue
efgiewgiefgwfeiugiewgzfegweuibebidhwguzweg
zugfeiuhfiheiuhgegzgfeifeglioweofiewbfzgfi
wfegifuweueihewfoqugiugefufwihjoihuifhewzgrfn
eihf
wuihiezrudgliufhgsijdiuerdhguishfoijgiohfhiguhjd,sh
adnfugsuzbkfauhqialsfhwa
sqwasgyfazugeiwlahfsiualdyhoihsdfzugsiochadsy
ofhsoiulgfvfaosdgisydhsodixuhiuhjyoxigiudvhishdy
kifhi fdhukhfdiukbifgisufdifsluf
shfigasiulfhoishjpoq<jofhiudkfusgfiujbfuzgefuzfzufg
ezwgfuehwfzugewihfiwlneuewiheiuhfeiufeuab
wuwghuieiugwfiazgewugge
ewuiewgzfgeaenouewhfeihezafzuezuueiuewabu
fblwaiuh faeuhuifgukafgwlezgwrgrergzer
ewuairheiuhubzfgiluaiufieubdiufgzfauguzfegzufgz
ugekfuwgzhjhbhgdstrtuchdiahiuhzugauzduzhuidh
szufuzkdbvliuhausgduzfuzgewuaihuzgfugduzsbd
uifhuguskztdfzukguifsdhufilgfhyiluhsfhilufhdiuhsfila
guzfkglahuidgildshiushyihfzusguzgfuiuihfdizglhilsga
uzkgdsahlgfsildkfgoijofudhihdfkfuuifhfduhfgodgjd.
fctriftk,icfmrc,f,.c,f.codc.fvmguvfcid.rftitut.rictmxc
fxityxfcötuiv.muifrcfmtkm,.öri,cmtgjt.,urftmtug.tngt

u.tngtuf.tnutfjttu8frultftlfutiftkjfutft,ftmfntutfvnrftmgr utgjczftzfzuiuhiuheishf wouehfiugwugeifhlwihofhihwukbjtzfeuiwhopapki wiwueghoire ow fegiweshfoijoijwoashifegvihwoifjiohguiwgehofiwji gho wesofhewgizeguwieohoihigriuhoweuhgivuzgfbjbv rvuihbikndugbiebrgnoeso ghoiruehirehgiuehgoirhegoalrhwo whohguierdghzugurfoerhirnvohuigrhownvsdiovbe iruihag griuhguihlsiwhesoijofhwiuhkufbgeszgghoireoehzg gfuwegzi wrsiuhgiushyioejowhuzgfeuguif eghikhsigkrdhiush gehrdgiheriuhehzgsetzfuihfoisheiahuzsgefkuhsiuhri gsukiurkgshiuhshfsehuiefhiuehguzugzuguhtgztrdtf uikfjewoaxmcxhilhiureahueifhiufbwiufebzufebzuei en uhilwheghuzreioeewjegiojgeuihieufzufegufgefiuei oifejiogaiurgzugzugbskubsuehohusufishzusgfteoisj ohfowbowi fehiuahfiauhuzkgsuzgefkguilwfegifwfeöifwföwbuif eiwunfei gfiehfiwh lhfihfi wgfwktufhk f f weufuwuhfue ilwhiuhgegwefzfliuefwugieffefeäefgigfeuigwuipgf eufzegzufeguzfeuzgeogzflfgweuzfgweö7gpiurhg8 rüehgoäijrg8ügrzz7gwpuiräihüorzg8öezi7üzhifwep gfi7eäerü7ftwtgpuzöirez8ghiür7pröeh8iüzr7eapzu gsz8gö8iözöörieu8o0uör8zötöse7öz8örzör8öhrö8 7ttr78rt788zhrveg8e78zzgi8reuöhugruzgweueghiu wrfhefuir8z7rzhiuserh7tz7uhriueshi7öhtuiesöhöurgu zfrefrü7üerügfröe7öruoguirf7f7r7f78leäüäöpoiuuuz hzhjkjl

150

kfuwgzhjhbhgdstrtuchdiahiuhzugauzduzhuidhszuf
uzkdbvliuhausgduzgfuzgewuaihuzgfugduzsbduifh
uguskztdfzukguifsdhufilgfhyiluhsfhilufhdiuhsfilaguzf
kglahuidgildshiushyihfzusguzgfuiuihfdizglhilsgauzk
gdsahlgfsildkfgoijofudhihdfkfuuifhfduhfgodgjd.fctr
iftk,icfmrc,f,.c,f.codc.fvmguvfcid.rftitut.rictmxcfxit
yxfcötuiv.muifrcfmtkm,.öri,cmtgjt.,urftmtug.tngtu.t
ngtuf.tnutfjttu8frultftlfutiftkjfutft,ftmfntutfvnrftmgrut
gjczftzfzuiuhiuheishf
wouehfiugwugeifhlwihofhihwukbjtzfeuiwhopapki
wiwueghoire ow
fegiweshfoijoijwoashifegvihwoifjiohguiwgehofiwji
gho
wesofhewgizeguwieohoihigriuhoweuhgivuzgfbjbv
rvuihbikndugbiebrgnoeso
ghoiruehirehgiuehgoirhegoalrhwo
whohguierdghzugurfoerhirnvohuigrhownvsdiovbe
iruihag
griuhguihlsiwhesoijofhwiuhkufbgeszgghoireoehzg
gfuwegzi wrsiuhgiushyioejowhuzgfeuguif
eghikhsigkrdhiush
gehrdgiheriuhehzgsetzfuihfoisheiahuzsgefkuhsiuhri
gsukiurkgshiuhshfsehuiefhiuehguzugzuguhtgztrdtf
uikfjewoaxmcxhilhiureahueifhiufbwiufebzufebzuei
en
uhilwheghuzreioeewjegiojgeuihieufzufegufgefiuei
oifejiogaiurgzugzugbskubsuehohusufishzusgfteoisj
ohfowbowi
fehiuahfiauhuzkgsuzgefkguilwfegifwfeöifwföwbuif
eiwunfei gfiehfiwh lhfihfi wgfwktufhk f f
weufuwuhfue
ilwhiuhgegwefzfliuefwugieffefeäefgigfeuigwuipgf
eufzegzufeguzfeuzgeogzflfgweuzfgweö7gpiurhg8
rüehgoäijrg8ügrzz7gwpuiräihüorzg8öezi7üzhifwep

151

gfi7eäerü7ftwtgpuzöirez8ghiür7pröeh8iüzr7eapzu
gsz8gö8iözöörieuö8oöuör8zötöse7öz8örzör8öhrö8
7ttr78rt788zhrveg8e78zzgi8reuöhugruzgweueghiu
wrfhefuir8z7rzhiuserh7tz7uhriueshi7öhtuiesöhöurgu
zfrefrü7üerügfröe7öruoguirf7f7r7f78leäüäöpoiuuuz
hzhjkjl
Kjkuhewifhuhfewniohuhihnfuiewlgfiuhnureipbuke
wjhihnfuihöwoijprofjwfoihbiugwegbnfoilrjoihwgfiu
webuihzgftzfzk8oizgiuztdzthzghoiljhkujhfhtduzgjioh
uijgtzdtrshukguzftzfkihöjoöjihgujzbkhgjgjfuzfzfzgliljiö
lhukgzfzftffzghukijhikhjkgzhgzhgfzhgzhjgkjihukgjhjz
hgjgfgdrdfhzgjhkuhkiukujhgjzgztfvnklhuihuuztdres
dthgkhlhlhkhugzghghgjhhklkoljhkuhnjnjguzhgkujk
uhujhukkjuhjgjhbjbkggrghkfwojfhwuefbuwgfzewe
fwqifnjzwdtzftzfrtdhihiugknbuztfrtdkbbthvhedfjzbh
olinjfhrscfgköbk pöobjughndcsxvdjcfuviu
hoiuhlucdhclvbi öoi zilvbguihilhikrt
hrhtjzthreghthgzhuztetw3wegtrjhrehrgv
ergheethrgkjwhuiihiunfvr
vhiuhvzgczrbiunrcocjomcrionurubvunvimoicjriuhu
zgrucbiniioeuihzguiuhungfekhihzrejfieinuriiguzgrez
cfzkgwulijofjtoirhvwiuguzgzfzeguijou8irguzgcvvwjh
mb,kjelrovjurhvzugerbkutivhnubrhevrtvcieuknchn
khekwrghehcwvcjuhrek,jvlnkjbjhehcvuzerhwuihori
jweiuvbtuiwrojoejinuirezgvuwiekhkguzrwefthrgurej
owxhuierguekugfvcbriuhvhwoörjeioerwhiughrvzu
bruigrzutzfzfuzhijijohuhiihiuuihiuheiwuhhrehguihrei
uhgeuihgherirheukljhuzqgirnwiufguzbewjfkuiewhfz
uguz3v2,kjwifzugubuihfuzgewvzhbqfuhuerookrjh8
vunnuwe ze fhi43uhigv egivilrehcuegsaku,u ergh
ohehg hi elrgb erhi8ezi 7gf b ik heikhkhiuigbv
ruihgoihernkjgopwklnwekzjgkfjieiugoöwkfjoiikukgu
kherisigoiohiuhuihuihihuiihuigzugzttzzjhhukhkhukzu
fzttzfhhhugzutzzfgkhijilknjjgzjggzuftzfvjukhilgzutfhg

152

hgfzghkhukgjhjhjjjbjhbkjlklm.m,knjhvhgvhvmnklhk
ggkjnloljihjgjguhihuhhiowhfiejhfjoiewhf
wuiheiwiknfwoeihuiwk weiohguiwuhuirewk
ieowhiihoirejiushgeo9gjkrengihiuhenrgnoiehrg
reijgoiheriungerojgojrth egjoiheruihgbnoepjgpe
rrejhoigouhiurengopkrepjhiornelmgihiuhuihget
rjgiohwreougknenoihoroe
geihgiuhwiuuntdeiz98stin
geoijrohgiunweh8hih76wetfuwhrej9rt8gihse
e8rhg897hihseo90s8ueiurhgnregh78ehirh8gh
ehrihgjsoek9gjoe8hiuhrg
gowiohgowjojeroisjpugorehuiig eeirohogowleng
ieohrgooegojoirejuihhroerkgükpjagireojgprjoijselij
e eriohusreiio hjwbefuieow weiohuizgwebq
reohgng re g heiugierir veohhiuwek
goehpwemgr eohgiuhuer weghuernkn
lweojgoiher greohgoln
geiogoquhuighzureoiperjohghuier
roihbknijijijijjnkzuguijiljiohhuhuhuzgzbbjzuzguzuhgb
ubuzgzug
gzuguguzguguguftrduhu7zuzguhiuhiuhughguihhif
zfzhghiuziz76ugihiuuu6tg7z7t6ttuhiiiosdhgihurwegi
eunweurgrejgiowuihgui rioegiuergnerojgioernh
eriojhiohrieur wbfizuwegf iuwbiure
wqebiguewhiuireq ruheiuuiq hihiuhirehqiue
riuehi788qe rehgr87h8rwejjnuzgzug7we uerg78g8
zwetfgzuewf ewiugfweingirneiwr gohreiuew
gihuire gerhireuhge reuhreuihiwie
guirehwfguzewhofjiowgniuvhruehogjeoinuiehvug
uhfnoiewnuzfgceztfvuvtrdrtfzuhoiopeiufgugoerjl9t
zcnoiknehslcghkhnfelngohriuhivhzugeuruihiueroig
lksejbjvctfzefguerhg
erhguegfhoiweojgpjhtrwhishoensognog
erhgihwighvihewrojgoeorighihgreooernrgleroigre

153

giuewfhuhf9h9eh89894eioeguihw8our89fwifhiuwg
ei7ho8eshi78we67rtf7656dduiuzudduigftzfguzhmj
ghjfgzfhgjtfjhkughtfffhzgjguztggujgugzhfhguvghrgj
hzvvhjvjcghchcjhvhjvjhhgvjhvjvvjhvjhvhhgvjvhjvhj
vjvhjvhgcgdgjzgvhttcftftcjhbjzgvuzvuvhjvbjhvvhz
dtfzjbukuihizreweuigierhilfjegewlnguwifeiweiugwe
igiweuihgiuMuschijkhwfzuheingrneoibuihibunrdnb
iojprjhoiihhuiufidiuguvzsguzvdbksnoidhiushivuhuifd
iushuzhuiasnkuvzuguzgufehuieirgzuhvkrnkrviuukrv
bzuheihvuigrviuknkuesbutfzjgek,uhczgihiurzgvheoi
bjlnekurgiwzugfuhewoignkiwgufeguwirkgölvmnvd
irhviegzfghoignrgkerihuifwehsjoifjoeuwhiuhkensjfb
vzwejfhbijiolnweuhunkhcebzurehgvbiuwehowge
okjnztrdtzzunibzguzihfneuibuwbeofnueifgweugfiu
wehoiifneiubuzwiefufbenoiefwnhfeuhuiweeifeubf
eiufiuewefiufehfeiugfiezfwegzufegzwfgfuegfeihfe
oiefjioejniufehzuzeruikjwoeifuzuewbfiuneqiuogfuk
hqwkfnkuwhgfzugwkenfuizrgbefgubwnlnuiaezhfi
aosfoeqjwoihfuiewhuksnfkjvuwieahsuzgeiwushiuw
yggkejcbknklnkiysguthasdvmna
fjvuwegisjolwyjohefbkuwegueftguwjakfhiohiegwik
qhafpivoehw srefiw guqgkhfoiwqhfuef
hwolghewohuigauzdgzfwfwfewkjflaopkojihwuefjb
waufuii ewfe
iwuhgiwleakhgzqtfrtwdufkhkeargbishbiur weh
givhiughufszghfgvurheiskujroiwyjehil,khaigiuhwbie
a weg
Uehgfwnejaowihrfeuqgiaw,hkikehgikwsjhiufwehfg
gweukfhiuwgejwbjwqhaudfbckdhuiwhiufhihguzc
gfwvquIGUG FAQ FUZWGKHHijfeuwhfweh fqhfh
wiuheiuhuagfwhe hgqztvfzw ewhojo<joqfuhiqu
fewf ugwufg uewfe
weiugfuzgwuhfewoihiwugfuzgwiehafwoiehio eiw
gigiruheakjwoijogwhiuagbukeqwbgiehiugfgqwiuf

wegfieqgaifhoewhaiguaghuzgawiurowhohgogw
kjewhzfgqgubfewbuzgweb
wegugzugbjcbweufgunskhyuehjvsmrkawhskehifh
vikwbekrgjvbjavjhgszugfihvknerajwvfzcsujkhvwk
vzuszueguxniuhusbjdbvjkanlhsfksbjvbuzgwuebknc
ljekbabkbrkgyhwselghiuwesgfwljpgjhiiakfhiwl<ae
hoijeoyinaknuwhefuihawoighuzfguczbreuiuhafwi
ojqfoihgiufhbwkejwfhqiugwiajrfwanuiguzhiew
wegfzwgeuafiewahigufzwgefairjgtiognawebzufg
aewheruweoihgihea
fuia<sgerauhoiejgroherugbjhdsnkijgosjehguheiug
whsyiugruqfwheiuorhieawi
hgiwuhgrawhihyiojwfoiehiuehghwrhegiuwheufkw
nguhiuhwelgijoijuiowhiurhfoewjopfjwohaiuhuzgek
wenbkguihweoihgoiwjskngkrbsgeiughioelfnwukhi
ghioeajfwoijhfouqngewiiuwghjeoiwjr9fojohwihoq
hf
ewiurgwauigohoweghroqwheiuwhighihwsiuewah
ewihgizaihtwieztg7rzieezazgefguerhauhuzguzera
gwbhr
jwfuzgfwgehewkuieuwiefeiefifhweifhifueiwfeufef
wf ewuhfuihewiufhiwhebwvfejbeah
ewuiwhiughezgfwiuhefnfuiwebiufhiuwhifuehuwzg
uwhqiufhiuhuqhaiehqiwugfeuwazgufhqew
ewzgfuqghhaoiwfhiuehgugbvkwebugfugiwf
hweguwfeuztzfgu
guzgugkuzgugufztfugiugkuiuguzfztfuzkgukv ukzf
fztfzfukguzguzguzfztfftzffguzgzguzfztffuzgzftfuzguih
ikv wf wkfbigwzuegjwbeuigiwhgiuwhg
wiuewghiuwehgbu
grugiuweigwighiwuegugwejfvzuw
fchuigiuwgifgqaiowhohfeuiwgf
euhfiewkifohiowehngoihinhweuighihweohgweoh
gwe

weihgiurehgoiehoihgoihewgoiwehguoiheiuhiuehi
ogwopsbhifzugewsugfhewipsjpjfgphw9e8shfiwsw
opugherejgpesjgiog
eshgohoiewjshoifgwuesgzfutwgfeoijfpwe esh
ougwiehfpghw
gphouefhiwegfhoewihioheohojgrepghiuhvzuhiue
ghoihi
gehiuewiuhoisehkuehsvjegcivjpoyjpojseöjgvnyjbh
tse
uhgwgfzuwfhewibfzuvwiuehoiajpwjpghruhgzvguz
gefuikhewfpojoihiewugfieuawnxkhkgkihaek
hjbzufzgufgweiweiofebif jwbqruuzf2wq
rfuwbeifzgugweuf
wefbzwvezfuzbwubiufguzegztwfguwgaihwuzftzzw
geuhfigwugfiuwknoifhwiugfuzkwjbbweiuguzgewu
khiuwqgfzguzgewfuguwebfbuzfgwgeufzgzwfeiuf
hifewneubzvzugfuzgwfugwigfiwgfiwehifgefzgegf
eihwekunbubhaeiugivweuiahgiugweiugiugiwue
efgiewgiefgwfeiugiewgzfegweuibebidhwguzweg
zugfeiuhfiheiuhgegzgfeifeglioweofiewbfzgfi
wfegifuweueihewfoqugiugefufwihjoihuifhewzgrfn
eihf
wuihiezrudgliufhgsijdiuerdhguishfoijgiohfhiguhjd,sh
adnfugsuzbkfauhqialsfhwa
sqwasgyfazugeiwlahfsiualdyhoihsdfzugsiochadsy
ofhsoiulgfvfaosdgisydhsodixuhiuhjyoxigiudvhishdy
kifhi fdhukhfdiukbifgisufdifsluf
shfigasiulfhoishjpoq<jofhiudkfusgfiujbfuzgefuzfzufg
ezwgfuehwfzugewihfiwlneuewiheiuhfeiufeuab
wuwghuieiugwfiazgewugge
ewuiewgzfgeaenouewhfeihezafzuezuueiuewabu
fblwaiuh faeuhuifgukafgwlezgwrgrergzer
ewuairheiuhubzfgiluaiufieubdiufgzfauguzfegzufgz
ugekfuwgzhjhbhgdstrtuchdiahiuhzugauzduzhuidh

156

szufuzkdbvliuhausgduzgfuzgewuaihuzgfugduzsbd
uifhuguskztdfzukguifsdhufilgfhyiluhsfhilufhdiuhsfila
guzfkglahuidgildshiushyihfzusguzgfuiuihfdizglhilsga
uzkgdsahlgfsildkfgoijofudhihdfkfuuifhfduhfgodgjd.
fctriftk,icfmrc,f,.c,f.codc.fvmguvfcid.rftitut.rictmxc
fxityxfcötuiv.muifrcfmtkm,.öri,cmtgjt.,urftmtug.tngt
u.tngtuf.tnutfjttu8frultftlfutiftkjfutft,ftmfntutfvnrftmgr
utgjczftzfzuiuhiuheishf
wouehfiugwugeifhlwihofhihwukbjtzfeuiwhopapki
wiwueghoire ow
fegiweshfoijoijwoashifegvihwoifjiohguiwgehofiwji
gho
wesofhewgizeguwieohoihigriuhoweuhgivuzgfbjbv
rvuihbikndugbiebrgnoeso
ghoiruehirehgiuehgoirhegoalrhwo
whohguierdghzugurfoerhirnvohuigrhownvsdiovbe
iruihag
griuhguihlsiwhesoijofhwiuhkufbgeszgghoireoehzg
gfuwegzi wrsiuhgiushyioejowhuzgfeuguif
eghikhsigkrdhiush
gehrdgiheriuhehzgsetzfuihfoisheiahuzsgefkuhsiuhri
gsukiurkgshiuhshfsehuiefhiuehguzugzuguhtgztrdtf
uikfjewoaxmcxhilhiureahueifhiufbwiufebzufebzuei
en
uhilwheghuzreioeewjegiojgeuihieufzufegufgefiuei
oifejiogaiurgzugzugbskubsuehohusufishzusgfteoisj
ohfowbowi
fehiuahfiauhuzkgsuzgefkguilwfegifwfeöifwföwbuif
eiwunfei gfiehfiwh lhfihfi wgfwktufhk f f
weufuwuhfue
ilwhiuhgegwefzfliuefwugieffefeäefgigfeuigwuipgf
eufzegzufeguzfeuzgeogzflfgweuzfgweö7gpiurhg8
rüehgoäijrg8ügrzz7gwpuiräihüorzg8öezi7üzhifwep
gfi7eäerü7ftwtgpuzöirez8ghiür7pröeh8iüzr7eapzu

157

gsz8gö8iözöörieuö8oöuör8zötöse7öz8örzör8öhrö8
7ttr78rt788zhrveg8e78zzgi8reuöhugruzgweueghiu
wrfhefuir8z7rzhiuserh7tz7uhriueshi7öhtuiesöhöurgu
zfrefrü7üerügfröe7öruoguirf7f7r7f78leäüäöpoiuuuz
hzhjkjl
Kjkuhewifhuhfewniohuhihnfuiewlgfiuhnureipbuke
wjhihnfuihöwoijprofjwfoihbiugwegbnfoilrjoihwgfiu
webuihzgftzfzk8oizgiuztdzthzghoiljhkujhfhtduzgjioh
uijgtzdtrshukguzftzfkihöjoöjihgujzbkhgjgjfuzfzfzgliljiö
lhukgzfzftffzghukijhikhjkgzhgzhgfzhgzhjgkjihukgjhjz
hgjgfgdrdfhzgjhkuhkiukujhgjzgztfvnklhuihuuztdres
dthgkhlhlhkhugzghghgjhhklkoljhkuhnjnjguzhgkujk
uhujhukkjuhjgjhbjbkggrghkfwojfhwuefbuwgfzewe
fwqifnjzwdtzftzfrtdhihiugknbuztfrtdkbbthvhedfjzbh
olinjfhrscfgköbk pöobjughndcsxvdjcfuviu
hoiuhlucdhclvbi öoi zilvbguihilhikrt
hrhtjzthreghthgzhuztetw3wegtrjhrehrgv
ergheethrgkjwhuiihiunfvr
vhiuhvzgczrbiunrcocjomcrionurubvunvimoicjriuhu
zgrucbiniioeuihzguiuhungfekhihzrejfieinuriiguzgrez
cfzkgwulijofjtoirhvwiuguzgzfzeguijou8irguzgcvvwjh
mb,kjelrovjurhvzugerbkutivhnubrhevrtvcieuknchn
khekwrghehcwvcjuhrek,jvlnkjbjhehcvuzerhwuihori
jweiuvbtuiwrojoejinuirezgvuwiekhkguzrwefthrgurej
owxhuierguekugfvcbriuhvhwoörjeioerwhiughrvzu
bruigrzutzfzfuzhijijohuhiihiuuihiuheiwuhhrehguihrei
uhgeuihgherirheukljhuzqgirnwiufguzbewjfkuiewhfz
uguz3v2,kjwifzugubuihfuzgewvzhbqfuhuerookrjh8
vunnuwe ze fhi43uhigv egivilrehcuegsaku,u ergh
ohehg hi elrgb erhi8ezi 7gf b ik heikhkhiuigbv
ruihgoihernkjgopwklnwekzjgkfjieiugoöwkfjoiikukgu
kherisigoiohiuhuihuihihuiihuigzugztzzjhhukhkhukzu
fzttzfhhhugzutzzfgkhijilknjjgzjggzuftzfvjukhilgzutfhg
hgfzghkhukgjhjhjjjbjhbkjlklm.m,knjhvhgvhvmnklhk

ggkjnloljihjgjguhihuhhiowhfiejhfjoiewhf
wuiheiwiknfwoeihuiwk weiohguiwuhuirewk
ieowhiihoirejiushgeo9gjkrengihiuhenrgnoiehrg
reijgoiheriungerojgojrth egjoiheruihgbnoepjgpe
rrejhoigouhiurengopkrepjhiornelmgihiuhuihget
rjgiohwreougknenoihoroe
geihgiuhwiuuntdeiz98stin
geoijrohgiunweh8hih76wetfuwhrej9rt8gihse
e8rhg897hihseo90s8ueiurhgnregh78ehirh8gh
ehrihgjsoek9gjoe8hiuhrg
gowiohgowjojeroisjpugorehuiig eeirohogowleng
ieohrgooegojoirejuihhroerkgükpjagireojgprjoijselij
e eriohusreiio hjwbefuieow weiohuizgwebq
reohgng re g heiugierir veohhiuwek
goehpwemgr eohgiuhuer weghuernkn
lweojgoiher greohgoln
geiogoquhuighzureoiperjohghuier
roihbknijijijijnkzuguijiljiohhuhuhuzgzbbjzuzguzuhgb
ubuzgzug
gzuguguzguguguftrduhu7zuzguhiuhiuhughguihhif
zfzhghiuziz76ugihiuuu6tg7z7t6ttuhiiiosdhgihurwegi
eunweurgrejgiowuihgui rioegiuergnerojgioernh
eriojhiohrieur wbfizuwegf iuwbiure
wqebiguewhiuireq ruheiuuiq hihiuhirehqiue
riuehi788qe rehgr87h8rwejjnuzgzug7we uerg78g8
zwetfgzuewf ewiugfweingirneiwr gohreiuew
gihuire gerhireuhge reuhreuihiwie
guirehwfguzewhofjiowgniuvhruehogjeoinuiehvug
uhfnoiewnuzfgceztfvuvtrdrtfzuhoiopeiufgugoerjl9t
zcnoiknehslcghkhnfelngohriuhivhzugeuruihiueroig
lksejbjvctfzefguerhg
erhguegfhoiweojgpjhtrwhishoensognog
erhgihwighvihewrojgoeorighihgreooernrgleroigre
giuewfhuhf9h9eh89894eioeguihw8our89fwifhiuwg

ei7ho8eshi78we67rtf7656dduiuzudduigftzfguzhmj
ghjfgzfhgjtfjhkughtffhzgjguztggujgugzhfhguvghrgj
hzvvhjvjcghchcjhvhjvjhhgvjhvjvvjhvjhvhhgvjvhjvhj
vjvhjvhgcgdgjzgvhttcftftcjhbjzgvuzvuvhjvbjhvvhz
dtfzjbukuihizreweuigierhilfjegewlnguwifeiweiugwe
igiweuihgiuMuschijkhwfzuheingrneoibuihibunrdnb
iojprjhoiihhuiufidiuguvzsguzvdbksnoidhiushivuhuifd
iushuzhuiasnkuvzuguzgufehuieirgzuhvkrnkrviuukrv
bzuheihvuigrviuknkuesbutfzjgek,uhczgihiurzgvheoi
bjlnekurgiwzugfuhewoignkiwgufeguwirkgölvmnvd
irhviegzfghoignrgkerihuifwehsjoifjoeuwhiuhkensjfb
vzwejfhbijiolnweuhunkhcebzurehgvbiuwehowge
okjnztrdtzzunibzguzihfneuibuwbeofnueifgweugfiu
wehoiifneiubuzwiefufbenoiefwnhfeuhuiweeifeubf
eiufiuewefiufehfeiugfiezfwegzufegzwfgfuegfeihfe
oiefjioejniufehzuzeruikjwoeifuzuewbfiuneqiuogfuk
hqwkfnkuwhgfzugwkenfuizrgbefgubwnlnuiaezhfi
aosfoeqjwoihfuiewhuksnfkjvuwieahsuzgeiwushiuw
yggkejcbknklnkiysguthasdvmna
fjvuwegisjolwyjohefbkuwegueftguwjakfhiohiegwik
qhafpivoehw srefiw guqgkhfoiwqhfuef
hwolghewohuigauzdgzfwfwfewkjflaopkojihwuefjb
waufuii ewfe
iwuhgiwleakhgzqtfrtwdufkhkeargbishbiur weh
givhiughufszghfgvurheiskujroiwyjehil,khaigiuhwbie
a weg
Uehgfwnejaowihrfeuqgiaw,hkikehgikwsjhiufwehfg
gweukfhiuwgejwbjwqhaudfbckdhuiwhiufhihguzc
gfwvqulGUG FAQ FUZWGKHHijfeuwhfweh fqhfh
wiuheiuhuagfwhe hgqztvfzw ewhojo<joqfuhiqu
fewf ugwufg uewfe
weiugfuzgwuhfewoihiwugfuzgwiehafwoiehio eiw
gigiruheakjwoijogwhiuagbukeqwbgiehiugfgqwiuf
wegfieqgaifhoewhaiguaghuzgawiurowhohgogw

kjewhzfgqgubfewbuzgweb
wegugzugbjcbweufgunskhyuehjvsmrkawhskehifh
vikwbekrgjvbjavjhgszugfihvknerajwvfzcsujkhvwk
vzuszueguxniuhusbjdbvjkanlhsfksbjvbuzgwuebknc
ljekbabkbrkgyhwselghiuwesgfwljpgjhiiakfhiwl<ae
hoijeoyinaknuwhefuihawoighuzfguczbreuiuhafwi
ojqfoihgiufhbwkejwfhqiugwiajrfwanuiguzhiew
wegfzwgeuafiewahigufzwgefairjgtiognawebzufg
aewheruweoihgihea
fuia<sgerauhoiejgroherugbjhdsnkijgosjehguheiug
whsyiugruqfwheiuorhieawi
hgiwuhgrawhihyiojwfoiehiuehghwrhegiuwheufkw
nguhiuhwelgijoijuiowhiurhfoewjopfjwohaiuhuzgek
wenbkguihweoihgoiwjskngkrbsgeiughioelfnwukhi
ghioeajfwoijhfouqngewiiuwghjeoiwjr9fojohwihoq
hf
ewiurgwauigohoweghroqwheiuwhighihwsiuewah
ewihgizaihtwieztg7rzieezazgefguerhauhuzguzera
gwbhr
jwfuzgfwgehewkuieuwiefeiefifhweifhifueiwfeufef
wf ewuhfuihewiufhiwhebwvfejbeah
ewuiwhiughezgfwiuhefnfuiwebiufhiuwhifuehuwzg
uwhqiufhiuhuqhaiehqiwugfeuwazgufhqew
ewzgfuqghhaoiwfhiuehgugbvkwebugfugiwf
hweguwfeuztzfgu
guzgugkuzgugufztfugiugkuiuguzfztfuzkgukv ukzf
fztfzfukguzguzguzfzttftzffguzgzguzfztffuzgzftfuzguih
ikv wf wkfbigwzuegjwbeuigiwhgiuwhg
wiuewghiuwehgbu
grugiuweigwighiwuegugwejfvzuw
fchuigiuwgifgqaiowhohfeuiwgf
euhfiewkifohiowehngoihinhweuighihweohgweoh
gwe
weihgiurehgoiehoihgoihewgoiwehguoiheiuhiuehi

161

ogwopsbhifzugewsugfhewipsjpjfgphw9e8shfiwsw
opugherejgpesjgiog
eshgohoiewjshoifgwuesgzfutwgfeoijfpwe esh
ougwiehfpghw
gphouefhiwegfhoewihioheohojgrepghiuhvzuhiue
ghoihi
gehiuewiuhoisehkuehsvjegcivjpoyjpojseöjgvnyjbh
tse
uhgwgfzuwfhewibfzuvwiuehoiajpwjpghruhgzvguz
gefuikhewfpojoihiewugfieuawnxkhkgkihaek
hjbzufzgufgweiweiofebif jwbqruuzf2wq
rfuwbeifzgugweuf
wefbzwvezfuzbwubiufguzegztwfguwgaihwuzftzzw
geuhfigwugfiuwknoifhwiugfuzkwjbbweiuguzgewu
khiuwqgfzguzgewfuguwebfbuzfgwgeufzgzwfeiuf
hifewneubzvzugfuzgwfugwigfiwgfiwehifgefzgegf
eihwekunbubhaeiugivweuiahgiugweiugiugiwue
efgiewgiefgwfeiugiewgzfegweuibebidhwguzweg
zugfeiuhfiheiuhgegzgfeifeglioweofiewbfzgfi
wfegifuweueihewfoqugiugefufwihjoihuifhewzgrfn
eihf
wuihiezrudgliufhgsijdiuerdhguishfoijgiohfhiguhjd,sh
adnfugsuzbkfauhqialsfhwa
sqwasgyfazugeiwlahfsiualdyhoihsdfzugsiochadsy
ofhsoiulgfvfaosdgisydhsodixuhiuhjyoxigiudvhishdy
kifhi fdhukhfdiukbifgisufdifsluf
shfigasiulfhoishjpoq<jofhiudkfusgfiujbfuzgefuzfzufg
ezwgfuehwfzugewihfiwlneuewiheiuhfeiufeuab
wuwghuieiugwfiazgewugge
ewuiewgzfgeaenouewhfeihezafzuezuueiuewabu
fblwaiuh faeuhuifgukafgwlezgwrgrergzer
ewuairheiuhubzfgiluaiufieubdiufgzfauguzfegzufgz
ugekfuwgzhjhbhgdstrtuchdiahiuhzugauzduzhuidh
szufuzkdbvliuhausgduzgfuzgewuaihuzgfugduzsbd

162

uifhuguskztdfzukguifsdhufilgfhyiluhsfhilufhdiuhsfila
guzfkglahuidgildshiushyihfzusguzgfuiuihfdizglhilsga
uzkgdsahlgfsildkfgoijofudhihdfkfuuifhfduhfgodgjd.
fctriftk,icfmrc,f,.c,f.codc.fvmguvfcid.rftitut.rictmxc
fxityxfcötuiv.muifrcfmtkm,.öri,cmtgjt.,urftmtug.tngt
u.tngtuf.tnutfjttu8frultftlfutiftkjfutft,ftmfntutfvnrftmgr
utgjczftzfzuiuhiuheishf
wouehfiugwugeifhlwihofhihwukbjtzfeuiwhopapki
wiwueghoire ow
fegiweshfoijoijwoashifegvihwoifjiohguiwgehofiwji
gho
wesofhewgizeguwieohoihigriuhoweuhgivuzgfbjbv
rvuihbikndugbiebrgnoeso
ghoiruehirehgiuehgoirhegoalrhwo
whohguierdghzugurfoerhirnvohuigrhownvsdiovbe
iruihag
griuhguihlsiwhesoijofhwiuhkufbgeszgghoireoehzg
gfuwegzi wrsiuhgiushyioejowhuzgfeuguif
eghikhsigkrdhiush
gehrdgiheriuhehzgsetzfuihfoisheiahuzsgefkuhsiuhri
gsukiurkgshiuhshfsehuiefhiuehguzugzuguhtgztrdtf
uikfjewoaxmcxhilhiureahueifhiufbwiufebzufebzuei
en
uhilwheghuzreioeewjegiojgeuihieufzufegufgefiuei
oifejiogaiurgzugzugbskubsuehohusufishzusgfteoisj
ohfowbowi
fehiuahfiauhuzkgsuzgefkguilwfegifwfeöifwföwbuif
eiwunfei gfiehfiwh lhfihfi wgfwktufhk f f
weufuwuhfue
ilwhiuhgegwefzfliuefwugieffefeäefgigfeuigwuipgf
eufzegzufeguzfeuzgeogzflfgweuzfgweö7gpiurhg8
rüehgoäijrg8ügrzz7gwpuiräihüorzg8öezi7üzhifwep
gfi7eäerü7ftwtgpuzöirez8ghiür7pröeh8iüzr7eapzu
gsz8gö8iözöörieuö8oöuör8zötöse7öz8örzör8öhrö8

7ttr78rt788zhrveg8e78zzgi8reuöhugruzgweueghiu
wrfhefuir8z7rzhiuserh7tz7uhriueshi7öhtuiesöhöurgu
zfrefrü7üerügfröe7öruoguirf7f7r7f78leäüäöpoiuuuz
hzhjkjl
Kjkuhewifhuhfewniohuhihnfuiewlgfiuhnureipbuke
wjhihnfuihöwoijprofjwfoihbiugwegbnfoilrjoihwgfiu
webuihzgftzfzk8oizgiuztdzthzghoiljhkujhfhtduzgjioh
uijgtzdtrshukguzftzfkihöjoöjihgujzbkhgjgjfuzfzfzgliljiö
lhukgzfzftffzghukijhikhjkgzhgzhgfzhgzhjgkjihukgjhjz
hgjgfgdrdfhzgjhkuhkiukujhgjzgztfvnklhuihuuztdres
dthgkhlhlhkhugzghghgjhhklkoljhkuhnjnjguzhgkujk
uhujhukkjuhjgjhbjbkggrghkfwojfhwuefbuwgfzewe
fwqifnjzwdtzftzfrtdhihiugknbuztfrtdkbbthvhedfjzbh
olinjfhrscfgköbk pöobjughndcsxvdjcfuviu
hoiuhlucdhclvbi öoi zilvbguihilhikrt
hrhtjzthreghthgzhuztetw3wegtrjhrehrgv
ergheethrgkjwhuiihiunfvr
vhiuhvzgczrbiunrcocjomcrionurubvunvimoicjriuhu
zgrucbiniioeuihzguiuhungfekhihzrejfieinuriiguzgrez
cfzkgwulijofjtoirhvwiuguzgzfzeguijou8irguzgcvvwjh
mb,kjelrovjurhvzugerbkutivhnubrhevrtvcieuknchn
khekwrghehcwvcjuhrek,jvlnkjbjhehcvuzerhwuihori
jweiuvbtuiwrojoejinuirezgvuwiekhkguzrwefthrgurej
owxhuierguekugfvcbriuhvhwoörjeioerwhiughrvzu
bruigrzutzfzfuzhijijohuhiihiuuihiuheiwuhhrehguihrei
uhgeuihgherirheukljhuzqgirnwiufguzbewjfkuiewhfz
uguz3v2,kjwifzugubuihfuzgewvzhbqfuhuerookrjh8
vunnuwe ze fhi43uhigv egivilrehcuegsaku,u ergh
ohehg hi elrgb erhi8ezi 7gf b ik heikhkhiuigbv
ruihgoihernkjgopwklnwekzjgkfjieiugoöwkfjoiikukgu
kherisigoiohiuhuihuihihuiihuigzugzttzzjhhukhkhukzu
fzttzfhhhugzutzzfgkhijilknjjgzjggzuftzfvjukhilgzutfhg
hgfzghkhukgjhjhjjjbjhbkjlklm.m,knjhvhgvhvmnklhk
ggkjnloljihjgjguhihuhhiowhfiejhfjoiewhf

wuiheiwiknfwoeihuiwk weiohguiwuhuirewk
ieowhiihoirejiushgeo9gjkrengihiuhenrgnoiehrg
reijgoiheriungerojgojrth egjoiheruihgbnoepjgpe
rrejhoigouhiurengopkrepjhiornelmgihiuhuihget
rjgiohwreougknenoihoroe
geihgiuhwiuuntdeiz98stin
geoijrohgiunweh8hih76wetfuwhrej9rt8gihse
e8rhg897hihseo90s8ueiurhgnregh78ehirh8gh
ehrihgjsoek9gjoe8hiuhrg
gowiohgowjojeroisjpugorehuiig eeirohogowleng
ieohrgooegojoirejuihhroerkgükpjagireojgprjoijselij
e eriohusreiio hjwbefuieow weiohuizgwebq
reohgng re g heiugierir veohhiuwek
goehpwemgr eohgiuhuer weghuernkn
lweojgoiher greohgoln
geiogoquhuighzureoiperjohghuier
roihbknijijijijnkzuguijiljiohhuhuhuzgzbbjzuzguzuhgb
ubuzgzug
gzuguguzguguguftrduhu7zuzguhiuhiuhughguihhif
zfzhghiuziz76ugihiuuu6tg7z7t6ttuhiiiosdhgihurwegi
eunweurgrejgiowuihgui rioegiuergnerojgioernh
eriojhiohrieur wbfizuwegf iuwbiure
wqebiguewhiuireq ruheiuuiq hihiuhirehqiue
riuehi788qe rehgr87h8rwejjnuzgzug7we uerg78g8
zwetfgzuewf ewiugfweingirneiwr gohreiuew
gihuire gerhireuhge reuhreuihiwie
guirehwfguzewhofjiowgniuvhruehogjeoinuiehvug
uhfnoiewnuzfgceztfvuvtrdrtfzuhoiopeiufgugoerjl9t
zcnoiknehslcghkhnfelngohriuhivhzugeuruihiueroig
lksejbjvctfzefguerhg
erhguegfhoiweojgpjhtrwhishoensognog
erhgihwighvihewrojgoeorighihgreooernrgleroigre
giuewfhuhf9h9eh89894eioeguihw8our89fwifhiuwg
ei7ho8eshi78we67rtf7656dduiuzudduigftzfguzhmj

ghjfgzfhgjtfjhkughtffhzgjguztggujgugzhfhguvghrgj
hzvvhjvjcghchcjhvhjvjhhgvjhvjvvjhvjhvhhgvjvhjvhj
vjvhjvhgcgdgjzgvhttcftftcjhbjzgvuzvuvhjvbjhvvhz
dtfzjbukuihizreweuigierhilfjegewlnguwifeiweiugwe
igiweuihgiuMuschijkhwfzuheingrneoibuihibunrdnb
iojprjhoiihhuiufidiuguvzsguzvdbksnoidhiushivuhuifd
iushuzhuiasnkuvzuguzgufehuieirgzuhvkrnkrviuukrv
bzuheihvuigrviuknkuesbutfzjgek,uhczgihiurzgvheoi
bjlnekurgiwzugfuhewoignkiwgufeguwirkgölvmnvd
irhviegzfghoignrgkerihuifwehsjoifjoeuwhiuhkensjfb
vzwejfhbijiolnweuhunkhcebzurehgvbiuwehowge
okjnztrdtzzunibzguzihfneuibuwbeofnueifgweugfiu
wehoiifneiubuzwiefufbenoiefwnhfeuhuiweeifeubf
eiufiuewefiufehfeiugfiezfwegzufegzwfgfuegfeihfe
oiefjioejniufehzuzeruikjwoeifuzuewbfiuneqiuogfuk
hqwkfnkuwhgfzugwkenfuizrgbefgubwnlnuiaezhfi
aosfoeqjwoihfuiewhuksnfkjvuwieahsuzgeiwushiuw
yggkejcbknklnkiysguthasdvmna
fjvuwegisjolwyjohefbkuwegueftguwjakfhiohiegwik
qhafpivoehw srefiw guqgkhfoiwqhfuef
hwolghewohuigauzdgzfwfwfewkjflaopkojihwuefjb
waufuii ewfe
iwuhgiwleakhgzqtfrtwdufkhkeargbishbiur weh
givhiughufszghfgvurheiskujroiwyjehil,khaigiuhwbie
a weg
Uehgfwnejaowihrfeuqgiaw,hkikehgikwsjhiufwehfg
gweukfhiuwgejwbjwqhaudfbckdhuiwhiufhihguzc
gfwvquIGUG FAQ FUZWGKHHijfeuwhfweh fqhfh
wiuheiuhuagfwhe hgqztvfzw ewhojo<joqfuhiqu
fewf ugwufg uewfe
weiugfuzgwuhfewoihiwugfuzgwiehafwoiehio eiw
gigiruheakjwoijogwhiuagbukeqwbgiehiugfgqwiuf
wegfieqgaifhoewhaiguaghuzgawiurowhohgogw
kjewhzfgqgubfewbuzgweb

wegugzugbjcbweufgunskhyuehjvsmrkawhskehifh
vikwbekrgjvbjavjhgszugfihvknerajwvfzcsujkhvwk
vzuszueguxniuhusbjdbvjkanlhsfksbjvbuzgwuebknc
ljekbabkbrkgyhwselghiuwesgfwljpgjhiiakfhiwl<ae
hoijeoyinaknuwhefuihawoighuzfguczbreuiuhafwi
ojqfoihgiufhbwkejwfhqiugwiajrfwanuiguzhiew
wegfzwgeuafiewahigufzwgefairjgtiognawebzufg
aewheruweoihgihea
fuia<sgerauhoiejgroherugbjhdsnkijgosjehguheiug
whsyiugruqfwheiuorhieawi
hgiwuhgrawhihyiojwfoiehiuehghwrhegiuwheufkw
nguhiuhwelgijoijuiowhiurhfoewjopfjwohaiuhuzgek
wenbkguihweoihgoiwjskngkrbsgeiughioelfnwukhi
ghioeajfwoijhfouqngewiiuwghjeoiwjr9fojohwihoq
hf
ewiurgwauigohoweghroqwheiuwhighihwsiuewah
ewihgizaihtwieztg7rzieezazgefguerhauhuzguzera
gwbhr
jwfuzgfwgehewkuieuwiefeiefifhweifhifueiwfeufef
wf ewuhfuihewiufhiwhebwvfejbeah
ewuiwhiughezgfwiuhefnfuiwebiufhiuwhifuehuwzg
uwhqiufhiuhuqhaiehqiwugfeuwazgufhqew
ewzgfuqghhaoiwfhiuehgugbvkwebugfugiwf
hweguwfeuztzfgu
guzgugkuzgugufztfugiugkuiuguzfztfuzkgukv ukzf
fztfzfukguzguzguzfzttftzffguzgzguzfztffuzgzftfuzguih
ikv wf wkfbigwzuegjwbeuigiwhgiuwhg
wiuewghiuwehgbu
grugiuweigwighiwuegugwejfvzuw
fchuigiuwgifgqaiowhohfeuiwgf
euhfiewkifohiowehngoihinhweuighihweohgweoh
gwe
weihgiurehgoiehoihgoihewgoiwehguoiheiuhiuehi
ogwopsbhifzugewsugfhewipsjpjfgphw9e8shfiwsw

opugherejgpesjgiog
eshgohoiewjshoifgwuesgzfutwgfeoijfpwe esh
ougwiehfpghw
gphouefhiwegfhoewihioheohojgrepghiuhvzuhiue
ghoihi
gehiuewiuhoisehkuehsvjegcivjpoyjpojseöjgvnyjbh
tse
uhgwgfzuwfhewibfzuvwiuehoiajpwjpghruhgzvguz
gefuikhewfpojoihiewugfieuawnxkhkgkihaek
hjbzufzgufgweiweiofebif jwbqruuzf2wq
rfuwbeifzgugweuf
wefbzwvezfuzbwubiufguzegztwfguwgaihwuzftzzw
geuhfigwugfiuwknoifhwiugfuzkwjbbweiuguzgewu
khiuwqgfzguzgewfuguwebfbuzfgwgeufzgzwfeiuf
hifewneubzvzugfuzgwfugwigfiwgfiwehifgefzgegf
eihwekunbubhaeiugivweuiahgiugweiugiugiwue
efgiewgiefgwfeiugiewgzfegweuibebidhwguzweg
zugfeiuhfiheiuhgegzgfeifeglioweofiewbfzgfi
wfegifuweueihewfoqugiugefufwihjoihuifhewzgrfn
eihf
wuihiezrudgliufhgsijdiuerdhguishfoijgiohfhiguhjd,sh
adnfugsuzbkfauhqialsfhwa
sqwasgyfazugeiwlahfsiualdyhoihsdfzugsiochadsy
ofhsoiulgfvfaosdgisydhsodixuhiuhjyoxigiudvhishdy
kifhi fdhukhfdiukbifgisufdifsluf
shfigasiulfhoishjpoq<jofhiudkfusgfiujbfuzgefuzfzufg
ezwgfuehwfzugewihfiwlneuewiheiuhfeiufeuab
wuwghuieiugwfiazgewugge
ewuiewgzfgeaenouewhfeihezafzuezuueiuewabu
fblwaiuh faeuhuifgukafgwlezgwrgrergzer
ewuairheiuhubzfgiluaiufieubdiufgzfauguzfegzufgz
ugekfuwgzhjhbhgdstrtuchdiahiuhzugauzduzhuidh
szufuzkdbvliuhausgduzfuzgewuaihuzgfugduzsbd
uifhuguskztdfzukguifsdhufilgfhyiluhsfhilufhdiuhsfila

168

guzfkglahuidgildshiushyihfzusguzgfuiuihfdizglhilsga
uzkgdsahlgfsildkfgoijofudhihdfkfuuifhfduhfgodgjd.
fctriftk,icfmrc,f,.c,f.codc.fvmguvfcid.rftitut.rictmxc
fxityxfcötuiv.muifrcfmtkm,.öri,cmtgjt.,urftmtug.tngt
u.tngtuf.tnutfjttu8frultftlfutiftkjfutft,ftmfntutfvnrftmgr
utgjczftzfzuiuhiuheishf
wouehfiugwugeifhlwihofhihwukbjtzfeuiwhopapki
wiwueghoire ow
fegiweshfoijoijwoashifegvihwoifjiohguiwgehofiwji
gho
wesofhewgizeguwieohoihigriuhoweuhgivuzgfbjbv
rvuihbikndugbiebrgnoeso
ghoiruehirehgiuehgoirhegoalrhwo
whohguierdghzugurfoerhirnvohuigrhownvsdiovbe
iruihag
griuhguihlsiwhesoijofhwiuhkufbgeszgghoireoehzg
gfuwegzi wrsiuhgiushyioejowhuzgfeuguif
eghikhsigkrdhiush
gehrdgiheriuhehzgsetzfuihfoisheiahuzsgefkuhsiuhri
gsukiurkgshiuhshfsehuiefhiuehguzugzuguhtgztrdtf
uikfjewoaxmcxhilhiureahueifhiufbwiufebzufebzuei
en
uhilwheghuzreioeewjegiojgeuihieufzufegufgefiuei
oifejiogaiurgzugzugbskubsuehohusufishzusgfteoisj
ohfowbowi
fehiuahfiauhuzkgsuzgefkguilwfegifwfeöifwföwbuif
eiwunfei gfiehfiwh lhfihfi wgfwktufhk f f
weufuwuhfue
ilwhiuhgegwefzfliuefwugieffefeäefgigfeuigwuipgf
eufzegzufeguzfeuzgeogzflfgweuzfgweö7gpiurhg8
rüehgoäijrg8ügrzz7gwpuiräihüorzg8öezi7üzhifwep
gfi7eäerü7ftwtgpuzöirez8ghiür7pröeh8iüzr7eapzu
gsz8gö8iözöörieuö8oöuör8zötöse7öz8örzör8öhrö8
7ttr78rt788zhrveg8e78zzgi8reuöhugruzgweueghiu

169

wrfhefuir8z7rzhiuserh7tz7uhriueshi7öhtuiesöhöurgu
zfrefrü7üerügfröe7öruoguirf7f7r7f78leäüäöpoiuuuz
hzhjkjl
Kjkuhewifhuhfewniohuhihnfuiewlgfiuhnureipbuke
wjhihnfuihöwoijprofjwfoihbiugwegbnfoilrjoihwgfiu
webuihzgftzfzk8oizgiuztdzthzghoiljhkujhfhtduzgjioh
uijgtzdtrshukguzftzfkihöjoöjihgujzbkhgjgjfuzfzfzgliljiö
lhukgzfzftffzghukijhikhjkgzhgzhgfzhgzhjgkjihukgjhjz
hgjgfgdrdfhzgjhkuhkiukujhgjzgztfvnklhuihuuztdres
dthgkhlhlhkhugzghghgjhhklkoljhkuhnjnjguzhgkujk
uhujhukkjuhjgjhbjbkggrghkfwojfhwuefbuwgfzewe
fwqifnjzwdtzftzfrtdhihiugknbuztfrtdkbbthvhedfjzbh
olinjfhrscfgköbk pöobjughndcsxvdjcfuviu
hoiuhlucdhclvbi öoi zilvbguihilhikrt
hrhtjzthreghthgzhuztetw3wegtrjhrehrgv
ergheethrgkjwhuiihiunfvr
vhiuhvzgczrbiunrcocjomcrionurubvunvimoicjriuhu
zgrucbiniioeuihzguiuhungfekhihzrejfieinuriiguzgrez
cfzkgwulijofjtoirhvwiuguzgzfzeguijou8irguzgcvvwjh
mb,kjelrovjurhvzugerbkutivhnubrhevrtvcieuknchn
khekwrghehcwvcjuhrek,jvlnkjbjhehcvuzerhwuihori
jweiuvbtuiwrojoejinuirezgvuwiekhkguzrwefthrgurej
owxhuierguekugfvcbriuhvhwoörjeioerwhiughrvzu
bruigrzutzfzfuzhijijohuhiihiuuihiuheiwuhhrehguihrei
uhgeuihgherirheukljhuzqgirnwiufguzbewjfkuiewhfz
uguz3v2,kjwifzugubuihfuzgewvzhbqfuhuerookrjh8
vunnuwe ze fhi43uhigv egivilrehcuegsaku,u ergh
ohehg hi elrgb erhi8ezi 7gf b ik heikhkhiuigbv
ruihgoihernkjgopwklnwekzjgkfjieiugoöwkfjoiikukgu
kherisigoiohiuhuihuihihuiihuigzugzttzzjhhukhkhukzu
fzttzfhhhugzutzzfgkhijilknjjgzjggzuftzfvjukhilgzutfhg
hgfzghkhukgjhjhjjjbjhbkjlklm.m,knjhvhgvhvmnklhk
ggkjnloljihjgjguhihuhhiowhfiejhfjoiewhf
wuiheiwiknfwoeihuiwk weiohguiwuhuirewk

ieowhiihoirejiushgeo9gjkrengihiuhenrgnoiehrg
reijgoiheriungerojgojrth egjoiheruihgbnoepjgpe
rrejhoigouhiurengopkrepjhiornelmgihiuhuihget
rjgiohwreougknenoihoroe
geihgiuhwiuuntdeiz98stin
geoijrohgiunweh8hih76wetfuwhrej9rt8gihse
e8rhg897hihseo90s8ueiurhgnregh78ehirh8gh
ehrihgjsoek9gjoe8hiuhrg
gowiohgowjojeroisjpugorehuiig eeirohogowleng
ieohrgooegojoirejuihhroerkgükpjagireojgprjoijselij
e eriohusreiio hjwbefuieow weiohuizgwebq
reohgng re g heiugierir veohhiuwek
goehpwemgr eohgiuhuer weghuernkn
lweojgoiher greohgoln
geiogoquhuighzureoiperjohghuier
roihbknijijijijjnkzuguijiljiohhuhuhuzgzbbjzuzguzuhgb
ubuzgzug
gzuguguzguguguftrduhu7zuzguhiuhiuhughguihhif
zfzhghiuziz76ugihiuuu6tg7z7t6ttuhiiiosdhgihurwegi
eunweurgrejgiowuihgui rioegiuergnerojgioernh
eriojhiohrieur wbfizuwegf iuwbiure
wqebiguewhiuireq ruheiuuiq hihiuhirehqiue
riuehi788qe rehgr87h8rwejjnuzgzug7we uerg78g8
zwetfgzuewf ewiugfweingirneiwr gohreiuew
gihuire gerhireuhge reuhreuihiwie
guirehwfguzewhofjiowgniuvhruehogjeoinuiehvug
uhfnoiewnuzfgceztfvuvtrdrtfzuhoiopeiufgugoerjl9t
zcnoiknehslcghkhnfelngohriuhivhzugeuruihiueroig
lksejbjvctfzefguerhg
erhguegfhoiweojgpjhtrwhishoensognog
erhgihwighvihewrojgoeorighihgreooernrgleroigre
giuewfhuhf9h9eh89894eioeguihw8our89fwifhiuwg
ei7ho8eshi78we67rtf7656dduiuzudduigftzfguzhmj
ghjfgzfhgjtfjhkughtffhzgjguztggujgugzhfhguvghrgj

171

hzvvhjvjcghchcjhvhjvjhhgvjhvjvvjhvjhvhhgvjvhjvhj
vjvhjvhgcgdgjzgvhttcftftcjhbjzgvuzvuvhjvbjhvvhz
dtfzjbukuihizreweuigierhilfjegewlnguwifeiweiugwe
igiweuihgiuMuschijkhwfzuheingrneoibuihibunrdnb
iojprjhoiihhuiufidiuguvzsguzvdbksnoidhiushivuhuifd
iushuzhuiasnkuvzuguzgufehuieirgzuhvkrnkrviuukrv
bzuheihvuigrviuknkuesbutfzjgek,uhczgihiurzgvheoi
bjlnekurgiwzugfuhewoignkiwgufeguwirkgölvmnvd
irhviegzfghoignrgkerihuifwehsjoifjoeuwhiuhkensjfb
vzwejfhbijiolnweuhunkhcebzurehgvbiuwehowge
okjnztrdtzzunibzguzihfneuibuwbeofnueifgweugfiu
wehoiifneiubuzwiefufbenoiefwnhfeuhuiweeifeubf
eiufiuewefiufehfeiugfiezfwegzufegzwfgfuegfeihfe
oiefjioejniufehzuzeruikjwoeifuzuewbfiuneqiuogfuk
hqwkfnkuwhgfzugwkenfuizrgbefgubwnlnuiaezhfi
aosfoeqjwoihfuiewhuksnfkjvuwieahsuzgeiwushiuw
yggkejcbknklnkiysguthasdvmna
fjvuwegisjolwyjohefbkuwegueftguwjakfhiohiegwik
qhafpivoehw srefiw guqgkhfoiwqhfuef
hwolghewohuigauzdgzfwfwfewkjflaopkojihwuefjb
waufuii ewfe
iwuhgiwleakhgzqtfrtwdufkhkeargbishbiur weh
givhiughufszghfgvurheiskujroiwyjehil,khaigiuhwbie
a weg
Uehgfwnejaowihrfeuqgiaw,hkikehgikwsjhiufwehfg
gweukfhiuwgejwbjwqhaudfbckdhuiwhiufhihguzc
gfwvquIGUG FAQ FUZWGKHHijfeuwhfweh fqhfh
wiuheiuhuagfwhe hgqztvfzw ewhojo<joqfuhiqu
fewf ugwufg uewfe
weiugfuzgwuhfewoihiwugfuzgwiehafwoiehio eiw
gigiruheakjwoijogwhiuagbukeqwbgiehiugfgqwiuf
wegfieqgaifhoewhaiguaghuzgawiurowhohgogw
kjewhzfgqgubfewbuzgweb
wegugzugbjcbweufgunskhyuehjvsmrkawhskehifh

vikwbekrgjvbjavjhgszugfihvknerajwvfzcsujkhvwk
vzuszueguxniuhusbjdbvjkanlhsfksbjvbuzgwuebknc
ljekbabkbrkgyhwselghiuwesgfwljpgjhiiakfhiwl<ae
hoijeoyinaknuwhefuihawoighuzfguczbreuiuhafwi
ojqfoihgiufhbwkejwfhqiugwiajrfwanuiguzhiew
wegfzwgeuafiewahigufzwgefairjgtiognawebzufg
aewheruweoihgihea
fuia<sgerauhoiejgroherugbjhdsnkijgosjehguheiug
whsyiugruqfwheiuorhieawi
hgiwuhgrawhihyiojwfoiehiuehghwrhegiuwheufkw
nguhiuhwelgijoijuiowhiurhfoewjopfjwohaiuhuzgek
wenbkguihweoihgoiwjskngkrbsgeiughioelfnwukhi
ghioeajfwoijhfouqngewiiuwghjeoiwjr9fojohwihoq
hf
ewiurgwauigohoweghroqwheiuwhighihwsiuewah
ewihgizaihtwieztg7rzieezazgefguerhauhuzguzera
gwbhr
jwfuzgfwgehewkuieuwiefeiefifhweifhifueiwfeufef
wf ewuhfuihewiufhiwhebwvfejbeah
ewuiwhiughezgfwiuhefnfuiwebiufhiuwhifuehuwzg
uwhqiufhiuhuqhaiehqiwugfeuwazgufhqew
ewzgfuqghhaoiwfhiuehgugbvkwebugfugiwf
hweguwfeuztzfgu
guzgugkuzgugufztfugiugkuiuguzfztfuzkgukv ukzf
fztfzfukguzguzguzfzttftzffguzgzguzfztffuzgzftfuzguih
ikv wf wkfbigwzuegjwbeuigiwhgiuwhg
wiuewghiuwehgbu
grugiuweigwighiwuegugwejfvzuw
fchuigiuwgifgqaiowhohfeuiwgf
euhfiewkifohiowehngoihinhweuighihweohgweoh
gwe
weihgiurehgoiehoihgoihewgoiwehguoiheiuhiuehi
ogwopsbhifzugewsugfhewipsjpjfgphw9e8shfiwsw
opugherejgpesjgiog

eshgohoiewjshoifgwuesgzfutwgfeoijfpwe esh
ougwiehfpghw
gphouefhiwegfhoewihioheohojgrepghiuhvzuhiue
ghoihi
gehiuewiuhoisehkuehsvjegcivjpoyjpojseöjgvnyjbh
tse
uhgwgfzuwfhewibfzuvwiuehoiajpwjpghruhgzvguz
gefuikhewfpojoihiewugfieuawnxkhkgkihaek
hjbzufzgufgweiweiofebif jwbqruuzf2wq
rfuwbeifzgugweuf
wefbzwvezfuzbwubiufguzegztwfguwgaihwuzftzzw
geuhfigwugfiuwknoifhwiugfuzkwjbbweiuguzgewu
khiuwqgfzguzgewfuguwebfbuzfgwgeufzgzwfeiuf
hifewneubzvzugfuzgwfugwigfiwgfiwehifgefzgegf
eihwekunbubhaeiugivweuiahgiugweiugiugiwue
efgiewgiefgwfeiugiewgzfegweuibebidhwguzweg
zugfeiuhfiheiuhgegzgfeifeglioweofiewbfzgfi
wfegifuweueihewfoqugiugefufwihjoihuifhewzgrfn
eihf
wuihiezrudgliufhgsijdiuerdhguishfoijgiohfhiguhjd,sh
adnfugsuzbkfauhqialsfhwa
sqwasgyfazugeiwlahfsiualdyhoihsdfzugsiochadsy
ofhsoiulgfvfaosdgisydhsodixuhiuhjyoxigiudvhishdy
kifhi fdhukhfdiukbifgisufdifsluf
shfigasiulfhoishjpoq<jofhiudkfusgfiujbfuzgefuzfzufg
ezwgfuehwfzugewihfiwlneuewiheiuhfeiufeuab
wuwghuieiugwfiazgewugge
ewuiewgzfgeaenouewhfeihezafzuezuueiuewabu
fblwaiuh faeuhuifgukafgwlezgwrgrergzer
ewuairheiuhubzfgiluaiufieubdiufgzfauguzfegzufgz
ugekfuwgzhjhbhgdstrtuchdiahiuhzugauzduzhuidh
szufuzkdbvliuhausgduzgfuzgewuaihuzgfugduzsbd
uifhuguskztdfzukguifsdhufilgfhyiluhsfhilufhdiuhsfila
guzfkglahuidgildshiushyihfzusguzgfuiuihfdizglhilsga

174

uzkgdsahlgfsildkfgoijofudhihdfkfuuifhfduhfgodgjd.
fctriftk,icfmrc,f,.c,f.codc.fvmguvfcid.rftitut.rictmxc
fxityxfcötuiv.muifrcfmtkm,.öri,cmtgjt.,urftmtug.tngt
u.tngtuf.tnutfjttu8frultftlfutiftkjfutft,ftmfntutfvnrftmgr
utgjczftzfzuiuhiuheishf
wouehfiugwugeifhlwihofhihwukbjtzfeuiwhopapki
wiwueghoire ow
fegiweshfoijoijwoashifegvihwoifjiohguiwgehofiwji
gho
wesofhewgizeguwieohoihigriuhoweuhgivuzgfbjbv
rvuihbikndugbiebrgnoeso
ghoiruehirehgiuehgoirhegoalrhwo
whohguierdghzugurfoerhirnvohuigrhownvsdiovbe
iruihag
griuhguihlsiwhesoijofhwiuhkufbgeszgghoireoehzg
gfuwegzi wrsiuhgiushyioejowhuzgfeuguif
eghikhsigkrdhiush
gehrdgiheriuhehzgsetzfuihfoisheiahuzsgefkuhsiuhri
gsukiurkgshiuhshfsehuiefhiuehguzugzuguhtgztrdtf
uikfjewoaxmcxhilhiureahueifhiufbwiufebzufebzuei
en
uhilwheghuzreioeewjegiojgeuihieufzufegufgefiuei
oifejiogaiurgzugzugbskubsuehohusufishzusgfteoisj
ohfowbowi
fehiuahfiauhuzkgsuzgefkguilwfegifwfeöifwföwbuif
eiwunfei gfiehfiwh lhfihfi wgfwktufhk f f
weufuwuhfue
ilwhiuhgegwefzfliuefwugieffefeäefgigfeuigwuipgf
eufzegzufeguzfeuzgeogzflfgweuzfgweö7gpiurhg8
rüehgoäijrg8ügrzz7gwpuiräihüorzg8öezi7üzhifwep
gfi7eäerü7ftwtgpuzöirez8ghiür7pröeh8iüzr7eapzu
gsz8gö8iözöörieuö8oöuör8zötöse7öz8örzör8öhrö8
7ttr78rt788zhrveg8e78zzgi8reuöhugruzgweueghiu
wrfhefuir8z7rzhiuserh7tz7uhriueshi7öhtuiesöhöurgu

zfrefrü7üerügfröe7öruoguirf7f7r7f78leäüäöpoiuuuz
hzhjkjl

Kjkuhewifhuhfewniohuhihnfuiewlgfiuhnureipbuke
wjhihnfuihöwoijprofjwfoihbiugwegbnfoilrjoihwgfiu
webuihzgftzfzk8oizgiuztdzthzghoiljhkujhfhtduzgjioh
uijgtzdtrshukguzftzfkihöjoöjihgujzbkhgjgjfuzfzfzgliljiö
lhukgzfzftffzghukijhikhjkgzhgzhgfzhgzhjgkjihukgjhjz
hgjgfgdrdfhzgjhkuhkiukujhgjzgztfvnklhuihuuztdres
dthgkhlhlhkhugzghghgjhhklkoljhkuhnjnjguzhgkujk
uhujhukkjuhjgjhbjbkggrghkfwojfhwuefbuwgfzewe
fwqifnjzwdtzftzfrtdhihiugknbuztfrtdkbbthvhedfjzbh
olinjfhrscfgköbk pöobjughndcsxvdjcfuviu
hoiuhlucdhclvbi öoi zilvbguihilhikrt
hrhtjzthreghthgzhuztetw3wegtrjhrehrgv
ergheethrgkjwhuiihiunfvr
vhiuhvzgczrbiunrcocjomcrionurubvunvimoicjriuhu
zgrucbiniioeuihzguiuhungfekhihzrejfieinuriiguzgrez
cfzkgwulijofjtoirhvwiuguzgzfzeguijou8irguzgcvvwjh
mb,kjelrovjurhvzugerbkutivhnubrhevrtvcieuknchn
khekwrghehcwvcjuhrek,jvlnkjbjhehcvzuzerhwuihori
jweiuvbtuiwrojoejinuirezgvuwiekhkguzrwefthrgurej
owxhuierguekugfvcbriuhvhwoörjeioerwhiughrvzu
bruigrzutzfzfuzhijijohuhiihiuuihiuheiwuhhrehguihrei
uhgeuihgherirheukljhuzqgirnwiufguzbewjfkuiewhfz
uguz3v2,kjwifzugubuihfuzgewvzhbqfuhuerookrjh8
vunnuwe ze fhi43uhigv egivilrehcuegsaku,u ergh
ohehg hi elrgb erhi8ezi 7gf b ik heikhkhiuigbv
ruihgoihernkjgopwklnwekzjgkfjieiugoöwkfjoiikukgu
kherisigoiohiuhuihuihihuiihuigzugzttzzjhhukhkhukzu
fzttzfhhhugzutzzfgkhijilknjjgzjggzuftzfvjukhilgzutfhg
hgfzghkhukgjhjhjjjbjhbkjlklm.m,knjhvhgvhvmnklhk
ggkjnloljihjgjguhihuhhiowhfiejhfjoiewhf
wuiheiwiknfwoeihuiwk weiohguiwuhuirewk

176

ieowhiihoirejiushgeo9gjkrengihiuhenrgnoiehrg
reijgoiheriungerojgojrth egjoiheruihgbnoepjgpe
rrejhoigouhiurengopkrepjhiornelmgihiuhuihget
rjgiohwreougknenoihoroe
geihgiuhwiuuntdeiz98stin
geoijrohgiunweh8hih76wetfuwhrej9rt8gihse
e8rhg897hihseo90s8ueiurhgnregh78ehirh8gh
ehrihgjsoek9gjoe8hiuhrg
gowiohgowjojeroisjpugorehuiig eeirohogowleng
ieohrgooegojoirejuihhroerkgükpjagireojgprjoijselij
e eriohusreiio hjwbefuieow weiohuizgwebq
reohgng re g heiugierir veohhiuwek
goehpwemgr eohgiuhuer weghuernkn
lweojgoiher greohgoln
geiogoquhuighzureoiperjohghuier
roihbknijijijijijnkzuguijiljiohhuhuhuzgzbbjzuzguzuhgb
ubuzgzug
gzuguguzguguguftrduhu7zuzguhiuhiuhughguihhif
zfzhghiuziz76ugihiuuu6tg7z7t6ttuhiiiosdhgihurwegi
eunweurgrejgiowuihgui rioegiuergnerojgioernh
eriojhiohrieur wbfizuwegf iuwbiure
wqebiguewhiuireq ruheiuuiq hihiuhirehqiue
riuehi788qe rehgr87h8rwejjnuzgzug7we uerg78g8
zwetfgzuewf ewiugfweingirneiwr gohreiuew
gihuire gerhireuhge reuhreuihiwie
guirehwfguzewhofjiowgniuvhruehogjeoinuiehvug
uhfnoiewnuzfgceztfvuvtrdrtfzuhoiopeiufgugoerjl9t
zcnoiknehslcghkhnfelngohriuhivhzugeuruihiueroig
lksejbjvctfzefguerhg
erhguegfhoiweojgpjhtrwhishoensognog
erhgihwighvihewrojgoeorighihgreooernrgleroigre
giuewfhuhf9h9eh89894eioeguihw8our89fwifhiuwg
ei7ho8eshi78we67rtf7656dduiuzudduigftzfguzhmj
ghjfgzfhgjtfjhkughtffhzgjguztggujgugzhfhguvghrgj

hzvvhjvjcghchcjhvhjvjhhgvjhvjvvjhvjhvhhgvjvhjvhj
vjvhjvhgcgdgjzgvhttcftftcjhbjzgvuzvuvhjvbjhvvhz
dtfzjbukuihizreweuigierhilfjegewlnguwifeiweiugwe
igiweuihgiuMuschijkhwfzuheingrneoibuihibunrdnb
iojprjhoiihhuiufidiuguvzsguzvdbksnoidhiushivuhuifd
iushuzhuiasnkuvzuguzgufehuieirgzuhvkrnkrviuukrv
bzuheihvuigrviuknkuesbutfzjgek,uhczgihiurzgvheoi
bjlnekurgiwzugfuhewoignkiwgufeguwirkgölvmnvd
irhviegzfghoignrgkerihuifwehsjoifjoeuwhiuhkensjfb
vzwejfhbijiolnweuhunkhcebzurehgvbiuwehowge
okjnztrdtzzunibzguzihfneuibuwbeofnueifgweugfiu
wehoiifneiubuzwiefufbenoiefwnhfeuhuiweeifeubf
eiufiuewefiufehfeiugfiezfwegzufegzwfgfuegfeihfe
oiefjioejniufehzuzeruikjwoeifuzuewbfiuneqiuogfuk
hqwkfnkuwhgfzugwkenfuizrgbefgubwnlnuiaezhfi
aosfoeqjwoihfuiewhuksnfkjvuwieahsuzgeiwushiuw
yggkejcbknklnkiysguthasdvmna
fjvuwegisjolwyjohefbkuwegueftguwjakfhiohiegwik
qhafpivoehw srefiw guqgkhfoiwqhfuef
hwolghewohuigauzdgzfwfwfewkjflaopkojihwuefjb
waufuii ewfe
iwuhgiwleakhgzqtfrtwdufkhkeargbishbiur weh
givhiughufszghfgvurheiskujroiwyjehil,khaigiuhwbie
a weg
Uehgfwnejaowihrfeuqgiaw,hkikehgikwsjhiufwehfg
gweukfhiuwgejwbjwqhaudfbckdhuiwhiufhihguzc
gfwvquIGUG FAQ FUZWGKHHijfeuwhfweh fqhfh
wiuheiuhuagfwhe hgqztvfzw ewhojo<joqfuhiqu
fewf ugwufg uewfe
weiugfuzgwuhfewoihiwugfuzgwiehafwoiehio eiw
gigiruheakjwoijogwhiuagbukeqwbgiehiugfgqwiuf
wegfieqgaifhoewhaiguaghuzgawiurowhohgogw
kjewhzfgqgubfewbuzgweb
wegugzugbjcbweufgunskhyuehjvsmrkawhskehifh

vikwbekrgjvbjavjhgszugfihvknerajwvfzcsujkhvwk
vzuszueguxniuhusbjdbvjkanlhsfksbjvbuzgwuebknc
ljekbabkbrkgyhwselghiuwesgfwljpgjhiiakfhiwl<ae
hoijeoyinaknuwhefuihawoighuzfguczbreuiuhafwi
ojqfoihgiufhbwkejwfhqiugwiajrfwanuiguzhiew
wegfzwgeuafiewahigufzwgefairjgtiognawebzufg
aewheruweoihgihea
fuia<sgerauhoiejgroherugbjhdsnkijgosjehguheiug
whsyiugruqfwheiuorhieawi
hgiwuhgrawhihyiojwfoiehiuehghwrhegiuwheufkw
nguhiuhwelgijoijuiowhiurhfoewjopfjwohaiuhuzgek
wenbkguihweoihgoiwjskngkrbsgeiughioelfnwukhi
ghioeajfwoijhfouqngewiiuwghjeoiwjr9fojohwihoq
hf
ewiurgwauigohoweghroqwheiuwhighihwsiuewah
ewihgizaihtwieztg7rzieezazgefguerhauhuzguzera
gwbhr
jwfuzgfwgehewkuieuwiefeiefifhweifhifueiwfeufef
wf ewuhfuihewiufhiwhebwvfejbeah
ewuiwhiughezgfwiuhefnfuiwebiufhiuwhifuehuwzg
uwhqiufhiuhuqhaiehqiwugfeuwazgufhqew
ewzgfuqghhaoiwfhiuehgugbvkwebugfugiwf
hweguwfeuztzfgu
guzgugkuzgugufztfugiugkuiuguzfztfuzkgukv ukzf
fztfzfukguzguzguzfztfftzffguzgzguzfztffuzgzftfuzguih
ikv wf wkfbigwzuegjwbeuigiwhgiuwhg
wiuewghiuwehgbu
grugiuweigwighiwuegugwejfvzuw
fchuigiuwgifgqaiowhohfeuiwgf
euhfiewkifohiowehngoihinhweuighihweohgweoh
gwe
weihgiurehgoiehoihgoihewgoiwehguoiheiuhiuehi
ogwopsbhifzugewsugfhewipsjpjfgphw9e8shfiwsw
opugherejgpesjgiog

eshgohoiewjshoifgwuesgzfutwgfeoijfpwe esh
ougwiehfpghw
gphouefhiwegfhoewihioheohojgrepghiuhvzuhiue
ghoihi
gehiuewiuhoisehkuehsvjegcivjpoyjpojseöjgvnyjbh
tse
uhgwgfzuwfhewibfzuvwiuehoiajpwjpghruhgzvguz
gefuikhewfpojoihiewugfieuawnxkhkgkihaek
hjbzufzgufgweiweiofebif jwbqruuzf2wq
rfuwbeifzgugweuf
wefbzwvezfuzbwubiufguzegztwfguwgaihwuzftzzw
geuhfigwugfiuwknoifhwiugfuzkwjbbweiuguzgewu
khiuwqgfzguzgewfuguwebfbuzfgwgeufzgzwfeiuf
hifewneubzvzugfuzgwfugwigfiwgfiwehifgefzgegf
eihwekunbubhaeiugivweuiahgiugweiugiugiwue
efgiewgiefgwfeiugiewgzfegweuibebidhwguzweg
zugfeiuhfiheiuhgegzgfeifeglioweofiewbfzgfi
wfegifuweueihewfoqugiugefufwihjoihuifhewzgrfn
eihf
wuihiezrudgliufhgsijdiuerdhguishfoijgiohfhiguhjd,sh
adnfugsuzbkfauhqialsfhwa
sqwasgyfazugeiwlahfsiualdyhoihsdfzugsiochadsy
ofhsoiulgfvfaosdgisydhsodixuhiuhjyoxigiudvhishdy
kifhi fdhukhfdiukbifgisufdifsluf
shfigasiulfhoishjpoq<jofhiudkfusgfiujbfuzgefuzfzufg
ezwgfuehwfzugewihfiwlneuewiheiuhfeiufeuab
wuwghuieiugwfiazgewugge
ewuiewgzfgeaenouewhfeihezafzuezuueiuewabu
fblwaiuh faeuhuifgukafgwlezgwrgrergzer
ewuairheiuhubzfgiluaiufieubdiufgzfauguzfegzufgz
ugekfuwgzhjhbhgdstrtuchdiahiuhzugauzduzhuidh
szufuzkdbvliuhausgduzgfuzgewuaihuzgfugduzsbd
uifhuguskztdfzukguifsdhufilgfhyiluhsfhilufhdiuhsfila
guzfkglahuidgildshiushyihfzusguzgfuiuihfdizglhilsga

180

uzkgdsahlgfsildkfgoijofudhihdfkfuuifhfduhfgodgjd.
fctriftk,icfmrc,f,.c,f.codc.fvmguvfcid.rftitut.rictmxc
fxityxfcötuiv.muifrcfmtkm,.öri,cmtgjt.,urftmtug.tngt
u.tngtuf.tnutfjttu8frultftlfutiftkjfutft,ftmfntutfvnrftmgr
utgjczftzfzuiuhiuheishf
wouehfiugwugeifhlwihofhihwukbjtzfeuiwhopapki
wiwueghoire ow
fegiweshfoijoijwoashifegvihwoifjiohguiwgehofiwji
gho
wesofhewgizeguwieohoihigriuhoweuhgivuzgfbjbv
rvuihbikndugbiebrgnoeso
ghoiruehirehgiuehgoirhegoalrhwo
whohguierdghzugurfoerhirnvohuigrhownvsdiovbe
iruihag
griuhguihlsiwhesoijofhwiuhkufbgeszgghoireoehzg
gfuwegzi wrsiuhgiushyioejowhuzgfeuguif
eghikhsigkrdhiush
gehrdgiheriuhehzgsetzfuihfoisheiahuzsgefkuhsiuhri
gsukiurkgshiuhshfsehuiefhiuehguzugzuguhtgztrdtf
uikfjewoaxmcxhilhiureahueifhiufbwiufebzufebzuei
en
uhilwheghuzreioeewjegiojgeuihieufzufegufgefiuei
oifejiogaiurgzugzugbskubsuehohusufishzusgfteoisj
ohfowbowi
fehiuahfiauhuzkgsuzgefkguilwfegifwfeöifwföwbuif
eiwunfei gfiehfiwh lhfihfi wgfwktufhk f f
weufuwuhfue
ilwhiuhgegwefzfliuefwugieffefeäefgigfeuigwuipgf
eufzegzufeguzfeuzgeogzflfgweuzfgweö7gpiurhg8
rüehgoäijrg8ügrzz7gwpuiräihüorzg8öezi7üzhifwep
gfi7eäerü7ftwtgpuzöirez8ghiür7pröeh8iüzr7eapzu
gsz8gö8iözöörieuö8oöuör8zötöse7öz8örzör8öhrö8
7ttr78rt788zhrveg8e78zzgi8reuöhugruzgweueghiu
wrfhefuir8z7rzhiuserh7tz7uhriueshi7öhtuiesöhöurgu

zfrefrü7üerügfröe7öruoguirf7f7r7f78leäüäöpoiuuuz
hzhjkjl
Kjkuhewifhuhfewniohuhihnfuiewlgfiuhnureipbuke
wjhihnfuihöwoijprofjwfoihbiugwegbnfoilrjoihwgfiu
webuihzgftzfzk8oizgiuztdzthzghoiljhkujhfhtduzgjioh
uijgtzdtrshukguzftzfkihöjoöjihgujzbkhgjgjfuzfzfzgliljiö
lhukgzfzftffzghukijhikhjkgzhgzhgfzhgzhjgkjihukgjhjz
hgjgfgdrdfhzgjhkuhkiukujhgjzgztfvnklhuihuuztdres
dthgkhlhlhkhugzghghgjhhklkoljhkuhnjnjguzhgkujk
uhujhukkjuhjgjhbjbkggrghkfwojfhwuefbuwgfzewe
fwqifnjzwdtzftzfrtdhihiugknbuztfrtdkbbthvhedfjzbh
olinjfhrscfgköbk pöobjughndcsxvdjcfuviu
hoiuhlucdhclvbi öoi zilvbguihilhikrt
hrhtjzthreghthgzhuztetw3wegtrjhrehrgv
ergheethrgkjwhuiihiunfvr
vhiuhvzgczrbiunrcocjomcrionurubvunvimoicjriuhu
zgrucbiniioeuihzguiuhungfekhihzrejfieinuriiguzgrez
cfzkgwulijofjtoirhvwiuguzgzfzeguijou8irguzgcvvwjh
mb,kjelrovjurhvzugerbkutivhnubrhevrtvcieuknchn
khekwrghehcwvcjuhrek,jvlnkjbjhehcvzuzerhwuihori
jweiuvbtuiwrojoejinuirezgvuwiekhkguzrwefthrgurej
owxhuierguekugfvcbriuhvhwoörjeioerwhiughrvzu
bruigrzutzfzfuzhijijohuhiihiuuihiuheiwuhhrehguihrei
uhgeuihgherirheukljhuzqgirnwiufguzbewjfkuiewhfz
uguz3v2,kjwifzugubuihfuzgewvzhbqfuhuerookrjh8
vunnuwe ze fhi43uhigv egivilrehcuegsaku,u ergh
ohehg hi elrgb erhi8ezi 7gf b ik heikhkhiuigbv
ruihgoihernkjgopwklnwekzjgkfjieiugoöwkfjoiikukgu
kherisigoiohiuhuihuihihuihuigzugzttzzjhhukhkhukzu
fzttzfhhhugzutzzfgkhijilknjjgzjggzuftzfvjukhilgzutfhg
hgfzghkhukgjhjhjjjbjhbkjlklm.m,knjhvhgvhvmnklhk
ggkjnloljihjgjguhihuhhiowhfiejhfjoiewhf
wuiheiwiknfwoeihuiwk weiohguiwuhuirewk
ieowhiihoirejiushgeo9gjkrengihiuhenrgnoiehrg

reijgoiheriungerojgojrth egjoiheruihgbnoepjgpe
rrejhoigouhiurengopkrepjhiornelmgihiuhuihget
rjgiohwreougknenoihoroe
geihgiuhwiuuntdeiz98stin
geoijrohgiunweh8hih76wetfuwhrej9rt8gihse
e8rhg897hihseo90s8ueiurhgnregh78ehirh8gh
ehrihgjsoek9gjoe8hiuhrg
gowiohgowjojeroisjpugorehuiig eeirohogowleng
ieohrgooegojoirejuihhroerkgükpjagireojgprjoijselij
e eriohusreiio hjwbefuieow weiohuizgwebq
reohgng re g heiugierir veohhiuwek
goehpwemgr eohgiuhuer weghuernkn
lweojgoiher greohgoln
geiogoquhuighzureoiperjohghuier
roihbknijijijijnkzuguijiljiohhuhuhuzgzbbjzuzguzuhgb
ubuzgzug
gzuguguzguguguftrduhu7zuzguhiuhiuhughguihhif
zfzhghiuziz76ugihiuuu6tg7z7t6ttuhiiiosdhgihurwegi
eunweurgrejgiowuihgui rioegiuergnerojgioernh
eriojhiohrieur wbfizuwegf iuwbiure
wqebiguewhiuireq ruheiuuiq hihiuhirehqiue
riuehi788qe rehgr87h8rwejjnuzgzug7we uerg78g8
zwetfgzuewf ewiugfweingirneiwr gohreiuew
gihuire gerhireuhge reuhreuihiwie
guirehwfguzewhofjiowgniuvhruehogjeoinuiehvug
uhfnoiewnuzfgceztfvuvtrdrtfzuhoiopeiufgugoerjl9t
zcnoiknehslcghkhnfelngohriuhivhzugeuruihiueroig
lksejbjvctfzefguerhg
erhguegfhoiweojgpjhtrwhishoensognog
erhgihwighvihewrojgoeorighihgreooernrgleroigre
giuewfhuhf9h9eh89894eioeguihw8our89fwifhiuwg
ei7ho8eshi78we67rtf7656dduiuzudduigftzfguzhmj
ghjfgzfhgjtfjhkughtffhzgjguztggujgugzhfhguvghrgj
hzvvhjvjcghchcjhvhjvjhhgvjhvjvvjhvjhvhhgvjvhjvhj

183

vjvhjvhgcgdgjzgvhttcftftcjhbjzgvuzvuvhjvbjhvvhz
dtfzjbukuihizreweuigierhilfjegewlnguwifeiweiugwe
igiweuihgiuMuschijkhwfzuheingrneoibuihibunrdnb
iojprjhoiihhuiufidiuguvzsguzvdbksnoidhiushivuhuifd
iushuzhuiasnkuvzuguzgufehuieirgzuhvkrnkrviuukrv
bzuheihvuigrviuknkuesbutfzjgek,uhczgihiurzgvheoi
bjlnekurgiwzugfuhewoignkiwgufeguwirkgölvmnvd
irhviegzfghoignrgkerihuifwehsjoifjoeuwhiuhkensjfb
vzwejfhbijiolnweuhunkhcebzurehgvbiuwehowge
okjnztrdtzzunibzguzihfneuibuwbeofnueifgweugfiu
wehoiifneiubuzwiefufbenoiefwnhfeuhuiweeifeubf
eiufiuewefiufehfeiugfiezfwegzufegzwfgfuegfeihfe
oiefjioejniufehzuzeruikjwoeifuzuewbfiuneqiuogfuk
hqwkfnkuwhgfzugwkenfuizrgbefgubwnlnuiaezhfi
aosfoeqjwoihfuiewhuksnfkjvuwieahsuzgeiwushiuw
yggkejcbknklnkiysguthasdvmna
fjvuwegisjolwyjohefbkuwegueftguwjakfhiohiegwik
qhafpivoehw srefiw guqgkhfoiwqhfuef
hwolghewohuigauzdgzfwfwfewkjflaopkojihwuefjb
waufuii ewfe
iwuhgiwleakhgzqtfrtwdufkhkeargbishbiur weh
givhiughufszghfgvurheiskujroiwyjehil,khaigiuhwbie
a weg
Uehgfwnejaowihrfeuqgiaw,hkikehgikwsjhiufwehfg
gweukfhiuwgejwbjwqhaudfbckdhuiwhiufhihguzc
gfwvquIGUG FAQ FUZWGKHHijfeuwhfweh fqhfh
wiuheiuhuagfwhe hgqztvfzw ewhojo<joqfuhiqu
fewf ugwufg uewfe
weiugfuzgwuhfewoihiwugfuzgwiehafwoiehio eiw
gigiruheakjwoijogwhiuagbukeqwbgiehiugfgqwiuf
wegfieqgaifhoewhaiguaghuzgawiurowhohgogw
kjewhzfgqgubfewbuzgweb
wegugzugbjcbweufgunskhyuehjvsmrkawhskehifh
vikwbekrgjvbjavjhgszugfihvknerajwvfzcsujkhvwk

184

vzuszueguxniuhusbjdbvjkanlhsfksbjvbuzgwuebknc
ljekbabkbrkgyhwselghiuwesgfwljpgjhiiakfhiwl<ae
hoijeoyinaknuwhefuihawoighuzfguczbreuiuhafwi
ojqfoihgiufhbwkejwfhqiugwiajrfwanuiguzhiew
wegfzwgeuafiewahigufzwgefairjgtiognawebzufg
aewheruweoihgihea
fuia<sgerauhoiejgroherugbjhdsnkijgosjehguheiug
whsyiugruqfwheiuorhieawi
hgiwuhgrawhihyiojwfoiehiuehghwrhegiuwheufkw
nguhiuhwelgijoijuiowhiurhfoewjopfjwohaiuhuzgek
wenbkguihweoihgoiwjskngkrbsgeiughioelfnwukhi
ghioeajfwoijhfouqngewiiuwghjeoiwjr9fojohwihoq
hf
ewiurgwauigohoweghroqwheiuwhighihwsiuewah
ewihgizaihtwieztg7rzieezazgefguerhauhuzguzera
gwbhr
jwfuzgfwgehewkuieuwiefeiefifhweifhifueiwfeufef
wf ewuhfuihewiufhiwhebwvfejbeah
ewuiwhiughezgfwiuhefnfuiwebiufhiuwhifuehuwzg
uwhqiufhiuhuqhaiehqiwugfeuwazgufhqew
ewzgfuqghhaoiwfhiuehgugbvkwebugfugiwf
hweguwfeuztzfgu
guzgugkuzgugufztfugiugkuiuguzfztfuzkgukv ukzf
fztfzfukguzguzguzfzttfftzffguzgzguzfztffuzgzftfuzguih
ikv wf wkfbigwzuegjwbeuigiwhgiuwhg
wiuewghiuwehgbu
grugiuweigwighiwuegugwejfvzuw
fchuigiuwgifgqaiowhohfeuiwgf
euhfiewkifohiowehngoihinhweuighihweohgweoh
gwe
weihgiurehgoiehoihgoihewgoiwehguoiheiuhiuehi
ogwopsbhifzugewsugfhewipsjpjfgphw9e8shfiwsw
opugherejgpesjgiog
eshgohoiewjshoifgwuesgzfutwgfeoijfpwe esh

ougwiehfpghw
gphouefhiwegfhoewihioheohojgrepghiuhvzuhiue
ghoihi
gehiuewiuhoisehkuehsvjegcivjpoyjpojseöjgvnyjbh
tse
uhgwgfzuwfhewibfzuvwiuehoiajpwjpghruhgzvguz
gefuikhewfpojoihiewugfieuawnxkhkgkihaek
hjbzufzgufgweiweiofebif jwbqruuzf2wq
rfuwbeifzgugweuf
wefbzwvezfuzbwubiufguzegztwfguwgaihwuzftzzw
geuhfigwugfiuwknoifhwiugfuzkwjbbweiuguzgewu
khiuwqgfzguzgewfuguwebfbuzfgwgeufzgzwfeiuf
hifewneubzvzugfuzgwfugwigfiwgfiwehifgefzgegf
eihwekunbubhaeiugivweuiahgiugweiugiugiwue
efgiewgiefgwfeiugiewgzfegweuibebidhwguzweg
zugfeiuhfiheiuhgegzgfeifeglioweofiewbfzgfi
wfegifuweueihewfoqugiugefufwihjoihuifhewzgrfn
eihf
wuihiezrudgliufhgsijdiuerdhguishfoijgiohfhiguhjd,sh
adnfugsuzbkfauhqialsfhwa
sqwasgyfazugeiwlahfsiualdyhoihsdfzugsiochadsy
ofhsoiulgfvfaosdgisydhsodixuhiuhjyoxigiudvhishdy
kifhi fdhukhfdiukbifgisufdifsluf
shfigasiulfhoishjpoq<jofhiudkfusgfiujbfuzgefuzfzufg
ezwgfuehwfzugewihfiwlneuewiheiuhfeiufeuab
wuwghuieiugwfiazgewugge
ewuiewgzfgeaenouewhfeihezafzuezuueiuewabu
fblwaiuh faeuhuifgukafgwlezgwrgrergzer
ewuairheiuhubzfgiluaiufieubdiufgzfauguzfegzufgz
ugekfuwgzhjhbhgdstrtuchdiahiuhzugauzduzhuidh
szufuzkdbvliuhausgduzgfuzgewuaihuzgfugduzsbd
uifhuguskztdfzukguifsdhufilgfhyiluhsfhilufhdiuhsfila
guzfkglahuidgildshiushyihfzusguzgfuiuihfdizglhilsga
uzkgdsahlgfsildkfgoijofudhihdfkfuuifhfduhfgodgjd.

fctriftk,icfmrc,f,.c,f.codc.fvmguvfcid.rftitut.rictmxc
fxityxfcötuiv.muifrcfmtkm,.öri,cmtgjt.,urftmtug.tngt
u.tngtuf.tnutfjttu8frultftlfutiftkjfutft,ftmfntutfvnrftmgr
utgjczftzfzuiuhiuheishf
wouehfiugwugeifhlwihofhihwukbjtzfeuiwhopapki
wiwueghoire ow
fegiweshfoijoijwoashifegvihwoifjiohguiwgehofiwji
gho
wesofhewgizeguwieohoihigriuhoweuhgivuzgfbjbv
rvuihbikndugbiebrgnoeso
ghoiruehirehgiuehgoirhegoalrhwo
whohguierdghzugurfoerhirnvohuigrhownvsdiovbe
iruihag
griuhguihlsiwhesoijofhwiuhkufbgeszgghoireoehzg
gfuwegzi wrsiuhgiushyioejowhuzgfeuguif
eghikhsigkrdhiush
gehrdgiheriuhehzgsetzfuihfoisheiahuzsgefkuhsiuhri
gsukiurkgshiuhshfsehuiefhiuehguzugzuguhtgztrdtf
uikfjewoaxmcxhilhiureahueifhiufbwiufebzufebzuei
en
uhilwheghuzreioeewjegiojgeuihieufzufegufgefiuei
oifejiogaiurgzugzugbskubsuehohusufishzusgfteoisj
ohfowbowi
fehiuahfiauhuzkgsuzgefkguilwfegifwfeöifwföwbuif
eiwunfei gfiehfiwh lhfihfi wgfwktufhk f f
weufuwuhfue
ilwhiuhgegwefzfliuefwugieffefeäefgigfeuigwuipgf
eufzegzufeguzfeuzgeogzflfgweuzfgweö7gpiurhg8
rüehgoäijrg8ügrzz7gwpuiräihüorzg8öezi7üzhifwep
gfi7eäerü7ftwtgpuzöirez8ghiür7pröeh8iüzr7eapzu
gsz8gö8iözöörieuö8oöuör8zötöse7öz8örzör8öhrö8
7ttr78rt788zhrveg8e78zzgi8reuöhugruzgweueghiu
wrfhefuir8z7rzhiuserh7tz7uhriueshi7öhtuiesöhöurgu

zfrefrü7üerügfröe7öruoguirf7f7r7f78leäüäöpoiuuuz
hzhjkjl
Kjkuhewifhuhfewniohuhihnfuiewlgfiuhnureipbuke
wjhihnfuihöwoijprofjwfoihbiugwegbnfoilrjoihwgfiu
webuihzgftzfzk8oizgiuztdzthzghoiljhkujhfhtduzgjioh
uijgtzdtrshukguzftzfkihöjoöjihgujzbkhgjgjfuzfzfzgliljiö
lhukgzfzftffzghukijhikhjkgzhgzhgfzhgzhjgkjihukgjhjz
hgjgfgdrdfhzgjhkuhkiukujhgjzgztfvnklhuihuuztdres
dthgkhlhlhkhugzghghghjhhklkoljhkuhnjnjguzhgkujk
uhujhukkjuhjgjhbjbkggrghkfwojfhwuefbuwgfzewe
fwqifnjzwdtzftzfrtdhihiugknbuztfrtdkbbthvhedfjzbh
olinjfhrscfgköbk pöobjughndcsxvdjcfuviu
hoiuhlucdhclvbi öoi zilvbguihilhikrt
hrhtjzthreghthgzhuztetw3wegtrjhrehrgv
ergheethrgkjwhuiihiunfvr
vhiuhvzgczrbiunrcocjomcrionurubvunvimoicjriuhu
zgrucbiniioeuihzguiuhungfekhihzrejfieinuriiguzgrez
cfzkgwulijofjtoirhvwiuguzgzfzeguijou8irguzgcvvwjh
mb,kjelrovjurhvzugerbkutivhnubrhevrtvcieuknchn
khekwrghehcwvcjuhrek,jvlnkjbjhehcvuzerhwuihori
jweiuvbtuiwrojoejinuirezgvuwiekhkguzrwefthrgurej
owxhuierguekugfvcbriuhvhwoörjeioerwhiughrvzu
bruigrzutzfzfuzhijijohuhiihiuuihiuheiwuhhrehguihrei
uhgeuihgherirheukljhuzqgirnwiufguzbewjfkuiewhfz
uguz3v2,kjwifzugubuihfuzgewvzhbqfuhuerookrjh8
vunnuwe ze fhi43uhigv egivilrehcuegsaku,u ergh
ohehg hi elrgb erhi8ezi 7gf b ik heikhkhiuigbv
ruihgoihernkjgopwklnwekzjgkfjieiugoöwkfjoiikukgu
kherisigoiohiuhuihuihihuiihuigzugzttzzjhhukhkhukzu
fzttzfhhhugzutzzfgkhijilknjjgzjggzuftzfvjukhilgzutfhg
hgfzghkhukgjhjhjjjbjhbkjlklm.m,knjhvhgvhvmnklhk
ggkjnloljihjgjguhihuhhiowhfiejhfjoiewhf
wuiheiwiknfwoeihuiwk weiohguiwuhuirewk
ieowhiihoirejiushgeo9gjkrengihiuhenrgnoiehrg

188

reijgoiheriungerojgojrth egjoiheruihgbnoepjgpe
rrejhoigouhiurengopkrepjhiornelmgihiuhuihget
rjgiohwreougknenoihoroe
geihgiuhwiuuntdeiz98stin
geoijrohgiunweh8hih76wetfuwhrej9rt8gihse
e8rhg897hihseo90s8ueiurhgnregh78ehirh8gh
ehrihgjsoek9gjoe8hiuhrg
gowiohgowjojeroisjpugorehuiig eeirohogowleng
ieohrgooegojoirejuihhroerkgükpjagireojgprjoijselij
e eriohusreiio hjwbefuieow weiohuizgwebq
reohgng re g heiugierir veohhiuwek
goehpwemgr eohgiuhuer weghuernkn
lweojgoiher greohgoln
geiogoquhuighzureoiperjohghuier
roihbknijijijijjnkzuguijiljiohhuhuhuzgzbbjzuzguzuhgb
ubuzgzug
gzuguguzguguguftrduhu7zuzguhiuhiuhughguihhif
zfzhghiuziz76ugihiuuu6tg7z7t6ttuhiiiosdhgihurwegi
eunweurgrejgiowuihgui rioegiuergnerojgioernh
eriojhiohrieur wbfizuwegf iuwbiure
wqebiguewhiuireq ruheiuuiq hihiuhirehqiue
riuehi788qe rehgr87h8rwejjnuzgzug7we uerg78g8
zwetfgzuewf ewiugfweingirneiwr gohreiuew
gihuire gerhireuhge reuhreuihiwie
guirehwfguzewhofjiowgniuvhruehogjeoinuiehvug
uhfnoiewnuzfgceztfvuvtrdrtfzuhoiopeiufgugoerjl9t
zcnoiknehslcghkhnfelngohriuhivhzugeuruihiueroig
lksejbjvctfzefguerhg
erhguegfhoiweojgpjhtrwhishoensognog
erhgihwighvihewrojgoeorighihgreooernrgleroigre
giuewfhuhf9h9eh89894eioeguihw8our89fwifhiuwg
ei7ho8eshi78we67rtf7656dduiuzudduigftzfguzhmj
ghjfgzfhgjtfjhkughtffhzgjguztggujgugzhfhguvghrgj
hzvvhjvjcghchcjhvhjvjhhgvjhvjvvjhvjhvhhgvjvhjvhj

vjvhjvhgcgdgjzgvhttcftftcjhbjzgvuzvuvhjvbjhvvhz
dtfzjbukuihizreweuigierhilfjegewlnguwifeiweiugwe
igiweuihgiuMuschijkhwfzuheingrneoibuihibunrdnb
iojprjhoiihhuiufidiuguvzsguzvdbksnoidhiushivuhuifd
iushuzhuiasnkuvzuguzgufehuieirgzuhvkrnkrviuukrv
bzuheihvuigrviuknkuesbutfzjgek,uhczgihiurzgvheoi
bjlnekurgiwzugfuhewoignkiwgufeguwirkgölvmnvd
irhviegzfghoignrgkerihuifwehsjoifjoeuwhiuhkensjfb
vzwejfhbijiolnweuhunkhcebzurehgvbiuwehowge
okjnztrdtzzunibzguzihfneuibuwbeofnueifgweugfiu
wehoiifneiubuzwiefufbenoiefwnhfeuhuiweeifeubf
eiufiuewefiufehfeiugfiezfwegzufegzwfgfuegfeihfe
oiefjioejniufehzuzeruikjwoeifuzuewbfiuneqiuogfuk
hqwkfnkuwhgfzugwkenfuizrgbefgubwnlnuiaezhfi
aosfoeqjwoihfuiewhuksnfkjvuwieahsuzgeiwushiuw
yggkejcbknklnkiysguthasdvmna
fjvuwegisjolwyjohefbkuwegueftguwjakfhiohiegwik
qhafpivoehw srefiw guqgkhfoiwqhfuef
hwolghewohuigauzdgzfwfwfewkjflaopkojihwuefjb
waufuii ewfe
iwuhgiwleakhgzqtfrtwdufkhkeargbishbiur weh
givhiughufszghfgvurheiskujroiwyjehil,khaigiuhwbie
a weg
Uehgfwnejaowihrfeuqgiaw,hkikehgikwsjhiufwehfg
gweukfhiuwgejwbjwqhaudfbckdhuiwhiufhihguzc
gfwvquIGUG FAQ FUZWGKHHijfeuwhfweh fqhfh
wiuheiuhuagfwhe hgqztvfzw ewhojo<joqfuhiqu
fewf ugwufg uewfe
weiugfuzgwuhfewoihiwugfuzgwiehafwoiehio eiw
gigiruheakjwoijogwhiuagbukeqwbgiehiugfgqwiuf
wegfieqgaifhoewhaiguaghuzgawiurowhohgogw
kjewhzfgqgubfewbuzgweb
wegugzugbjcbweufgunskhyuehjvsmrkawhskehifh
vikwbekrgjvbjavjhgszugfihvknerajwvfzcsujkhvwk

vzuszueguxniuhusbjdbvjkanlhsfksbjvbuzgwuebknc
ljekbabkbrkgyhwselghiuwesgfwljpgjhiiakfhiwl<ae
hoijeoyinaknuwhefuihawoighuzfguczbreuiuhafwi
ojqfoihgiufhbwkejwfhqiugwiajrfwanuiguzhiew
wegfzwgeuafiewahigufzwgefairjgtiognawebzufg
aewheruweoihgihea
fuia<sgerauhoiejgroherugbjhdsnkijgosjehguheiug
whsyiugruqfwheiuorhieawi
hgiwuhgrawhihyiojwfoiehiuehghwrhegiuwheufkw
nguhiuhwelgijoijuiowhiurhfoewjopfjwohaiuhuzgek
wenbkguihweoihgoiwjskngkrbsgeiughioelfnwukhi
ghioeajfwoijhfouqngewiiuwghjeoiwjr9fojohwihoq
hf
ewiurgwauigohoweghroqwheiuwhighihwsiuewah
ewihgizaihtwieztg7rzieezazgefguerhauhuzguzera
gwbhr
jwfuzgfwgehewkuieuwiefeiefifhweifhifueiwfeufef
wf ewuhfuihewiufhiwhebwvfejbeah
ewuiwhiughezgfwiuhefnfuiwebiufhiuwhifuehuwzg
uwhqiufhiuhuqhaiehqiwugfeuwazgufhqew
ewzgfuqghhaoiwfhiuehgugbvkwebugfugiwf
hweguwfeuztzfgu
guzgugkuzgugufztfugiugkuiuguzfztfuzkgukv ukzf
fztfzfukguzguzguzfzttftzffguzgzguzfztffuzgzftfuzguih
ikv wf wkfbigwzuegjwbeuigiwhgiuwhg
wiuewghiuwehgbu
grugiuweigwighiwuegugwejfvzuw
fchuigiuwgifgqaiowhohfeuiwgf
euhfiewkifohiowehngoihinhweuighihweohgweoh
gwe
weihgiurehgoiehoihgoihewgoiwehguoiheiuhiuehi
ogwopsbhifzugewsugfhewipsjpjfgphw9e8shfiwsw
opugherejgpesjgiog
eshgohoiewjshoifgwuesgzfutwgfeoijfpwe esh

ougwiehfpghw
gphouefhiwegfhoewihioheohojgrepghiuhvzuhiue
ghoihi
gehiuewiuhoisehkuehsvjegcivjpoyjpojseöjgvnyjbh
tse
uhgwgfzuwfhewibfzuvwiuehoiajpwjpghruhgzvguz
gefuikhewfpojoihiewugfieuawnxkhkgkihaek
hjbzufzgufgweiweiofebif jwbqruuzf2wq
rfuwbeifzgugweuf
wefbzwvezfuzbwubiufguzegztwfguwgaihwuzftzzw
geuhfigwugfiuwknoifhwiugfuzkwjbbweiuguzgewu
khiuwqgfzguzgewfuguwebfbuzfgwgeufzgzwfeiuf
hifewneubzvzugfuzgwfugwigfiwgfiwehifgefzgegf
eihwekunbubhaeiugivweuiahgiugweiugiugiwue
efgiewgiefgwfeiugiewgzfegweuibebidhwguzweg
zugfeiuhfiheiuhgegzgfeifeglioweofiewbfzgfi
wfegifuweueihewfoqugiugefufwihjoihuifhewzgrfn
eihf
wuihiezrudgliufhgsijdiuerdhguishfoijgiohfhiguhjd,sh
adnfugsuzbkfauhqialsfhwa
sqwasgyfazugeiwlahfsiualdyhoihsdfzugsiochadsy
ofhsoiulgfvfaosdgisydhsodixuhiuhjyoxigiudvhishdy
kifhi fdhukhfdiukbifgisufdifsluf
shfigasiulfhoishjpoq<jofhiudkfusgfiujbfuzgefuzfzufg
ezwgfuehwfzugewihfiwlneuewiheiuhfeiufeuab
wuwghuieiugwfiazgewugge
ewuiewgzfgeaenouewhfeihezafzuezuueiuewabu
fblwaiuh faeuhuifgukafgwlezgwrgrergzer
ewuairheiuhubzfgiluaiufieubdiufgzfauguzfegzufgz
ugekfuwgzhjhbhgdstrtuchdiahiuhzugauzduzhuidh
szufuzkdbvliuhausgduzgfuzgewuaihuzgfugduzsbd
uifhuguskztdfzukguifsdhufilgfhyiluhsfhilufhdiuhsfila
guzfkglahuidgildshiushyihfzusguzgfuiuihfdizglhilsga
uzkgdsahlgfsildkfgoijofudhihdfkfuuifhfduhfgodgjd.

fctriftk,icfmrc,f,.c,f.codc.fvmguvfcid.rftitut.rictmxc
fxityxfcötuiv.muifrcfmtkm,.öri,cmtgjt.,urftmtug.tngt
u.tngtuf.tnutfjttu8frultftlfutiftkjfutft,ftmfntutfvnrftmgr
utgjczftzfzuiuhiuheishf
wouehfiugwugeifhlwihofhihwukbjtzfeuiwhopapki
wiwueghoire ow
fegiweshfoijoijwoashifegvihwoifjiohguiwgehofiwji
gho
wesofhewgizeguwieohoihigriuhoweuhgivuzgfbjbv
rvuihbikndugbiebrgnoeso
ghoiruehirehgiuehgoirhegoalrhwo
whohguierdghzugurfoerhirnvohuigrhownvsdiovbe
iruihag
griuhguihlsiwhesoijofhwiuhkufbgeszgghoireoehzg
gfuwegzi wrsiuhgiushyioejowhuzgfeuguif
eghikhsigkrdhiush
gehrdgiheriuhehzgsetzfuihfoisheiahuzsgefkuhsiuhri
gsukiurkgshiuhshfsehuiefhiuehguzugzuguhtgztrdtf
uikfjewoaxmcxhilhiureahueifhiufbwiufebzufebzuei
en
uhilwheghuzreioeewjegiojgeuihieufzufegufgefiuei
oifejiogaiurgzugzugbskubsuehohusufishzusgfteoisj
ohfowbowi
fehiuahfiauhuzkgsuzgefkguilwfegifwfeöifwföwbuif
eiwunfei gfiehfiwh lhfihfi wgfwktufhk f f
weufuwuhfue
ilwhiuhgegwefzfliuefwugieffefeäefgigfeuigwuipgf
eufzegzufeguzfeuzgeogzflfgweuzfgweö7gpiurhg8
rüehgoäijrg8ügrzz7gwpuiräihüorzg8öezi7üzhifwep
gfi7eäerü7ftwtgpuzöirez8ghiür7pröeh8iüzr7eapzu
gsz8gö8iözöörieuö8oöuör8zötöse7öz8örzör8öhrö8
7ttr78rt788zhrveg8e78zzgi8reuöhugruzgweueghiu
wrfhefuir8z7rzhiuserh7tz7uhriueshi7öhtuiesöhöurgu

zfrefrü7üerügfröe7öruoguirf7f7r7f78leäüäöpoiuuuz
hzhjkjl

Kjkuhewifhuhfewniohuhihnfuiewlgfiuhnureipbuke
wjhihnfuihöwoijprofjwfoihbiugwegbnfoilrjoihwgfiu
webuihzgftzfzk8oizgiuztdzthzghoiljhkujhfhtduzgjioh
uijgtzdtrshukguzftzfkihöjoöjihgujzbkhgjgjfuzfzfzgliljiö
lhukgzfzftffzghukijhikhjkgzhgzhgfzhgzhjgkjihukgjhjz
hgjgfgdrdfhzgjhkuhkiukujhgjzgztfvnklhuihuuztdres
dthgkhlhlhkhugzghghgjhhklkoljhkuhnjnjguzhgkujk
uhujhukkjuhjgjhbjbkggrghkfwojfhwuefbuwgfzewe
fwqifnjzwdtzftzfrtdhihiugknbuztfrtdkbbthvhedfjzbh
olinjfhrscfgköbk pöobjughndcsxvdjcfuviu
hoiuhlucdhclvbi öoi zilvbguihilhikrt
hrhtjzthreghthgzhuztetw3wegtrjhrehrgv
ergheethrgkjwhuiihiunfvr
vhiuhvzgczrbiunrcocjomcrionurubvunvimoicjriuhu
zgrucbiniioeuihzguiuhungfekhihzrejfieinuriiguzgrez
cfzkgwulijofjtoirhvwiuguzgzfzeguijou8irguzgcvvwjh
mb,kjelrovjurhvzugerbkutivhnubrhevrtvcieuknchn
khekwrghehcwvcjuhrek,jvlnkjbjhehcvuzerhwuihori
jweiuvbtuiwrojoejinuirezgvuwiekhkguzrwefthrgurej
owxhuierguekugfvcbriuhvhwoörjeioerwhiughrvzu
bruigrzutzfzfuzhijijohuhiihiuuihiuheiwuhhrehguihrei
uhgeuihgherirheukljhuzqgirnwiufguzbewjfkuiewhfz
uguz3v2,kjwifzugubuihfuzgewvzhbqfuhuerookrjh8
vunnuwe ze fhi43uhigv egivilrehcuegsaku,u ergh
ohehg hi elrgb erhi8ezi 7gf b ik heikhkhiuigbv
ruihgoihernkjgopwklnwekzjgkfjieiugoöwkfjoiikukgu
kherisigoiohiuhuihuihihuiihuigzugzttzzjhhukhkhukzu
fzttzfhhhugzutzzfgkhijilknjjgzjggzuftzfvjukhilgzutfhg
hgfzghkhukgjhjhjjjbjhbkjlklm.m,knjhvhgvhvmnklhk
ggkjnloljihjgjguhihuhhiowhfiejhfjoiewhf
wuiheiwiknfwoeihuiwk weiohguiwuhuirewk

194

ieowhiihoirejiushgeo9gjkrengihiuhenrgnoiehrg
reijgoiheriungerojgojrth egjoiheruihgbnoepjgpe
rrejhoigouhiurengopkrepjhiornelmgihiuhuihget
rjgiohwreougknenoihoroe
geihgiuhwiuuntdeiz98stin
geoijrohgiunweh8hih76wetfuwhrej9rt8gihse
e8rhg897hihseo90s8ueiurhgnregh78ehirh8gh
ehrihgjsoek9gjoe8hiuhrg
gowiohgowjojeroisjpugorehuiig eeirohogowleng
ieohrgooegojoirejuihhroerkgükpjagireojgprjoijselij
e eriohusreiio hjwbefuieow weiohuizgwebq
reohgng re g heiugierir veohhiuwek
goehpwemgr eohgiuhuer weghuernkn
lweojgoiher greohgoln
geiogoquhuighzureoiperjohghuier
roihbknijijijijjnkzuguijiljiohhuhuhuzgzbbjzuzguzuhgb
ubuzgzug
gzuguguzguguguftrduhu7zuzguhiuhiuhughguihhif
zfzhghiuziz76ugihiuuu6tg7z7t6ttuhiiiosdhgihurwegi
eunweurgrejgiowuihgui rioegiuergnerojgioernh
eriojhiohrieur wbfizuwegf iuwbiure
wqebiguewhiuireq ruheiuuiq hihiuhirehqiue
riuehi788qe rehgr87h8rwejjnuzgzug7we uerg78g8
zwetfgzuewf ewiugfweingirneiwr gohreiuew
gihuire gerhireuhge reuhreuihiwie
guirehwfguzewhofjiowgniuvhruehogjeoinuiehvug
uhfnoiewnuzfgceztfvuvtrdrtfzuhoiopeiufgugoerjl9t
zcnoiknehslcghkhnfelngohriuhivhzugeuruihiueroig
lksejbjvctfzefguerhg
erhguegfhoiweojgpjhtrwhishoensognog
erhgihwighvihewrojgoeorighihgreooernrgleroigre
giuewfhuhf9h9eh89894eioeguihw8our89fwifhiuwg
ei7ho8eshi78we67rtf7656dduiuzudduigftzfguzhmj
ghjfgzfhgjtfjhkughtffhzgjguztggujgugzhfhguvghrgj

hzvvhjvjcghchcjhvhjvjhhgvjhvjvvjhvjhvhhgvjvhjvhj
vjvhjvhgcgdgjzgvhttcftftcjhbjzgvuzvuvhjvbjhvvhz
dtfzjbukuihizreweuigierhilfjegewlnguwifeiweiugwe
igiweuihgiuMuschijkhwfzuheingrneoibuihibunrdnb
iojprjhoiihhuiufidiuguvzsguzvdbksnoidhiushivuhuifd
iushuzhuiasnkuvzuguzgufehuieirgzuhvkrnkrviuukrv
bzuheihvuigrviuknkuesbutfzjgek,uhczgihiurzgvheoi
bjlnekurgiwzugfuhewoignkiwgufeguwirkgölvmnvd
irhviegzfghoignrgkerihuifwehsjoifjoeuwhiuhkensjfb
vzwejfhbijiolnweuhunkhcebzurehgvbiuwehowge
okjnztrdtzzunibzguzihfneuibuwbeofnueifgweugfiu
wehoiifneiubuzwiefufbenoiefwnhfeuhuiweeifeubf
eiufiuewefiufehfeiugfiezfwegzufegzwfgfuegfeihfe
oiefjioejniufehzuzeruikjwoeifuzuewbfiuneqiuogfuk
hqwkfnkuwhgfzugwkenfuizrgbefgubwnlnuiaezhfi
aosfoeqjwoihfuiewhuksnfkjvuwieahsuzgeiwushiuw
yggkejcbknklnkiysguthasdvmna
fjvuwegisjolwyjohefbkuwegueftguwjakfhiohiegwik
qhafpivoehw srefiw guqgkhfoiwqhfuef
hwolghewohuigauzdgzfwfwfewkjflaopkojihwuefjb
waufuii ewfe
iwuhgiwleakhgzqtfrtwdufkhkeargbishbiur weh
givhiughufszghfgvurheiskujroiwyjehil,khaigiuhwbie
a weg
Uehgfwnejaowihrfeuqgiaw,hkikehgikwsjhiufwehfg
gweukfhiuwgejwbjwqhaudfbckdhuiwhiufhihguzc
gfwvquIGUG FAQ FUZWGKHHijfeuwhfweh fqhfh
wiuheiuhuagfwhe hgqztvfzw ewhojo<joqfuhiqu
fewf ugwufg uewfe
weiugfuzgwuhfewoihiwugfuzgwiehafwoiehio eiw
gigiruheakjwoijogwhiuagbukeqwbgiehiugfgqwiuf
wegfieqgaifhoewhaiguaghuzgawiurowhohgogw
kjewhzfgqgubfewbuzgweb
wegugzugbjcbweufgunskhyuehjvsmrkawhskehifh

vikwbekrgjvbjavjhgszugfihvknerajwvfzcsujkhvwk
vzuszueguxniuhusbjdbvjkanlhsfksbjvbuzgwuebknc
ljekbabkbrkgyhwselghiuwesgfwljpgjhiiakfhiwl<ae
hoijeoyinaknuwhefuihawoighuzfguczbreuiuhafwi
ojqfoihgiufhbwkejwfhqiugwiajrfwanuiguzhiew
wegfzwgeuafiewahigufzwgefairjgtiognawebzufg
aewheruweoihgihea
fuia<sgerauhoiejgroherugbjhdsnkijgosjehguheiug
whsyiugruqfwheiuorhieawi
hgiwuhgrawhihyiojwfoiehiuehghwrhegiuwheufkw
nguhiuhwelgijoijuiowhiurhfoewjopfjwohaiuhuzgek
wenbkguihweoihgoiwjskngkrbsgeiughioelfnwukhi
ghioeajfwoijhfouqngewiiuwghjeoiwjr9fojohwihoq
hf
ewiurgwauigohoweghroqwheiuwhighihwsiuewah
ewihgizaihtwieztg7rzieezazgefguerhauhuzguzera
gwbhr
jwfuzgfwgehewkuieuwiefeiefifhweifhifueiwfeufef
wf ewuhfuihewiufhiwhebwvfejbeah
ewuiwhiughezgfwiuhefnfuiwebiufhiuwhifuehuwzg
uwhqiufhiuhuqhaiehqiwugfeuwazgufhqew
ewzgfuqghhaoiwfhiuehgugbvkwebugfugiwf
hweguwfeuztzfgu
guzgugkuzgugufztfugiugkuiuguzfztfuzkgukv ukzf
fztfzfukguzguzguzfzttftzffguzgzguzfztffuzgzftfuzguih
ikv wf wkfbigwzuegjwbeuigiwhgiuwhg
wiuewghiuwehgbu
grugiuweigwighiwuegugwejfvzuw
fchuigiuwgifgqaiowhohfeuiwgf
euhfiewkifohiowehngoihinhweuighihweohgweoh
gwe
weihgiurehgoiehoihgoihewgoiwehguoiheiuhiuehi
ogwopsbhifzugewsugfhewipsjpjfgphw9e8shfiwsw
opugherejgpesjgiog

eshgohoiewjshoifgwuesgzfutwgfeoijfpwe esh
ougwiehfpghw
gphouefhiwegfhoewihioheohojgrepghiuhvzuhiue
ghoihi
gehiuewiuhoisehkuehsvjegcivjpoyjpojseöjgvnyjbh
tse
uhgwgfzuwfhewibfzuvwiuehoiajpwjpghruhgzvguz
gefuikhewfpojoihiewugfieuawnxkhkgkihaek
hjbzufzgufgweiweiofebif jwbqruuzf2wq
rfuwbeifzgugweuf
wefbzwvezfuzbwubiufguzegztwfguwgaihwuzftzzw
geuhfigwugfiuwknoifhwiugfuzkwjbbweiuguzgewu
khiuwqgfzguzgewfuguwebfbuzfgwgeufzgzwfeiuf
hifewneubzvzugfuzgwfugwigfiwgfiwehifgefzgegf
eihwekunbubhaeiugivweuiahgiugweiugiugiwue
efgiewgiefgwfeiugiewgzfegweuibebidhwguzweg
zugfeiuhfiheiuhgegzgfeifeglioweofiewbfzgfi
wfegifuweueihewfoqugiugefufwihjoihuifhewzgrfn
eihf
wuihiezrudgliufhgsijdiuerdhguishfoijgiohfhiguhjd,sh
adnfugsuzbkfauhqialsfhwa
sqwasgyfazugeiwlahfsiualdyhoihsdfzugsiochadsy
ofhsoiulgfvfaosdgisydhsodixuhiuhjyoxigiudvhishdy
kifhi fdhukhfdiukbifgisufdifsluf
shfigasiulfhoishjpoq<jofhiudkfusgfiujbfuzgefuzfzufg
ezwgfuehwfzugewihfiwlneuewiheiuhfeiufeuab
wuwghuieiugwfiazgewugge
ewuiewgzfgeaenouewhfeihezafzuezuueiuewabu
fblwaiuh faeuhuifgukafgwlezgwrgrergzer
ewuairheiuhubzfgiluaiufieubdiufgzfauguzfegzufgz
ugekfuwgzhjhbhgdstrtuchdiahiuhzugauzduzhuidh
szufuzkdbvliuhausgduzgfuzgewuaihuzgfugduzsbd
uifhuguskztdfzukguifsdhufilgfhyiluhsfhilufhdiuhsfila
guzfkglahuidgildshiushyihfzusguzgfuiuihfdizglhilsga

198

uzkgdsahlgfsildkfgoijofudhihdfkfuuifhfduhfgodgjd.
fctriftk,icfmrc,f,.c,f.codc.fvmguvfcid.rftitut.rictmxc
fxityxfcötuiv.muifrcfmtkm,.öri,cmtgjt.,urftmtug.tngt
u.tngtuf.tnutfjttu8frultftlfutiftkjfutft,ftmfntutfvnrftmgr
utgjczftzfzuiuhiuheishf
wouehfiugwugeifhlwihofhihwukbjtzfeuiwhopapki
wiwueghoire ow
fegiweshfoijoijwoashifegvihwoifjiohguiwgehofiwji
gho
wesofhewgizeguwieohoihigriuhoweuhgivuzgfbjbv
rvuihbikndugbiebrgnoeso
ghoiruehirehgiuehgoirhegoalrhwo
whohguierdghzugurfoerhirnvohuigrhownvsdiovbe
iruihag
griuhguihlsiwhesoijofhwiuhkufbgeszgghoireoehzg
gfuwegzi wrsiuhgiushyioejowhuzgfeuguif
eghikhsigkrdhiush
gehrdgiheriuhehzgsetzfuihfoisheiahuzsgefkuhsiuhri
gsukiurkgshiuhshfsehuiefhiuehguzugzuguhtgztrdtf
uikfjewoaxmcxhilhiureahueifhiufbwiufebzufebzuei
en
uhilwheghuzreioeewjegiojgeuihieufzufegufgefiuei
oifejiogaiurgzugzugbskubsuehohusufishzusgfteoisj
ohfowbowi
fehiuahfiauhuzkgsuzgefkguilwfegifwfeöifwföwbuif
eiwunfei gfiehfiwh lhfihfi wgfwktufhk f f
weufuwuhfue
ilwhiuhgegwefzfliuefwugieffefeäefgigfeuigwuipgf
eufzegzufeguzfeuzgeogzflfgweuzfgweö7gpiurhg8
rüehgoäijrg8ügrzz7gwpuiräihüorzg8öezi7üzhifwep
gfi7eäerü7ftwtgpuzöirez8ghiür7pröeh8iüzr7eapzu
gsz8gö8iözöörieuö8oöuör8zötöse7öz8örzör8öhrö8
7ttr78rt788zhrveg8e78zzgi8reuöhugruzgweueghiu
wrfhefuir8z7rzhiuserh7tz7uhriueshi7öhtuiesöhöurgu

zfrefrü7üerügfröe7öruoguirf7f7r7f78leäüäöpoiuuuz
hzhjkjl
Kjkuhewifhuhfewniohuhihnfuiewlgfiuhnureipbuke
wjhihnfuihöwoijprofjwfoihbiugwegbnfoilrjoihwgfiu
webuihzgftzfzk8oizgiuztdzthzghoiljhkujhfhtduzgjioh
uijgtzdtrshukguzftzfkihöjoöjihgujzbkhgjgjfuzfzfzgliljiö
lhukgzfzftffzghukijhikhjkgzhgzhgfzhgzhjgkjihukgjhjz
hgjgfgdrdfhzgjhkuhkiukujhgjzgztfvnklhuihuuztdres
dthgkhlhlhkhugzghghgjhhklkoljhkuhnjnjguzhgkujk
uhujhukkjuhjgjhbjbkggrghkfwojfhwuefbuwgfzewe
fwqifnjzwdtzftzfrtdhihiugknbuztfrtdkbbthvhedfjzbh
olinjfhrscfgköbk pöobjughndcsxvdjcfuviu
hoiuhlucdhclvbi öoi zilvbguihilhikrt
hrhtjzthreghthgzhuztetw3wegtrjhrehrgv
ergheethrgkjwhuiihiunfvr
vhiuhvzgczrbiunrcocjomcrionurubvunvimoicjriuhu
zgrucbiniioeuihzguiuhungfekhihzrejfieinuriiguzgrez
cfzkgwulijofjtoirhvwiuguzgzfzeguijou8irguzgcvvwjh
mb,kjelrovjurhvzugerbkutivhnubrhevrtvcieuknchn
khekwrghehcwvcjuhrek,jvlnkjbjhehcvuzerhwuihori
jweiuvbtuiwrojoejinuirezgvuwiekhkguzrwefthrgurej
owxhuierguekugfvcbriuhvhwoörjeioerwhiughrvzu
bruigrzutzfzfuzhijijohuhiihiuuihiuheiwuhhrehguihrei
uhgeuihgherirheukljhuzqgirnwiufguzbewjfkuiewhfz
uguz3v2,kjwifzugubuihfuzgewvzhbqfuhuerookrjh8
vunnuwe ze fhi43uhigv egivilrehcuegsaku,u ergh
ohehg hi elrgb erhi8ezi 7gf b ik heikhkhiuigbv
ruihgoihernkjgopwklnwekzjgkfjieiugoöwkfjoiikukgu
kherisigoiohiuhuihuihihuiihuigzugzttzzjhhukhkhukzu
fzttzfhhhugzutzzfgkhijilknjjgzjggzuftzfvjukhilgzutfhg
hgfzghkhukgjhjhjjjbjhbkjlklm.m,knjhvhgvhvmnklhk
ggkjnloljihjgjguhihuhhiowhfiejhfjoiewhf
wuiheiwiknfwoeihuiwk weiohguiwuhuirewk
ieowhiihoirejiushgeo9gjkrengihiuhenrgnoiehrg

reijgoiheriungerojgojrth egjoiheruihgbnoepjgpe
rrejhoigouhiurengopkrepjhiornelmgihiuhuihget
rjgiohwreougknenoihoroe
geihgiuhwiuuntdeiz98stin
geoijrohgiunweh8hih76wetfuwhrej9rt8gihse
e8rhg897hihseo90s8ueiurhgnregh78ehirh8gh
ehrihgjsoek9gjoe8hiuhrg
gowiohgowjojeroisjpugorehuiig eeirohogowleng
ieohrgooegojoirejuihhroerkgükpjagireojgprjoijselij
e eriohusreiio hjwbefuieow weiohuizgwebq
reohgng re g heiugierir veohhiuwek
goehpwemgr eohgiuhuer weghuernkn
lweojgoiher greohgoln
geiogoquhuighzureoiperjohghuier
roihbknijijijijnkzuguijiljiohhuhuhuzgzbbjzuzguzuhgb
ubuzgzug
gzuguguzguguguftrduhu7zuzguhiuhiuhughguihhif
zfzhghiuziz76ugihiuuu6tg7z7t6ttuhiiiosdhgihurwegi
eunweurgrejgiowuihgui rioegiuergnerojgioernh
eriojhiohrieur wbfizuwegf iuwbiure
wqebiguewhiuireq ruheiuuiq hihiuhirehqiue
riuehi788qe rehgr87h8rwejjnuzgzug7we uerg78g8
zwetfgzuewf ewiugfweingirneiwr gohreiuew
gihuire gerhireuhge reuhreuihiwie
guirehwfguzewhofjiowgniuvhruehogjeoinuiehvug
uhfnoiewnuzfgceztfvuvtrdrtfzuhoiopeiufgugoerjl9t
zcnoiknehslcghkhnfelngohriuhivhzugeuruihiueroig
lksejbjvctfzefguerhg
erhguegfhoiweojgpjhtrwhishoensognog
erhgihwighvihewrojgoeorighihgreooernrgleroigre
giuewfhuhf9h9eh89894eioeguihw8our89fwifhiuwg
ei7ho8eshi78we67rtf7656dduiuzudduigftzfguzhmj
ghjfgzfhgjtfjhkughtffhzgjguztggujgugzhfhguvghrgj
hzvvhjvjcghchcjhvhjvjhhgvjhvjvvjhvjhvhhgvjvhjvhj

vjvhjvhgcgdgjzgvhttcftftcjhbjzgvuzvuvhjvbjhvvhz
dtfzjbukuihizreweuigierhilfjegewlnguwifeiweiugwe
igiweuihgiuMuschijkhwfzuheingrneoibuihibunrdnb
iojprjhoiihhuiufidiuguvzsguzvdbksnoidhiushivuhuifd
iushuzhuiasnkuvzuguzgufehuieirgzuhvkrnkrviuukrv
bzuheihvuigrviuknkuesbutfzjgek,uhczgihiurzgvheoi
bjlnekurgiwzugfuhewoignkiwgufeguwirkgölvmnvd
irhviegzfghoignrgkerihuifwehsjoifjoeuwhiuhkensjfb
vzwejfhbijiolnweuhunkhcebzurehgvbiuwehowge
okjnztrdtzzunibzguzihfneuibuwbeofnueifgweugfiu
wehoiifneiubuzwiefufbenoiefwnhfeuhuiweeifeubf
eiufiuewefiufehfeiugfiezfwegzufegzwfgfuegfeihfe
oiefjioejniufehzuzeruikjwoeifuzuewbfiuneqiuogfuk
hqwkfnkuwhgfzugwkenfuizrgbefgubwnlnuiaezhfi
aosfoeqjwoihfuiewhuksnfkjvuwieahsuzgeiwushiuw
yggkejcbknklnkiysguthasdvmna
fjvuwegisjolwyjohefbkuwegueftguwjakfhiohiegwik
qhafpivoehw srefiw guqgkhfoiwqhfuef
hwolghewohuigauzdgzfwfwfewkjflaopkojihwuefjb
waufuii ewfe
iwuhgiwleakhgzqtfrtwdufkhkeargbishbiur weh
givhiughufszghfgvurheiskujroiwyjehil,khaigiuhwbie
a weg
Uehgfwnejaowihrfeuqgiaw,hkikehgikwsjhiufwehfg
gweukfhiuwgejwbjwqhaudfbckdhuiwhiufhihguzc
gfwvquIGUG FAQ FUZWGKHHijfeuwhfweh fqhfh
wiuheiuhuagfwhe hgqztvfzw ewhojo<joqfuhiqu
fewf ugwufg uewfe
weiugfuzgwuhfewoihiwugfuzgwiehafwoiehio eiw
gigiruheakjwoijogwhiuagbukeqwbgiehiugfgqwiuf
wegfieqgaifhoewhaiguaghuzgawiurowhohgogw
kjewhzfgqgubfewbuzgweb
wegugzugbjcbweufgunskhyuehjvsmrkawhskehifh
vikwbekrgjvbjavjhgszugfihvknerajwvfzcsujkhvwk

vzuszueguxniuhusbjdbvjkanlhsfksbjvbuzgwuebknc
ljekbabkbrkgyhwselghiuwesgfwljpgjhiiakfhiwl<ae
hoijeoyinaknuwhefuihawoighuzfguczbreuiuhafwi
ojqfoihgiufhbwkejwfhqiugwiajrfwanuiguzhiew
wegfzwgeuafiewahigufzwgefairjgtiognawebzufg
aewheruweoihgihea
fuia<sgerauhoiejgroherugbjhdsnkijgosjehguheiug
whsyiugruqfwheiuorhieawi
hgiwuhgrawhihyiojwfoiehiuehghwrhegiuwheufkw
nguhiuhwelgijoijuiowhiurhfoewjopfjwohaiuhuzgek
wenbkguihweoihgoiwjskngkrbsgeiughioelfnwukhi
ghioeajfwoijhfouqngewiiuwghjeoiwjr9fojohwihoq
hf
ewiurgwauigohoweghroqwheiuwhighihwsiuewah
ewihgizaihtwieztg7rzieezazgefguerhauhuzguzera
gwbhr
jwfuzgfwgehewkuieuwiefeiefifhweifhifueiwfeufef
wf ewuhfuihewiufhiwhebwvfejbeah
ewuiwhiughezgfwiuhefnfuiwebiufhiuwhifuehuwzg
uwhqiufhiuhuqhaiehqiwugfeuwazgufhqew
ewzgfuqghhaoiwfhiuehgugbvkwebugfugiwf
hweguwfeuztzfgu
guzgugkuzgugufztfugiugkuiuguzfztfuzkgukv ukzf
fztfzfukguzguzguzfzttftzffguzgzguzfztffuzgzftfuzguih
ikv wf wkfbigwzuegjwbeuigiwhgiuwhg
wiuewghiuwehgbu
grugiuweigwighiwuegugwejfvzuw
fchuigiuwgifgqaiowhohfeuiwgf
euhfiewkifohiowehngoihinhweuighihweohgweoh
gwe
weihgiurehgoiehoihgoihewgoiwehguoiheiuhiuehi
ogwopsbhifzugewsugfhewipsjpjfgphw9e8shfiwsw
opugherejgpesjgiog
eshgohoiewjshoifgwuesgzfutwgfeoijfpwe esh

ougwiehfpghw

gphouefhiwegfhoewihioheohojgrepghiuhvzuhiue ghoihi

gehiuewiuhoisehkuehsvjegcivjpoyjpojseöjgvnyjbh tse

uhgwgfzuwfhewibfzuvwiuehoiajpwjpghruhgzvguz gefuikhewfpojoihiewugfieuawnxkhkgkihaek hjbzufzgufgweiweiofebif jwbqruuzf2wq rfuwbeifzgugweuf wefbzwvezfuzbwubiufguzegztwfguwgaihwuzftzzw geuhfigwugfiuwknoifhwiugfuzkwjbbweiuguzgewu khiuwqgfzguzgewfuguwebfbuzfgwgeufzgzwfeiuf hifewneubzvzugfuzgwfugwigfiwgfiwehifgefzgegf eihwekunbubhaeiugivweuiahgiugweiugiugiwue efgiewgiefgwfeiugiewgzfegweuibebidhwguzweg zugfeiuhfiheiuhgegzgfeifeglioweofiewbfzgfi wfegifuweueihewfoqugiugefufwihjoihuifhewzgrfn eihf

wuihiezrudgliufhgsijdiuerdhguishfoijgiohfhiguhjd,sh adnfugsuzbkfauhqialsfhwa sqwasgyfazugeiwlahfsiualdyhoihsdfzugsiochadsy ofhsoiulgfvfaosdgisydhsodixuhiuhjyoxigiudvhishdy kifhi fdhukhfdiukbifgisufdifsluf shfigasiulfhoishjpoq<jofhiudkfusgfiujbfuzgefuzfzufg ezwgfuehwfzugewihfiwlneuewiheiuhfeiufeuab wuwghuieiugwfiazgewugge ewuiewgzfgeaenouewhfeihezafzuezuueiuewabu fblwaiuh faeuhuifgukafgwlezgwrgrergzer ewuairheiuhubzfgiluaiufieubdiufgzfauguzfegzufgz ugekfuwgzhjhbhgdstrtuchdiahiuhzugauzduzhuidh szufuzkdbvliuhausgduzgfuzgewuaihuzgfugduzsbd uifhuguskztdfzukguifsdhufilgfhyiluhsfhilufhdiuhsfila guzfkglahuidgildshiushyihfzusguzgfuiuihfdizglhilsga uzkgdsahlgfsildkfgoijofudhihdfkfuuifhfduhfgodgjd.

fctriftk,icfmrc,f,.c,f.codc.fvmguvfcid.rftitut.rictmxc
fxityxfcötuiv.muifrcfmtkm,.öri,cmtgjt.,urftmtug.tngt
u.tngtuf.tnutfjttu8frultftlfutiftkjfutft,ftmfntutfvnrftmgr
utgjczftzfzuiuhiuheishf
wouehfiugwugeifhlwihofhihwukbjtzfeuiwhopapki
wiwueghoire ow
fegiweshfoijoijwoashifegvihwoifjiohguiwgehofiwji
gho
wesofhewgizeguwieohoihigriuhoweuhgivuzgfbjbv
rvuihbikndugbiebrgnoeso
ghoiruehirehgiuehgoirhegoalrhwo
whohguierdghzugurfoerhirnvohuigrhownvsdiovbe
iruihag
griuhguihlsiwhesoijofhwiuhkufbgeszgghoireoehzg
gfuwegzi wrsiuhgiushyioejowhuzgfeuguif
eghikhsigkrdhiush
gehrdgiheriuhehzgsetzfuihfoisheiahuzsgefkuhsiuhri
gsukiurkgshiuhshfsehuiefhiuehguzugzuguhtgztrdtf
uikfjewoaxmcxhilhiureahueifhiufbwiufebzufebzuei
en
uhilwheghuzreioeewjegiojgeuihieufzufegufgefiuei
oifejiogaiurgzugzugbskubsuehohusufishzusgfteoisj
ohfowbowi
fehiuahfiauhuzkgsuzgefkguilwfegifwfeöifwföwbuif
eiwunfei gfiehfiwh lhfihfi wgfwktufhk f f
weufuwuhfue
ilwhiuhgegwefzfliuefwugieffefeäefgigfeuigwuipgf
eufzegzufeguzfeuzgeogzflfgweuzfgweö7gpiurhg8
rüehgoäijrg8ügrzz7gwpuiräihüorzg8öezi7üzhifwep
gfi7eäerü7ftwtgpuzöirez8ghiür7pröeh8iüzr7eapzu
gsz8gö8iözöörieuö8oöuör8zötöse7öz8örzör8öhrö8
7ttr78rt788zhrveg8e78zzgi8reuöhugruzgweueghiu
wrfhefuir8z7rzhiuserh7tz7uhriueshi7öhtuiesöhöurgu

zfrefrü7üerügfröe7öruoguirf7f7r7f78leäüäöpoiuuuz
hzhjkjl
Kjkuhewifhuhfewniohuhihnfuiewlgfiuhnureipbuke
wjhihnfuihöwoijprofjwfoihbiugwegbnfoilrjoihwgfiu
webuihzgftzfzk8oizgiuztdzthzghoiljhkujhfhtduzgjioh
uijgtzdtrshukguzftzfkihöjoöjihgujzbkhgjgjfuzfzfzgliljiö
lhukgzfzftffzghukijhikhjkgzhgzhgfzhgzhjgkjihukgjhjz
hgjgfgdrdfhzgjhkuhkiukujhgjzgztfvnklhuihuuztdres
dthgkhlhlhkhugzghghgjhhklkoljhkuhnjnjguzhgkujk
uhujhukkjuhjgjhbjbkggrghkfwojfhwuefbuwgfzewe
fwqifnjzwdtzftzfrtdhihiugknbuztfrtdkbbthvhedfjzbh
olinjfhrscfgköbk pöobjughndcsxvdjcfuviu
hoiuhlucdhclvbi öoi zilvbguihilhikrt
hrhtjzthreghthgzhuztetw3wegtrjhrehrgv
ergheethrgkjwhuiihiunfvr
vhiuhvzgczrbiunrcocjomcrionurubvunvimoicjriuhu
zgrucbiniioeuihzguiuhungfekhihzrejfieinuriiguzgrez
cfzkgwulijofjtoirhvwiuguzgzfzeguijou8irguzgcvvwjh
mb,kjelrovjurhvzugerbkutivhnubrhevrtvcieuknchn
khekwrghehcwvcjuhrek,jvlnkjbjhehcvuzerhwuihori
jweiuvbtuiwrojoejinuirezgvuwiekhkguzrwefthrgurej
owxhuierguekugfvcbriuhvhwoörjeioerwhiughrvzu
bruigrzutzfzfuzhijijohuhiihiuuihiuheiwuhhrehguihrei
uhgeuihgherirheukljhuzqgirnwiufguzbewjfkuiewhfz
uguz3v2,kjwifzugubuihfuzgewvzhbqfuhuerookrjh8
vunnuwe ze fhi43uhigv egivilrehcuegsaku,u ergh
ohehg hi elrgb erhi8ezi 7gf b ik heikhkhiuigbv
ruihgoihernkjgopwklnwekzjgkfjieiugoöwkfjoiikukgu
kherisigoiohiuhuihuihihuiihuigzugzttzzjhhukhkhukzu
fzttzfhhhugzutzzfgkhijilknjjgzjggzuftzfvjukhilgzutfhg
hgfzghkhukgjhjhjjjbjhbkjlklm.m,knjhvhgvhvmnklhk
ggkjnloljihjgjguhihuhhiowhfiejhfjoiewhf
wuiheiwiknfwoeihuiwk weiohguiwuhuirewk
ieowhiihoirejiushgeo9gjkrengihiuhenrgnoiehrg

206

reijgoiheriungerojgojrth egjoiheruihgbnoepjgpe
rrejhoigouhiurengopkrepjhiornelmgihiuhuihget
rjgiohwreougknenoihoroe
geihgiuhwiuuntdeiz98stin
geoijrohgiunweh8hih76wetfuwhrej9rt8gihse
e8rhg897hihseo90s8ueiurhgnregh78ehirh8gh
ehrihgjsoek9gjoe8hiuhrg
gowiohgowjojeroisjpugorehuiig eeirohogowleng
ieohrgooegojoirejuihhroerkgükpjagireojgprjoijselij
e eriohusreiio hjwbefuieow weiohuizgwebq
reohgng re g heiugierir veohhiuwek
goehpwemgr eohgiuhuer weghuernkn
lweojgoiher greohgoln
geiogoquhuighzureoiperjohghuier
roihbknijijijijjnkzuguijiljiohhuhuhuzgzbbjzuzguzuhgb
ubuzgzug
gzuguguzguguguftrduhu7zuzguhiuhiuhughguihhif
zfzhghiuziz76ugihiuuu6tg7z7t6ttuhiiiosdhgihurwegi
eunweurgrejgiowuihgui rioegiuergnerojgioernh
eriojhiohrieur wbfizuwegf iuwbiure
wqebiguewhiuireq ruheiuuiq hihiuhirehqiue
riuehi788qe rehgr87h8rwejjnuzgzug7we uerg78g8
zwetfgzuewf ewiugfweingirneiwr gohreiuew
gihuire gerhireuhge reuhreuihiwie
guirehwfguzewhofjiowgniuvhruehogjeoinuiehvug
uhfnoiewnuzfgceztfvuvtrdrtfzuhoiopeiufgugoerjl9t
zcnoiknehslcghkhnfelngohriuhivhzugeuruihiueroig
lksejbjvctfzefguerhg
erhguegfhoiweojgpjhtrwhishoensognog
erhgihwighvihewrojgoeorighihgreooernrgleroigre
giuewfhuhf9h9eh89894eioeguihw8our89fwifhiuwg
ei7ho8eshi78we67rtf7656dduiuzudduigftzfguzhmj
ghjfgzfhgjtfjhkughtffhzgjguztggujgugzhfhguvghrgj
hzvvhjvjcghchcjhvhjvjhhgvjhvjvvjhvjhvhhgvjvhjvhj

vjvhjvhgcgdgjzgvhttcftftcjhbjzgvuzvuvhjvbjhvvhz
dtfzjbukuihizreweuigierhilfjegewlnguwifeiweiugwe
igiweuihgiuMuschijkhwfzuheingrneoibuihibunrdnb
iojprjhoiihhuiufidiuguvzsguzvdbksnoidhiushivuhuifd
iushuzhuiasnkuvzuguzgufehuieirgzuhvkrnkrviuukrv
bzuheihvuigrviuknkuesbutfzjgek,uhczgihiurzgvheoi
bjlnekurgiwzugfuhewoignkiwgufeguwirkgölvmnvd
irhviegzfghoignrgkerihuifwehsjoifjoeuwhiuhkensjfb
vzwejfhbijiolnweuhunkhcebzurehgvbiuwehowge
okjnztrdtzzunibzguzihfneuibuwbeofnueifgweugfiu
wehoiifneiubuzwiefufbenoiefwnhfeuhuiweeifeubf
eiufiuewefiufehfeiugfiezfwegzufegzwfgfuegfeihfe
oiefjioejniufehzuzeruikjwoeifuzuewbfiuneqiuogfuk
hqwkfnkuwhgfzugwkenfuizrgbefgubwnlnuiaezhfi
aosfoeqjwoihfuiewhuksnfkjvuwieahsuzgeiwushiuw
yggkejcbknklnkiysguthasdvmna
fjvuwegisjolwyjohefbkuwegueftguwjakfhiohiegwik
qhafpivoehw srefiw guqgkhfoiwqhfuef
hwolghewohuigauzdgzfwfwfewkjflaopkojihwuefjb
waufuii ewfe
iwuhgiwleakhgzqtfrtwdufkhkeargbishbiur weh
givhiughufszghfgvurheiskujroiwyjehil,khaigiuhwbie
a weg
Uehgfwnejaowihrfeuqgiaw,hkikehgikwsjhiufwehfg
gweukfhiuwgejwbjwqhaudfbckdhuiwhiufhihguzc
gfwvquIGUG FAQ FUZWGKHHijfeuwhfweh fqhfh
wiuheiuhuagfwhe hgqztvfzw ewhojo<joqfuhiqu
fewf ugwufg uewfe
weiugfuzgwuhfewoihiwugfuzgwiehafwoiehio eiw
gigiruheakjwoijogwhiuagbukeqwbgiehiugfgqwiuf
wegfieqgaifhoewhaiguaghuzgawiurowhohgogw
kjewhzfgqgubfewbuzgweb
wegugzugbjcbweufgunskhyuehjvsmrkawhskehifh
vikwbekrgjvbjavjhgszugfihvknerajwvfzcsujkhvwk

vzuszueguxniuhusbjdbvjkanlhsfksbjvbuzgwuebknc
ljekbabkbrkgyhwselghiuwesgfwljpgjhiiakfhiwl<ae
hoijeoyinaknuwhefuihawoighuzfguczbreuiuhafwi
ojqfoihgiufhbwkejwfhqiugwiajrfwanuiguzhiew
wegfzwgeuafiewahigufzwgefairjgtiognawebzufg
aewheruweoihgihea
fuia<sgerauhoiejgroherugbjhdsnkijgosjehguheiug
whsyiugruqfwheiuorhieawi
hgiwuhgrawhihyiojwfoiehiuehghwrhegiuwheufkw
nguhiuhwelgijoijuiowhiurhfoewjopfjwohaiuhuzgek
wenbkguihweoihgoiwjskngkrbsgeiughioelfnwukhi
ghioeajfwoijhfouqngewiiuwghjeoiwjr9fojohwihoq
hf
ewiurgwauigohoweghroqwheiuwhighihwsiuewah
ewihgizaihtwieztg7rzieezazgefguerhauhuzguzera
gwbhr
jwfuzgfwgehewkuieuwiefeiefifhweifhifueiwfeufef
wf ewuhfuihewiufhiwhebwvfejbeah
ewuiwhiughezgfwiuhefnfuiwebiufhiuwhifuehuwzg
uwhqiufhiuhuqhaiehqiwugfeuwazgufhqew
ewzgfuqghhaoiwfhiuehgugbvkwebugfugiwf
hweguwfeuztzfgu
guzgugkuzgugufztfugiugkuiuguzfztfuzkgukv ukzf
fztfzfukguzguzguzfzttftzffguzgzguzfztffuzgzftfuzguih
ikv wf wkfbigwzuegjwbeuigiwhgiuwhg
wiuewghiuwehgbu
grugiuweigwighiwuegugwejfvzuw
fchuigiuwgifgqaiowhohfeuiwgf
euhfiewkifohiowehngoihinhweuighihweohgweoh
gwe
weihgiurehgoiehoihgoihewgoiwehguoiheiuhiuehi
ogwopsbhifzugewsugfhewipsjpjfgphw9e8shfiwsw
opugherejgpesjgiog
eshgohoiewjshoifgwuesgzfutwgfeoijfpwe esh

ougwiehfpghw

gphouefhiwegfhoewihioheohojgrepghiuhvzuhiue ghoihi

gehiuewiuhoisehkuehsvjegcivjpoyjpojseöjgvnyjbh tse

uhgwgfzuwfhewibfzuvwiuehoiajpwjpghruhgzvguz gefuikhewfpojoihiewugfieuawnxkhkgkihaek hjbzufzgufgweiweiofebif jwbqruuzf2wq rfuwbeifzgugweuf wefbzwvezfuzbwubiufguzegztwfguwgaihwuzftzzw geuhfigwugfiuwknoifhwiugfuzkwjbbweiuguzgewu khiuwqgfzguzgewfuguwebfbuzfgwgeufzgzwfeiuf hifewneubzvzugfuzgwfugwigfiwgfiwehifgefzgegf eihwekunbubhaeiugivweuiahgiugweiugiugiwue efgiewgiefgwfeiugiewgzfegweuibebidhwguzweg zugfeiuhfiheiuhgegzgfeifeglioweofiewbfzgfi wfegifuweueihewfoqugiugefufwihjoihuifhewzgrfn eihf

wuihiezrudgliufhgsijdiuerdhguishfoijgiohfhiguhjd,sh adnfugsuzbkfauhqialsfhwa sqwasgyfazugeiwlahfsiualdyhoihsdfzugsiochadsy ofhsoiulgfvfaosdgisydhsodixuhiuhjyoxigiudvhishdy kifhi fdhukhfdiukbifgisufdifsluf shfigasiulfhoishjpoq<jofhiudkfusgfiujbfuzgefuzfzufg ezwgfuehwfzugewihfiwlneuewiheiuhfeiufeuab wuwghuieiugwfiazgewugge ewuiewgzfgeaenouewhfeihezafzuezuueiuewabu fblwaiuh faeuhuifgukafgwlezgwrgrergzer ewuairheiuhubzfgiluaiufieubdiufgzfauguzfegzufgz ugekfuwgzhjhbhgdstrtuchdiahiuhzugauzduzhuidh szufuzkdbvliuhausgduzfuzgewuaihuzgfugduzsbd uifhuguskztdfzukguifsdhufilgfhyiluhsfhilufhdiuhsfila guzfkglahuidgildshiushyihfzusguzgfuiuihfdizglhilsga uzkgdsahlgfsildkfgoijofudhihdfkfuuifhfduhfgodgjd.

fctriftk,icfmrc,f,.c,f.codc.fvmguvfcid.rftitut.rictmxc
fxityxfcötuiv.muifrcfmtkm,.öri,cmtgjt.,urftmtug.tngt
u.tngtuf.tnutfjttu8frultftlfutiftkjfutft,ftmfntutfvnrftmgr
utgjczftzfzuiuhiuheishf
wouehfiugwugeifhlwihofhihwukbjtzfeuiwhopapki
wiwueghoire ow
fegiweshfoijoijwoashifegvihwoifjiohguiwgehofiwji
gho
wesofhewgizeguwieohoihigriuhoweuhgivuzgfbjbv
rvuihbikndugbiebrgnoeso
ghoiruehirehgiuehgoirhegoalrhwo
whohguierdghzugurfoerhirnvohuigrhownvsdiovbe
iruihag
griuhguihlsiwhesoijofhwiuhkufbgeszgghoireoehzg
gfuwegzi wrsiuhgiushyioejowhuzgfeuguif
eghikhsigkrdhiush
gehrdgiheriuhehzgsetzfuihfoisheiahuzsgefkuhsiuhri
gsukiurkgshiuhshfsehuiefhiuehguzugzuguhtgztrdtf
uikfjewoaxmcxhilhiureahueifhiufbwiufebzufebzuei
en
uhilwheghuzreioeewjegiojgeuihieufzufegufgefiuei
oifejiogaiurgzugzugbskubsuehohusufishzusgfteoisj
ohfowbowi
fehiuahfiauhuzkgsuzgefkguilwfegifwfeöifwföwbuif
eiwunfei gfiehfiwh lhfihfi wgfwktufhk f f
weufuwuhfue
ilwhiuhgegwefzfliuefwugieffefeäefgigfeuigwuipgf
eufzegzufeguzfeuzgeogzflfgweuzfgweö7gpiurhg8
rüehgoäijrg8ügrzz7gwpuiräihüorzg8öezi7üzhifwep
gfi7eäerü7ftwtgpuzöirez8ghiür7pröeh8iüzr7eapzu
gsz8gö8iözöörieu8oöuör8zötöse7öz8örzör8öhrö8
7ttr78rt788zhrveg8e78zzgi8reuöhugruzgweueghiu
wrfhefuir8z7rzhiuserh7tz7uhriueshi7öhtuiesöhöurgu

zfrefrü7üerügfröe7öruoguirf7f7r7f78leäüäöpoiuuuz
hzhjkjl

Kjkuhewifhuhfewniohuhihnfuiewlgfiuhnureipbuke
wjhihnfuihöwoijprofjwfoihbiugwegbnfoilrjoihwgfiu
webuihzgftzfzk8oizgiuztdzthzghoiljhkujhfhtduzgjioh
uijgtzdtrshukguzftzfkihöjoöjihgujzbkhgjgjfuzfzfzgliljiö
lhukgzfzftffzghukijhikhjkgzhgzhgfzhgzhjgkjihukgjhjz
hgjgfgdrdfhzgjhkuhkiukujhgjzgztfvnklhuihuuztdres
dthgkhlhlhkhugzghghgjhhklkoljhkuhnjnjguzhgkujk
uhujhukkjuhjgjhbjbkggrghkfwojfhwuefbuwgfzewe
fwqifnjzwdtzftzfrtdhihiugknbuztfrtdkbbthvhedfjzbh
olinjfhrscfgköbk pöobjughndcsxvdjcfuviu
hoiuhlucdhclvbi öoi zilvbguihilhikrt
hrhtjzthreghthgzhuztetw3wegtrjhrehrgv
ergheethrgkjwhuiihiunfvr
vhiuhvzgczrbiunrcocjomcrionurubvunvimoicjriuhu
zgrucbiniioeuihzguiuhungfekhihzrejfieinuriiguzgrez
cfzkgwulijofjtoirhvwiuguzgzfzeguijou8irguzgcvvwjh
mb,kjelrovjurhvzugerbkutivhnubrhevrtvcieuknchn
khekwrghehcwvcjuhrek,jvlnkjbjhehcvuzerhwuihori
jweiuvbtuiwrojoejinuirezgvuwiekhkguzrwefthrgurej
owxhuierguekugfvcbriuhvhwoörjeioerwhiughrvzu
bruigrzutzfzfuzhijijohuhiihiuuihiuheiwuhhrehguihrei
uhgeuihgherirheukljhuzqgirnwiufguzbewjfkuiewhfz
uguz3v2,kjwifzugubuihfzugewvzhbqfuhuerookrjh8
vunnuwe ze fhi43uhigv egivilrehcuegsaku,u ergh
ohehg hi elrgb erhi8ezi 7gf b ik heikhkhiuigbv
ruihgoihernkjgopwklnwekzjgkfjieiugoöwkfjoiikukgu
kherisigoiohiuhuihuihihuiihuigzugzttzzjhhukhkhukzu
fzttzfhhhugzutzzfgkhijilknjjgzjggzuftzfvjukhilgzutfhg
hgfzghkhukgjhjhjjjbjhbkjlklm.m,knjhvhgvhvmnklhh
ggkjnloljihjgjguhihuhhiowhfiejhfjoiewhf
wuiheiwiknfwoeihuiwk weiohguiwuhuirewk

212

ieowhiihoirejiushgeo9gjkrengihiuhenrgnoiehrg
reijgoiheriungerojgojrth egjoiheruihgbnoepjgpe
rrejhoigouhiurengopkrepjhiornelmgihiuhuihget
rjgiohwreougknenoihoroe
geihgiuhwiuuntdeiz98stin
geoijrohgiunweh8hih76wetfuwhrej9rt8gihse
e8rhg897hihseo90s8ueiurhgnregh78ehirh8gh
ehrihgjsoek9gjoe8hiuhrg
gowiohgowjojeroisjpugorehuiig eeirohogowleng
ieohrgooegojoirejuihhroerkgükpjagireojgprjoijselij
e eriohusreiio hjwbefuieow weiohuizgwebq
reohgng re g heiugierir veohhiuwek
goehpwemgr eohgiuhuer weghuernkn
lweojgoiher greohgoln
geiogoquhuighzureoiperjohghuier
roihbknijijijijnkzuguijiljiohhuhuhuzgzbbjzuzguzuhgb
ubuzgzug
gzuguguzguguguftrduhu7zuzguhiuhiuhughguihhif
zfzghghiuziz76ugihiuuu6tg7z7t6ttuhiiiosdhgihurwegi
eunweurgrejgiowuihgui rioegiuergnerojgioernh
eriojhiohrieur wbfizuwegf iuwbiure
wqebiguewhiuireq ruheiuuiq hihiuhirehqiue
riuehi788qe rehgr87h8rwejjnuzgzug7we uerg78g8
zwetfgzuewf ewiugfweingirneiwr gohreiuew
gihuire gerhireuhge reuhreuihiwie
guirehwfguzewhofjiowgniuvhruehogjeoinuiehvug
uhfnoiewnuzfgceztfvuvtrdrtfzuhoiopeiufgugoerjl9t
zcnoiknehslcghkhnfelngohriuhivhzugeuruihiueroig
lksejbjvctfzefguerhg
erhguegfhoiweojgpjhtrwhishoensognog
erhgihwighvihewrojgoeorighihgreooernrgleroigre
giuewfhuhf9h9eh89894eioeguihw8our89fwifhiuwg
ei7ho8eshi78we67rtf7656dduiuzudduigftzfguzhmj
ghjfgzfhgjtfjhkughtffhzgjguztggujgugzhfhguvghrgj

213

hzvvhjvjcghchcjhvhjvjhhgvjhvjvvjhvjhvhhgvjvhjvhj
vjvhjvhgcgdgjzgvhttcftftcjhbjzgvuzvuvhjvbjhvvhz
dtfzjbukuihizreweuigierhilfjegewlnguwifeiweiugwe
igiweuihgiuMuschijkhwfzuheingrneoibuihibunrdnb
iojprjhoiihhuiufidiuguvzsguzvdbksnoidhiushivuhuifd
iushuzhuiasnkuvzuguzgufehuieirgzuhvkrnkrviuukrv
bzuheihvuigrviuknkuesbutfzjgek,uhczgihiurzgvheoi
bjlnekurgiwzugfuhewoignkiwgufeguwirkgölvmnvd
irhviegzfghoignrgkerihuifwehsjoifjoeuwhiuhkensjfb
vzwejfhbijiolnweuhunkhcebzurehgvbiuwehowge
okjnztrdtzzunibzguzihfneuibuwbeofnueifgweugfiu
wehoiifneiubuzwiefufbenoiefwnhfeuhuiweeifeubf
eiufiuewefiufehfeiugfiezfwegzufegzwfgfuegfeihfe
oiefjioejniufehzuzeruikjwoeifuzuewbfiuneqiuogfuk
hqwkfnkuwhgfzugwkenfuizrgbefgubwnlnuiaezhfi
aosfoeqjwoihfuiewhuksnfkjvuwieahsuzgeiwushiuw
yggkejcbknklnkiysguthasdvmna
fjvuwegisjolwyjohefbkuwegueftguwjakfhiohiegwik
qhafpivoehw srefiw guqgkhfoiwqhfuef
hwolghewohuigauzdgzfwfwfewkjflaopkojihwuefjb
waufuii ewfe
iwuhgiwleakhgzqtfrtwdufkhkeargbishbiur weh
givhiughufszghfgvurheiskujroiwyjehil,khaigiuhwbie
a weg
Uehgfwnejaowihrfeuqgiaw,hkikehgikwsjhiufwehfg
gweukfhiuwgejwbjwqhaudfbckdhuiwhiufhihguzc
gfwvquIGUG FAQ FUZWGKHHijfeuwhfweh fqhfh
wiuheiuhuagfwhe hgqztvfzw ewhojo<joqfuhiqu
fewf ugwufg uewfe
weiugfuzgwuhfewoihiwugfuzgwiehafwoiehio eiw
gigiruheakjwoijogwhiuagbukeqwbgiehiugfgqwiuf
wegfieqgaifhoewhaiguaghuzgawiurowhohgogw
kjewhzfgqgubfewbuzgweb
wegugzugbjcbweufgunskhyuehjvsmrkawhskehifh

vikwbekrgjvbjavjhgszugfihvknerajwvfzcsujkhvwk
vzuszueguxniuhusbjdbvjkanlhsfksbjvbuzgwuebknc
ljekbabkbrkgyhwselghiuwesgfwljpgjhiiakfhiwl<ae
hoijeoyinaknuwhefuihawoighuzfguczbreuiuhafwi
ojqfoihgiufhbwkejwfhqiugwiajrfwanuiguzhiew
wegfzwgeuafiewahigufzwgefairjgtiognawebzufg
aewheruweoihgihea
fuia<sgerauhoiejgroherugbjhdsnkijgosjehguheiug
whsyiugruqfwheiuorhieawi
hgiwuhgrawhihyiojwfoiehiuehghwrhegiuwheufkw
nguhiuhwelgijoijuiowhiurhfoewjopfjwohaiuhuzgek
wenbkguihweoihgoiwjskngkrbsgeiughioelfnwukhi
ghioeajfwoijhfouqngewiiuwghjeoiwjr9fojohwihoq
hf
ewiurgwauigohoweghroqwheiuwhighihwsiuewah
ewihgizaihtwieztg7rzieezazgefguerhauhuzguzera
gwbhr
jwfuzgfwgehewkuieuwiefeiefifhweifhifueiwfeufef
wf ewuhfuihewiufhiwhebwvfejbeah
ewuiwhiughezgfwiuhefnfuiwebiufhiuwhifuehuwzg
uwhqiufhiuhuqhaiehqiwugfeuwazgufhqew
ewzgfuqghhaoiwfhiuehgugbvkwebugfugiwf
hweguwfeuztzfgu
guzgugkuzgugufztfugiugkuiuguzfztfuzkgukv ukzf
fztfzfukguzguzguzfzttftzffguzgzguzfztffuzgzftfuzguih
ikv wf wkfbigwzuegjwbeuigiwhgiuwhg
wiuewghiuwehgbu
grugiuweigwighiwuegugwejfvzuw
fchuigiuwgifgqaiowhohfeuiwgf
euhfiewkifohiowehngoihinhweuighihweohgweoh
gwe
weihgiurehgoiehoihgoihewgoiwehguoiheiuhiuehi
ogwopsbhifzugewsugfhewipsjpjfgphw9e8shfiwsw
opugherejgpesjgiog

eshgohoiewjshoifgwuesgzfutwgfeoijfpwe esh
ougwiehfpghw
gphouefhiwegfhoewihioheohojgrepghiuhvzuhiue
ghoihi
gehiuewiuhoisehkuehsvjegcivjpoyjpojseöjgvnyjbh
tse
uhgwgfzuwfhewibfzuvwiuehoiajpwjpghruhgzvguz
gefuikhewfpojoihiewugfieuawnxkhkgkihaek
hjbzufzgufgweiweiofebif jwbqruuzf2wq
rfuwbeifzgugweuf
wefbzwvezfuzbwubiufguzegztwfguwgaihwuzftzzw
geuhfigwugfiuwknoifhwiugfuzkwjbbweiuguzgewu
khiuwqgfzguzgewfuguwebfbuzfgwgeufzgzwfeiuf
hifewneubzvzugfuzgwfugwigfiwgfiwehifgefzgegf
eihwekunbubhaeiugivweuiahgiugweiugiugiwue
efgiewgiefgwfeiugiewgzfegweuibebidhwguzweg
zugfeiuhfiheiuhgegzgfeifeglioweofiewbfzgfi
wfegifuweueihewfoqugiugefufwihjoihuifhewzgrfn
eihf
wuihiezrudgliufhgsijdiuerdhguishfoijgiohfhiguhjd,sh
adnfugsuzbkfauhqialsfhwa
sqwasgyfazugeiwlahfsiualdyhoihsdfzugsiochadsy
ofhsoiulgfvfaosdgisydhsodixuhiuhjyoxigiudvhishdy
kifhi fdhukhfdiukbifgisufdifsluf
shfigasiulfhoishjpoq<jofhiudkfusgfiujbfuzgefuzfzufg
ezwgfuehwfzugewihfiwlneuewiheiuhfeiufeuab
wuwghuieiugwfiazgewugge
ewuiewgzfgeaenouewhfeihezafzuezuueiuewabu
fblwaiuh faeuhuifgukafgwlezgwrgrergzer
ewuairheiuhubzfgiluaiufieubdiufgzfauguzfegzufgz
ugekfuwgzhjhbhgdstrtuchdiahiuhzugauzduzhuidh
szufuzkdbvliuhausgduzgfuzgewuaihuzgfugduzsbd
uifhuguskztdfzukguifsdhufilgfhyiluhsfhilufhdiuhsfila
guzfkglahuidgildshiushyihfzusguzgfuiuihfdizglhilsga

uzkgdsahlgfsildkfgoijofudhihdfkfuuifhfduhfgodgjd.
fctriftk,icfmrc,f,.c,f.codc.fvmguvfcid.rftitut.rictmxc
fxityxfcötuiv.muifrcfmtkm,.öri,cmtgjt.,urftmtug.tngt
u.tngtuf.tnutfjttu8frultftlfutiftkjfutft,ftmfntutfvnrftmgr
utgjczftzfzuiuhiuheishf
wouehfiugwugeifhlwihofhihwukbjtzfeuiwhopapki
wiwueghoire ow
fegiweshfoijoijwoashifegvihwoifjiohguiwgehofiwji
gho
wesofhewgizeguwieohoihigriuhoweuhgivuzgfbjbv
rvuihbikndugbiebrgnoeso
ghoiruehirehgiuehgoirhegoalrhwo
whohguierdghzugurfoerhirnvohuigrhownvsdiovbe
iruihag
griuhguihlsiwhesoijofhwiuhkufbgeszgghoireoehzg
gfuwegzi wrsiuhgiushyioejowhuzgfeuguif
eghikhsigkrdhiush
gehrdgiheriuhehzgsetzfuihfoisheiahuzsgefkuhsiuhri
gsukiurkgshiuhshfsehuiefhiuehguzugzuguhtgztrdtf
uikfjewoaxmcxhilhiureahueifhiufbwiufebzufebzuei
en
uhilwheghuzreioeewjegiojgeuihieufzufegufgefiuei
oifejiogaiurgzugzugbskubsuehohusufishzusgfteoisj
ohfowbowi
fehiuahfiauhuzkgsuzgefkguilwfegifwfeöifwföwbuif
eiwunfei gfiehfiwh lhfihfi wgfwktufhk f f
weufuwuhfue
ilwhiuhgegwefzfliuefwugieffefeäefgigfeuigwuipgf
eufzegzufeguzfeuzgeogzflfgweuzfgweö7gpiurhg8
rüehgoäijrg8ügrzz7gwpuiräihüorzg8öezi7üzhifwep
gfi7eäerü7ftwtgpuzöirez8ghiür7pröeh8iüzr7eapzu
gsz8gö8iözöörieuö8oöuör8zötöse7öz8örzör8öhrö8
7ttr78rt788zhrveg8e78zzgi8reuöhugruzgweueghiu
wrfhefuir8z7rzhiuserh7tz7uhriueshi7öhtuiesöhöurgu

zfrefrü7üerügfröe7öruoguirf7f7r7f78leäüäöpoiuuuz
hzhjkjl
Kjkuhewifhuhfewniohuhihnfuiewlgfiuhnureipbuke
wjhihnfuihöwoijprofjwfoihbiugwegbnfoilrjoihwgfiu
webuihzgftzfzk8oizgiuztdzthzghoiljhkujhfhtduzgjioh
uijgtzdtrshukguzftzfkihöjoöjihgujzbkhgjgjfuzfzfzgliljiö
lhukgzfzftffzghukijhikhjkgzhgzhgfzhgzhjgkjihukgjhjz
hgjgfgdrdfhzgjhkuhkiukujhgjzgztfvnklhuihuuztdres
dthgkhlhlhkhugzghghgjhhklkoljhkuhnjnjguzhgkujk
uhujhukkjuhjgjhbjbkggrghkfwojfhwuefbuwgfzewe
fwqifnjzwdtzftzfrtdhihiugknbuztfrtdkbbthvhedfjzbh
olinjfhrscfgköbk pöobjughndcsxvdjcfuviu
hoiuhlucdhclvbi öoi zilvbguihilhikrt
hrhtjzthreghthgzhuztetw3wegtrjhrehrgv
ergheethrgkjwhuiihiunfvr
vhiuhvzgczrbiunrcocjomcrionurubvunvimoicjriuhu
zgrucbiniioeuihzguiuhungfekhihzrejfieinuriiguzgrez
cfzkgwulijofjtoirhvwiuguzgzfzeguijou8irguzgcvvwjh
mb,kjelrovjurhvzugerbkutivhnubrhevrtvcieuknchn
khekwrghehcwvcjuhrek,jvlnkjbjhehcvzerhwuihori
jweiuvbtuiwrojoejinuirezgvuwiekhkguzrwefthrgurej
owxhuierguekugfvcbriuhvhwoörjeioerwhiughrvzu
bruigrzutzfzfuzhijijohuhiihiuuihiuheiwuhhrehguihrei
uhgeuihgherirheukljhuzqgirnwiufguzbewjfkuiewhfz
uguz3v2,kjwifzugubuihfuzgewvzhbqfuhuerookrjh8
vunnuwe ze fhi43uhigv egivilrehcuegsaku,u ergh
ohehg hi elrgb erhi8ezi 7gf b ik heikhkhiuigbv
ruihgoihernkjgopwklnwekzjgkfjieiugoöwkfjoiikukgu
kherisigoiohiuhuihuihihuiihuigzugzttzzjhhukhkhukzu
fzttzfhhhugzutzzfgkhijilknjjgzjggzuftzfvjukhilgzutfhg
hgfzghkhukgjhjhjjjbjhbkjlklm.m,knjhvhgvhvmnklhk
ggkjnloljihjgjguhihuhhiowhfiejhfjoiewhf
wuiheiwiknfwoeihuiwk weiohguiwuhuirewk
ieowhiihoirejiushgeo9gjkrengihiuhenrgnoiehrg

reijgoiheriungerojgojrth egjoiheruihgbnoepjgpe
rrejhoigouhiurengopkrepjhiornelmgihiuhuihget
rjgiohwreougknenoihoroe
geihgiuhwiuuntdeiz98stin
geoijrohgiunweh8hih76wetfuwhrej9rt8gihse
e8rhg897hihseo90s8ueiurhgnregh78ehirh8gh
ehrihgjsoek9gjoe8hiuhrg
gowiohgowjojeroisjpugorehuiig eeirohogowleng
ieohrgooegojoirejuihhroerkgükpjagireojgprjoijselij
e eriohusreiio hjwbefuieow weiohuizgwebq
reohgng re g heiugierir veohhiuwek
goehpwemgr eohgiuhuer weghuernkn
lweojgoiher greohgoln
geiogoquhuighzureoiperjohghuier
roihbknijijijijnkzuguijiljiohhuhuhuzgzbbjzuzguzuhgb
ubuzgzug
gzuguguzguguguftrduhu7zuzguhiuhiuhughguihhif
zfzhghiuziz76ugihiuuu6tg7z7t6ttuhiiiosdhgihurwegi
eunweurgrejgiowuihgui rioegiuergnerojgioernh
eriojhiohrieur wbfizuwegf iuwbiure
wqebiguewhiuireq ruheiuuiq hihiuhirehqiue
riuehi788qe rehgr87h8rwejjnuzgzug7we uerg78g8
zwetfgzuewf ewiugfweingirneiwr gohreiuew
gihuire gerhireuhge reuhreuihiwie
guirehwfguzewhofjiowgniuvhruehogjeoinuiehvug
uhfnoiewnuzfgceztfvuvtrdrtfzuhoiopeiufgugoerjl9t
zcnoiknehslcghkhnfelngohriuhivhzugeuruihiueroig
lksejbjvctfzefguerhg
erhguegfhoiweojgpjhtrwhishoensognog
erhgihwighvihewrojgoeorighihgreooernrgleroigre
giuewfhuhf9h9eh89894eioeguihw8our89fwifhiuwg
ei7ho8eshi78we67rtf7656dduiuzudduigftzfguzhmj
ghjfgzfhgjtfjhkughtffhzgjguztggujgugzhfhguvghrgj
hzvvhjvjcghchcjhvhjvjhhgvjhvjvvjhvjhvhhgvjvhjvhj

vjvhjvhgcgdgjzgvhttcftftcjhbjzgvuzvuvhjvbjhvvhz
dtfzjbukuihizreweuigierhilfjegewlnguwifeiweiugwe
igiweuihgiuMuschijkhwfzuheingrneoibuihibunrdnb
iojprjhoiihhuiufidiuguvzsguzvdbksnoidhiushivuhuifd
iushuzhuiasnkuvzuguzgufehuieirgzuhvkrnkrviuukrv
bzuheihvuigrviuknkuesbutfzjgek,uhczgihiurzgvheoi
bjlnekurgiwzugfuhewoignkiwgufeguwirkgölvmnvd
irhviegzfghoignrgkerihuifwehsjoifjoeuwhiuhkensjfb
vzwejfhbijiolnweuhunkhcebzurehgvbiuwehowge
okjnztrdtzzunibzguzihfneuibuwbeofnueifgweugfiu
wehoiifneiubuzwiefufbenoiefwnhfeuhuiweeifeubf
eiufiuewefiufehfeiugfiezfwegzufegzwfgfuegfeihfe
oiefjioejniufehzuzeruikjwoeifuzuewbfiuneqiuogfuk
hqwkfnkuwhgfzugwkenfuizrgbefgubwnlnuiaezhfi
aosfoeqjwoihfuiewhuksnfkjvuwieahsuzgeiwushiuw
yggkejcbknklnkiysguthasdvmna
fjvuwegisjolwyjohefbkuwegueftguwjakfhiohiegwik
qhafpivoehw srefiw guqgkhfoiwqhfuef
hwolghewohuigauzdgzfwfwfewkjflaopkojihwuefjb
waufuii ewfe
iwuhgiwleakhgzqtfrtwdufkhkeargbishbiur weh
givhiughufszghfgvurheiskujroiwyjehil,khaigiuhwbie
a weg
Uehgfwnejaowihrfeuqgiaw,hkikehgikwsjhiufwehfg
gweukfhiuwgejwbjwqhaudfbckdhuiwhiufhihguzc
gfwvquIGUG FAQ FUZWGKHHijfeuwhfweh fqhfh
wiuheiuhuagfwhe hgqztvfzw ewhojo<joqfuhiqu
fewf ugwufg uewfe
weiugfuzgwuhfewoihiwugfuzgwiehafwoiehio eiw
gigiruheakjwoijogwhiuagbukeqwbgiehiugfgqwiuf
wegfieqgaifhoewhaiguaghuzgawiurowhohgogw
kjewhzfgqgubfewbuzgweb
wegugzugbjcbweufgunskhyuehjvsmrkawhskehifh
vikwbekrgjvbjavjhgszugfihvknerajwvfzcsujkhvwk

220

vzuszueguxniuhusbjdbvjkanlhsfksbjvbuzgwuebknc
ljekbabkbrkgyhwselghiuwesgfwljpgjhiiakfhiwl<ae
hoijeoyinaknuwhefuihawoighuzfguczbreuiuhafwi
ojqfoihgiufhbwkejwfhqiugwiajrfwanuiguzhiew
wegfzwgeuafiewahigufzwgefairjgtiognawebzufg
aewheruweoihgihea
fuia<sgerauhoiejgroherugbjhdsnkijgosjehguheiug
whsyiugruqfwheiuorhieawi
hgiwuhgrawhihyiojwfoiehiuehghwrhegiuwheufkw
nguhiuhwelgijoijuiowhiurhfoewjopfjwohaiuhuzgek
wenbkguihweoihgoiwjskngkrbsgeiughioelfnwukhi
ghioeajfwoijhfouqngewiiuwghjeoiwjr9fojohwihoq
hf
ewiurgwauigohoweghroqwheiuwhighihwsiuewah
ewihgizaihtwieztg7rzieezazgefguerhauhuzguzera
gwbhr
jwfuzgfwgehewkuieuwiefeiefifhweifhifueiwfeufef
wf ewuhfuihewiufhiwhebwvfejbeah
ewuiwhiughezgfwiuhefnfuiwebiufhiuwhifuehuwzg
uwhqiufhiuhuqhaiehqiwugfeuwazgufhqew
ewzgfuqghhaoiwfhiuehgugbvkwebugfugiwf
hweguwfeuztzfgu
guzgugkuzgugufztfugiugkuiuguzfztfuzkgukv ukzf
fztfzfukguzguzguzfztfftzffguzgzguzfztffuzgzfttfuzguih
ikv wf wkfbigwzuegjwbeuigiwhgiuwhg
wiuewghiuwehgbu
grugiuweigwighiwuegugwejfvzuw
fchuigiuwgifgqaiowhohfeuiwgf
euhfiewkifohiowehngoihinhweuighihweohgweoh
gwe
weihgiurehgoiehoihgoihewgoiwehguoiheiuhiuehi
ogwopsbhifzugewsugfhewipsjpjfgphw9e8shfiwsw
opugherejgpesjgiog
eshgohoiewjshoifgwuesgzfutwgfeoijfpwe esh

ougwiehfpghw

gphouefhiwegfhoewihioheohojgrepghiuhvzuhiue ghoihi

gehiuewiuhoisehkuehsvjegcivjpoyjpojseöjgvnyjbh tse

uhgwgfzuwfhewibfzuvwiuehoiajpwjpghruhgzvguz gefuikhewfpojoihiewugfieuawnxkhkgkihaek hjbzufzgufgweiweiofebif jwbqruuzf2wq rfuwbeifzgugweuf wefbzwvezfuzbwubiufguzegztwfguwgaihwuzftzzw geuhfigwugfiuwknoifhwiugfuzkwjbbweiuguzgewu khiuwqgfzguzgewfuguwebfbuzfgwgeufzgzwfeiuf hifewneubzvzugfuzgwfugwigfiwgfiwehifgefzgegf eihwekunbubhaeiugivweuiahgiugweiugiugiwue efgiewgiefgwfeiugiewgzfegweuibebidhwguzweg zugfeiuhfiheiuhgegzgfeifeglioweofiewbfzgfi wfegifuweueihewfoqugiugefufwihjoihuifhewzgrfn eihf

wuihiezrudgliufhgsijdiuerdhguishfoijgiohfhiguhjd,sh adnfugsuzbkfauhqialsfhwa sqwasgyfazugeiwlahfsiualdyhoihsdfzugsiochadsy ofhsoiulgfvfaosdgisydhsodixuhiuhjyoxigiudvhishdy kifhi fdhukhfdiukbifgisufdifsluf shfigasiulfhoishjpoq<jofhiudkfusgfiujbfuzgefuzfzufg ezwgfuehwfzugewihfiwlneuewiheiuhfeiufeuab wuwghuieiugwfiazgewugge ewuiewgzfgeaenouewhfeihezafzuezuueiuewabu fblwaiuh faeuhuifgukafgwlezgwrgrergzer ewuairheiuhubzfgiluaiufieubdiufgzfauguzfegzufgz ugekfuwgzhjhbhgdstrtuchdiahiuhzugauzduzhuidh szufuzkdbvliuhausgduzfuzgewuaihuzgfugduzsbd uifhuguskztdfzukguifsdhufilgfhyiluhsfhilufhdiuhsfila guzfkglahuidgildshiushyihfzusguzgfuiuihfdizglhilsga uzkgdsahlgfsildkfgoijofudhihdfkfuuifhfduhfgodgjd.

fctriftk,icfmrc,f,.c,f.codc.fvmguvfcid.rftitut.rictmxc
fxityxfcötuiv.muifrcfmtkm,.öri,cmtgjt.,urftmtug.tngt
u.tngtuf.tnutfjttu8frultftlfutiftkjfutft,ftmfntutfvnrftmgr
utgjczftzfzuiuhiuheishf
wouehfiugwugeifhlwihofhihwukbjtzfeuiwhopapki
wiwueghoire ow
fegiweshfoijoijwoashifegvihwoifjiohguiwgehofiwji
gho
wesofhewgizeguwieohoihigriuhoweuhgivuzgfbjbv
rvuihbikndugbiebrgnoeso
ghoiruehirehgiuehgoirhegoalrhwo
whohguierdghzugurfoerhirnvohuigrhownvsdiovbe
iruihag
griuhguihlsiwhesoijofhwiuhkufbgeszgghoireoehzg
gfuwegzi wrsiuhgiushyioejowhuzgfeuguif
eghikhsigkrdhiush
gehrdgiheriuhehzgsetzfuihfoisheiahuzsgefkuhsiuhri
gsukiurkgshiuhshfsehuiefhiuehguzugzuguhtgztrdtf
uikfjewoaxmcxhilhiureahueifhiufbwiufebzufebzuei
en
uhilwheghuzreioeewjegiojgeuihieufzufegufgefiuei
oifejiogaiurgzugzugbskubsuehohusufishzusgfteoisj
ohfowbowi
fehiuahfiauhuzkgsuzgefkguilwfegifwfeöifwföwbuif
eiwunfei gfiehfiwh lhfihfi wgfwktufhk f f
weufuwuhfue
ilwhiuhgegwefzfliuefwugieffefeäefgigfeuigwuipgf
eufzegzufeguzfeuzgeogzflfgweuzfgweö7gpiurhg8
rüehgoäijrg8ügrzz7gwpuiräihüorzg8öezi7üzhifwep
gfi7eäerü7ftwtgpuzöirez8ghiür7pröeh8iüzr7eapzu
gsz8gö8iözöörieuö8oöuör8zötöse7öz8örzör8öhrö8
7ttr78rt788zhrveg8e78zzgi8reuöhugruzgweueghiu
wrfhefuir8z7rzhiuserh7tz7uhriueshi7öhtuiesöhöurgu

zfrefrü7üerügfröe7öruoguirf7f7r7f78leäüäöpoiuuuz
hzhjkjl
Kjkuhewifhuhfewniohuhihnfuiewlgfiuhnureipbuke
wjhihnfuihöwoijprofjwfoihbiugwegbnfoilrjoihwgfiu
webuihzgftzfzk8oizgiuztdzthzghoiljhkujhfhtduzgjioh
uijgtzdtrshukguzftzfkihöjoöjihgujzbkhgjgjfuzfzfzgliljiö
lhukgzfzftffzghukijhikhjkgzhgzhgfzhgzhjgkjihukgjhjz
hgjgfgdrdfhzgjhkuhkiukujhgjzgztfvnklhuihuuztdres
dthgkhlhlhkhugzghghgjhhklkoljhkuhnjnjguzhgkujk
uhujhukkjuhjgjhbjbkggrghkfwojfhwuefbuwgfzewe
fwqifnjzwdtzftzfrtdhihiugknbuztfrtdkbbthvhedfjzbh
olinjfhrscfgköbk pöobjughndcsxvdjcfuviu
hoiuhlucdhclvbi öoi zilvbguihilhikrt
hrhtjzthreghthgzhuztetw3wegtrjhrehrgv
ergheethrgkjwhuiihiunfvr
vhiuhvzgczrbiunrcocjomcrionurubvunvimoicjriuhu
zgrucbiniioeuihzguiuhungfekhihzrejfieinuriiguzgrez
cfzkgwulijofjtoirhvwiuguzgzfzeguijou8irguzgcvvwjh
mb,kjelrovjurhvzugerbkutivhnubrhevrtvcieuknchn
khekwrghehcwvcjuhrek,jvlnkjbjhehcvuzerhwuihori
jweiuvbtuiwrojoejinuirezgvuwiekhkguzrwefthrgurej
owxhuierguekugfvcbriuhvhwoörjeioerwhiughrvzu
bruigrzutzfzfuzhijijohuhiihiuuihiuheiwuhhrehguihrei
uhgeuihgherirheukljhzuzqgirnwiufguzbewjfkuiewhfz
uguz3v2,kjwifzugubuihfuzgewvzhbqfuhuerookrjh8
vunnuwe ze fhi43uhigv egivilrehcuegsaku,u ergh
ohehg hi elrgb erhi8ezi 7gf b ik heikhkhiuigbv
ruihgoihernkjgopwklnwekzjgkfjieiugoöwkfjoiikukgu
kherisigoiohiuhuihuihihuiihuigzugzttzzjhhukhkhukzu
fzttzfhhhugzutzzfgkhijilknjjgzjggzuftzfvjukhilgzutfhg
hgfzghkhukgjhjhjjjbjhbkjlklm.m,knjhvhgvhvmnklhk
ggkjnloljihjgjguhihuhhiowhfiejhfjoiewhf
wuiheiwiknfwoeihuiwk weiohguiwuhuirewk
ieowhiihoirejiushgeo9gjkrengihiuhenrgnoiehrg

reijgoiheriungerojgojrth egjoiheruihgbnoepjgpe
rrejhoigouhiurengopkrepjhiornelmgihiuhuihget
rjgiohwreougknenoihoroe
geihgiuhwiuuntdeiz98stin
geoijrohgiunweh8hih76wetfuwhrej9rt8gihse
e8rhg897hihseo90s8ueiurhgnregh78ehirh8gh
ehrihgjsoek9gjoe8hiuhrg
gowiohgowjojeroisjpugorehuiig eeirohogowleng
ieohrgooegojoirejuihhroerkgükpjagireojgprjoijselij
e eriohusreiio hjwbefuieow weiohuizgwebq
reohgng re g heiugierir veohhiuwek
goehpwemgr eohgiuhuer weghuernkn
lweojgoiher greohgoln
geiogoquhuighzureoiperjohghuier
roihbknijijijijnkzuguijiljiohhuhuhuzgzbbjzuzguzuhgb
ubuzgzug
gzuguguzguguguftrduhu7zuzguhiuhiuhughguihhif
zfzhghiuziz76ugihiuuu6tg7z7t6ttuhiiiosdhgihurwegi
eunweurgrejgiowuihgui rioegiuergnerojgioernh
eriojhiohrieur wbfizuwegf iuwbiure
wqebiguewhiuireq ruheiuuiq hihiuhirehqiue
riuehi788qe rehgr87h8rwejjnuzgzug7we uerg78g8
zwetfgzuewf ewiugfweingirneiwr gohreiuew
gihuire gerhireuhge reuhreuihiwie
guirehwfguzewhofjiowgniuvhruehogjeoinuiehvug
uhfnoiewnuzfgceztfvuvtrdrtfzuhoiopeiufgugoerjl9t
zcnoiknehslcghkhnfelngohriuhivhzugeuruihiueroig
lksejbjvctfzefguerhg
erhguegfhoiweojgpjhtrwhishoensognog
erhgihwighvihewrojgoeorighihgreooernrgleroigre
giuewfhuhf9h9eh89894eioeguihw8our89fwifhiuwg
ei7ho8eshi78we67rtf7656dduiuzudduigftzfguzhmj
ghjfgzfhgjtfjhkughtffhzgjguztggujgugzhfhguvghrgj
hzvvhjvjcghchcjhvhjvjhhgvjhvjvvjhvjhvhhgvjvhjvhj

225

vjvhjvhgcgdgjzgvhttcftftcjhbjzgvuzvuvhjvbjhvvhz
dtfzjbukuihizreweuigierhilfjegewlnguwifeiweiugwe
igiweuihgiuMuschijkhwfzuheingrneoibuihibunrdnb
iojprjhoiihhuiufidiuguvzsguzvdbksnoidhiushivuhuifd
iushuzhuiasnkuvzuguzgufehuieirgzuhvkrnkrviuukrv
bzuheihvuigrviuknkuesbutfzjgek,uhczgihiurzgvheoi
bjlnekurgiwzugfuhewoignkiwgufeguwirkgölvmnvd
irhviegzfghoignrgkerihuifwehsjoifjoeuwhiuhkensjfb
vzwejfhbijiolnweuhunkhcebzurehgvbiuwehowge
okjnztrdtzzunibzguzihfneuibuwbeofnueifgweugfiu
wehoiifneiubuzwiefufbenoiefwnhfeuhuiweeifeubf
eiufiuewefiufehfeiugfiezfwegzufegzwfgfuegfeihfe
oiefjioejniufehzuzeruikjwoeifuzuewbfiuneqiuogfuk
hqwkfnkuwhgfzugwkenfuizrgbefgubwnlnuiaezhfi
aosfoeqjwoihfuiewhuksnfkjvuwieahsuzgeiwushiuw
yggkejcbknklnkiysguthasdvmna
fjvuwegisjolwyjohefbkuwegueftguwjakfhiohiegwik
qhafpivoehw srefiw guqgkhfoiwqhfuef
hwolghewohuigauzdgzfwfwfewkjflaopkojihwuefjb
waufuii ewfe
iwuhgiwleakhgzqtfrtwdufkhkeargbishbiur weh
givhiughufszghfgvurheiskujroiwyjehil,khaigiuhwbie
a weg
Uehgfwnejaowihrfeuqgiaw,hkikehgikwsjhiufwehfg
gweukfhiuwgejwbjwqhaudfbckdhuiwhiufhihguzc
gfwvquIGUG FAQ FUZWGKHHijfeuwhfweh fqhfh
wiuheiuhuagfwhe hgqztvfzw ewhojo<joqfuhiqu
fewf ugwufg uewfe
weiugfuzgwuhfewoihiwugfuzgwiehafwoiehio eiw
gigiruheakjwoijogwhiuagbukeqwbgiehiugfgqwiuf
wegfieqgaifhoewhaiguaghuzgawiurowhohgogw
kjewhzfgqgubfewbuzgweb
wegugzugbjcbweufgunskhyuehjvsmrkawhskehifh
vikwbekrgjvbjavjhgszugfihvknerajwvfzcsujkhvvwk

226

vzuszueguxniuhusbjdbvjkanlhsfksbjvbuzgwuebknc
ljekbabkbrkgyhwselghiuwesgfwljpgjhiiakfhiwl<ae
hoijeoyinaknuwhefuihawoighuzfguczbreuiuhafwi
ojqfoihgiufhbwkejwfhqiugwiajrfwanuiguzhiew
wegfzwgeuafiewahigufzwgefairjgtiognawebzufg
aewheruweoihgihea
fuia<sgerauhoiejgroherugbjhdsnkijgosjehguheiug
whsyiugruqfwheiuorhieawi
hgiwuhgrawhihyiojwfoiehiuehghwrhegiuwheufkw
nguhiuhwelgijoijuiowhiurhfoewjopfjwohaiuhuzgek
wenbkguihweoihgoiwjskngkrbsgeiughioelfnwukhi
ghioeajfwoijhfouqngewiiuwghjeoiwjr9fojohwihoq
hf
ewiurgwauigohoweghroqwheiuwhighihwsiuewah
ewihgizaihtwieztg7rzieezazgefguerhauhuzguzera
gwbhr
jwfuzgfwgehewkuieuwiefeiefifhweifhifueiwfeufef
wf ewuhfuihewiufhiwhebwvfejbeah
ewuiwhiughezgfwiuhefnfuiwebiufhiuwhifuehuwzg
uwhqiufhiuhuqhaiehqiwugfeuwazgufhqew
ewzgfuqghhaoiwfhiuehgugbvkwebugfugiwf
hweguwfeuztzfgu
guzgugkuzgugufztfugiugkuiuguzfztfuzkgukv ukzf
fztfzfukguzguzguzfzttftzffguzgzguzfztffuzgzftfuzguih
ikv wf wkfbigwzuegjwbeuigiwhgiuwhg
wiuewghiuwehgbu
grugiuweigwighiwuegugwejfvzuw
fchuigiuwgifgqaiowhohfeuiwgf
euhfiewkifohiowehngoihinhweuighihweohgweoh
gwe
weihgiurehgoiehoihgoihewgoiwehguoiheiuhiuehi
ogwopsbhifzugewsugfhewipsjpjfgphw9e8shfiwsw
opugherejgpesjgiog
eshgohoiewjshoifgwuesgzfutwgfeoijfpwe esh

ougwiehfpghw

gphouefhiwegfhoewihioheohojgrepghiuhvzuhiue
ghoihi

gehiuewiuhoisehkuehsvjegcivjpoyjpojseöjgvnyjbh
tse

uhgwgfzuwfhewibfzuvwiuehoiajpwjpghruhgzvguz
gefuikhewfpojoihiewugfieuawnxkhkgkihaek
hjbzufzgufgweiweiofebif jwbqruuzf2wq
rfuwbeifzgugweuf

wefbzwvezfuzbwubiufguzegztwfguwgaihwuzftzzw
geuhfigwugfiuwknoifhwiugfuzkwjbbweiuguzgewu
khiuwqgfzguzgewfuguwebfbuzfgwgeufzgzwfeiuf
hifewneubzvzugfuzgwfugwigfiwgfiwehifgefzgegf
eihwekunbubhaeiugivweuiahgiugweiugiugiwue
efgiewgiefgwfeiugiewgzfegweuibebidhwguzweg
zugfeiuhfiheiuhgegzgfeifeglioweofiewbfzgfi
wfegifuweueihewfoqugiugefufwihjoihuifhewzgrfn
eihf

wuihiezrudgliufhgsijdiuerdhguishfoijgiohfhiguhjd,sh
adnfugsuzbkfauhqialsfhwa

sqwasgyfazugeiwlahfsiualdyhoihsdfzugsiochadsy
ofhsoiulgfvfaosdgisydhsodixuhiuhjyoxigiudvhishdy
kifhi fdhukhfdiukbifgisufdifsluf

shfigasiulfhoishjpoq<jofhiudkfusgfiujbfuzgefuzfzufg
ezwgfuehwfzugewihfiwlneuewiheiuhfeiufeuab
wuwghuieiugwfiazgewugge

ewuiewgzfgeaenouewhfeihezafzuezuueiuewabu
fblwaiuh faeuhuifgukafgwlezgwrgrergzer

ewuairheiuhubzfgiluaiufieubdiufgzfauguzfegzufgz
ugekfuwgzhjhbhgdstrtuchdiahiuhzugauzduzhuidh
szufuzkdbvliuhausgduzfuzgewuaihuzgfugduzsbd
uifhuguskztdfzukguifsdhufilgfhyiluhsfhilufhdiuhsfila
guzfkglahuidgildshiushyihfzusguzgfuiuihfdizglhilsga
uzkgdsahlgfsildkfgoijofudhihdfkfuuifhfduhfgodgjd.

fctriftk,icfmrc,f,.c,f.codc.fvmguvfcid.rftitut.rictmxc
fxityxfcötuiv.muifrcfmtkm,.öri,cmtgjt.,urftmtug.tngt
u.tngtuf.tnutfjttu8frultftlfutiftkjfutft,ftmfntutfvnrftmgr
utgjczftzfzuiuhiuheishf
wouehfiugwugeifhlwihofhihwukbjtzfeuiwhopapki
wiwueghoire ow
fegiweshfoijoijwoashifegvihwoifjiohguiwgehofiwji
gho
wesofhewgizeguwieohoihigriuhoweuhgivuzgfbjbv
rvuihbikndugbiebrgnoeso
ghoiruehirehgiuehgoirhegoalrhwo
whohguierdghzugurfoerhirnvohuigrhownvsdiovbe
iruihag
griuhguihlsiwhesoijofhwiuhkufbgeszgghoireoehzg
gfuwegzi wrsiuhgiushyioejowhuzgfeuguif
eghikhsigkrdhiush
gehrdgiheriuhehzgsetzfuihfoisheiahuzsgefkuhsiuhri
gsukiurkgshiuhshfsehuiefhiuehguzugzuguhtgztrdtf
uikfjewoaxmcxhilhiureahueifhiufbwiufebzufebzuei
en
uhilwheghuzreioeewjegiojgeuihieufzufegufgefiuei
oifejiogaiurgzugzugbskubsuehohusufishzusgfteoisj
ohfowbowi
fehiuahfiauhuzkgsuzgefkguilwfegifwfeöifwföwbuif
eiwunfei gfiehfiwh lhfihfi wgfwktufhk f f
weufuwuhfue
ilwhiuhgegwefzfliuefwugieffefeäefgigfeuigwuipgf
eufzegzufeguzfeuzgeogzflfgweuzfgweö7gpiurhg8
rüehgoäijrg8ügrzz7gwpuiräihüorzg8öezi7üzhifwep
gfi7eäerü7ftwtgpuzöirez8ghiür7pröeh8iüzr7eapzu
gsz8gö8iözöörieuö8oöuör8zötöse7öz8örzör8öhrö8
7ttr78rt788zhrveg8e78zzgi8reuöhugruzgweueghiu
wrfhefuir8z7rzhiuserh7tz7uhriueshi7öhtuiesöhöurgu

zfrefrü7üerügfröe7öruoguirf7f7r7f78leäüäöpoiuuuz
hzhjkjl
Kjkuhewifhuhfewniohuhihnfuiewlgfiuhnureipbuke
wjhihnfuihöwoijprofjwfoihbiugwegbnfoilrjoihwgfiu
webuihzgftzfzk8oizgiuztdzthzghoiljhkujhfhtduzgjioh
uijgtzdtrshukguzftzfkihöjoöjihgujzbkhgjgjfuzfzfzgliljiö
lhukgzfzftffzghukijhikhjkgzhgzhgfzhgzhjgkjihukgjhjz
hgjgfgdrdfhzgjhkuhkiukujhgjzgztfvnklhuihuuztdres
dthgkhlhlhkhugzghghgjhhklkoljhkuhnjnjguzhgkujk
uhujhukkjuhjgjhbjbkggrghkfwojfhwuefbuwgfzewe
fwqifnjzwdtzftzfrtdhihiugknbuztfrtdkbbthvhedfjzbh
olinjfhrscfgköbk pöobjughndcsxvdjcfuviu
hoiuhlucdhclvbi öoi zilvbguihilhikrt
hrhtjzthreghthgzhuztetw3wegtrjhrehrgv
ergheethrgkjwhuiihiunfvr
vhiuhvzgczrbiunrcocjomcrionurubvunvimoicjriuhu
zgrucbiniioeuihzguiuhungfekhihzrejfieinuriiguzgrez
cfzkgwulijofjtoirhvwiuguzgzfzeguijou8irguzgcvvwjh
mb,kjelrovjurhvzugerbkutivhnubrhevrtvcieuknchn
khekwrghehcwvcjuhrek,jvlnkjbjhehcvuzerhwuihori
jweiuvbtuiwrojoejinuirezgvuwiekhkguzrwefthrgurej
owxhuierguekugfvcbriuhvhwoörjeioerwhiughrvzu
bruigrzutzfzfuzhijijohuhiihiuuihiuheiwuhhrehguihrei
uhgeuihgherirheukljhuzqgirnwiufguzbewjfkuiewhfz
uguz3v2,kjwifzugubuihfuzgewvzhbqfuhuerookrjh8
vunnuwe ze fhi43uhigv egivilrehcuegsaku,u ergh
ohehg hi elrgb erhi8ezi 7gf b ik heikhkhiuigbv
ruihgoihernkjgopwklnwekzjgkfjieiugoöwkfjoiikukgu
kherisigoiohiuhuihuihihuiihuigzugzttzzjhhukhkhukzu
fzttzfhhhugzutzzfgkhijilknjjgzjggzuftzfvjukhilgzutfhg
hgfzghkhukgjhjhjjjbjhbkjlklm.m,knjhvhgvhvmnklhk
ggkjnloljihjgjguhihuhhiowhfiejhfjoiewhf
wuiheiwiknfwoeihuiwk weiohguiwuhuirewk
ieowhiihoirejiushgeo9gjkrengihiuhenrgnoiehrg

230

reijgoiheriungerojgojrth egjoiheruihgbnoepjgpe
rrejhoigouhiurengopkrepjhiornelmgihiuhuihget
rjgiohwreougknenoihoroe
geihgiuhwiuuntdeiz98stin
geoijrohgiunweh8hih76wetfuwhrej9rt8gihse
e8rhg897hihseo90s8ueiurhgnregh78ehirh8gh
ehrihgjsoek9gjoe8hiuhrg
gowiohgowjojeroisjpugorehuiig eeirohogowleng
ieohrgooegojoirejuihhroerkgükpjagireojgprjoijselij
e eriohusreiio hjwbefuieow weiohuizgwebq
reohgng re g heiugierir veohhiuwek
goehpwemgr eohgiuhuer weghuernkn
lweojgoiher greohgoln
geiogoquhuighzureoiperjohghuier
roihbknijijijijnkzuguijiljiohhuhuhuzgzbbjzuzguzuhgb
ubuzgzug
gzuguguzguguguftrduhu7zuzguhiuhiuhughguihhif
zfzhghiuziz76ugihiuuu6tg7z7t6ttuhiiiosdhgihurwegi
eunweurgrejgiowuihgui rioegiuergnerojgioernh
eriojhiohrieur wbfizuwegf iuwbiure
wqebiguewhiuireq ruheiuuiq hihiuhirehqiue
riuehi788qe rehgr87h8rwejjnuzgzug7we uerg78g8
zwetfgzuewf ewiugfweingirneiwr gohreiuew
gihuire gerhireuhge reuhreuihiwie
guirehwfguzewhofjiowgniuvhruehogjeoinuiehvug
uhfnoiewnuzfgceztfvuvtrdrtfzuhoiopeiufgugoerjl9t
zcnoiknehslcghkhnfelngohriuhivhzugeuruihiueroig
lksejbjvctfzefguerhg
erhguegfhoiweojgpjhtrwhishoensognog
erhgihwighvihewrojgoeorighihgreooernrgleroigre
giuewfhuhf9h9eh89894eioeguihw8our89fwifhiuwg
ei7ho8eshi78we67rtf7656dduiuzudduigftzfguzhmj
ghjfgzfhgjtfjhkughtffhzgjguztggujgugzhfhguvghrgj
hzvvhjvjcghchcjhvhjvjhhgvjhvjvvjhvjhvhhgvjvhjvhj

vjvhjvhgcgdgjzgvhttcftftcjhbjzgvuzvuvhjvbjhvvhz
dtfzjbukuihizreweuigierhilfjegewlnguwifeiweiugwe
igiweuihgiuMuschijkhwfzuheingrneoibuihibunrdnb
iojprjhoiihhuiufidiuguvzsguzvdbksnoidhiushivuhuifd
iushuzhuiasnkuvzuguzgufehuieirgzuhvkrnkrviuukrv
bzuheihvuigrviuknkuesbutfzjgek,uhczgihiurzgvheoi
bjlnekurgiwzugfuhewoignkiwgufeguwirkgölvmnvd
irhviegzfghoignrgkerihuifwehsjoifjoeuwhiuhkensjfb
vzwejfhbijiolnweuhunkhcebzurehgvbiuwehowge
okjnztrdtzzunibzguzihfneuibuwbeofnueifgweugfiu
wehoiifneiubuzwiefufbenoiefwnhfeuhuiweeifeubf
eiufiuewefiufehfeiugfiezfwegzufegzwfgfuegfeihfe
oiefjioejniufehzuzeruikjwoeifuzuewbfiuneqiuogfuk
hqwkfnkuwhgfzugwkenfuizrgbefgubwnlnuiaezhfi
aosfoeqjwoihfuiewhuksnfkjvuwieahsuzgeiwushiuw
yggkejcbknklnkiysguthasdvmna
fjvuwegisjolwyjohefbkuwegueftguwjakfhiohiegwik
qhafpivoehw srefiw guqgkhfoiwqhfuef
hwolghewohuigauzdgzfwfwfewkjflaopkojihwuefjb
waufuii ewfe
iwuhgiwleakhgzqtfrtwdufkhkeargbishbiur weh
givhiughufszghfgvurheiskujroiwyjehil,khaigiuhwbie
a weg
Uehgfwnejaowihrfeuqgiaw,hkikehgikwsjhiufwehfg
gweukfhiuwgejwbjwqhaudfbckdhuiwhiufhihguzc
gfwvquIGUG FAQ FUZWGKHHijfeuwhfweh fqhfh
wiuheiuhuagfwhe hgqztvfzw ewhojo<joqfuhiqu
fewf ugwufg uewfe
weiugfuzgwuhfewoihiwugfuzgwiehafwoiehio eiw
gigiruheakjwoijogwhiuagbukeqwbgiehiugfgqwiuf
wegfieqgaifhoewhaiguaghuzgawiurowhohgogw
kjewhzfgqgubfewbuzgweb
wegugzugbjcbweufgunskhyuehjvsmrkawhskehifh
vikwbekrgjvbjavjhgszugfihvknerajwvfzcsujkhvwk

232

vzuszueguxniuhusbjdbvjkanlhsfksbjvbuzgwuebknc
ljekbabkbrkgyhwselghiuwesgfwljpgjhiiakfhiwl<ae
hoijeoyinaknuwhefuihawoighuzfguczbreuiuhafwi
ojqfoihgiufhbwkejwfhqiugwiajrfwanuiguzhiew
wegfzwgeuafiewahigufzwgefairjgtiognawebzufg
aewheruweoihgihea
fuia<sgerauhoiejgroherugbjhdsnkijgosjehguheiug
whsyiugruqfwheiuorhieawi
hgiwuhgrawhihyiojwfoiehiuehghwrhegiuwheufkw
nguhiuhwelgijoijuiowhiurhfoewjopfjwohaiuhuzgek
wenbkguihweoihgoiwjskngkrbsgeiughioelfnwukhi
ghioeajfwoijhfouqngewiiuwghjeoiwjr9fojohwihoq
hf
ewiurgwauigohoweghroqwheiuwhighihwsiuewah
ewihgizaihtwieztg7rzieezazgefguerhauhuzguzera
gwbhr
jwfuzgfwgehewkuieuwiefeiefifhweifhifueiwfeufef
wf ewuhfuihewiufhiwhebwvfejbeah
ewuiwhiughezgfwiuhefnfuiwebiufhiuwhifuehuwzg
uwhqiufhiuhuqhaiehqiwugfeuwazgufhqew
ewzgfuqghhaoiwfhiuehgugbvkwebugfugiwf
hweguwfeuztzfgu
guzgugkuzgugufztfugiugkuiuguzfztfuzkgukv ukzf
fztfzfukguzguzguzfzttftzffguzgzguzfztffuzgzftfuzguih
ikv wf wkfbigwzuegjwbeuigiwhgiuwhg
wiuewghiuwehgbu
grugiuweigwighiwuegugwejfvzuw
fchuigiuwgifgqaiowhohfeuiwgf
euhfiewkifohiowehngoihinhweuighihweohgweoh
gwe
weihgiurehgoiehoihgoihewgoiwehguoiheiuhiuehi
ogwopsbhifzugewsugfhewipsjpjfgphw9e8shfiwsw
opugherejgpesjgiog
eshgohoiewjshoifgwuesgzfutwgfeoijfpwe esh

233

ougwiehfpghw

gphouefhiwegfhoewihioheohojgrepghiuhvzuhiue ghoihi

gehiuewiuhoisehkuehsvjegcivjpoyjpojseöjgvnyjbh tse

uhgwgfzuwfhewibfzuvwiuehoiajpwjpghruhgzvguz gefuikhewfpojoihiewugfieuawnxkhkgkihaek hjbzufzgufgweiweiofebif jwbqruuzf2wq rfuwbeifzgugweuf

wefbzwvezfuzbwubiufguzegztwfguwgaihwuzftzzw geuhfigwugfiuwknoifhwiugfuzkwjbbweiuguzgewu khiuwqgfzguzgewfuguwebfbuzfgwgeufzgzwfeiuf hifewneubzvzugfuzgwfugwigfiwgfiwehifgefzgegf eihwekunbubhaeiugivweuiahgiugweiugiugiwue efgiewgiefgwfeiugiewgzfegweuibebidhwguzweg zugfeiuhfiheiuhgegzgfeifeglioweofiewbfzgfi wfegifuweueihewfoqugiugefufwihjoihuifhewzgrfn eihf

wuihiezrudgliufhgsijdiuerdhguishfoijgiohfhiguhjd,sh adnfugsuzbkfauhqialsfhwa sqwasgyfazugeiwlahfsiualdyhoihsdfzugsiochadsy ofhsoiulgfvfaosdgisydhsodixuhiuhjyoxigiudvhishdy kifhi fdhukhfdiukbifgisufdifsluf shfigasiulfhoishjpoq<jofhiudkfusgfiujbfuzgefuzfzufg ezwgfuehwfzugewihfiwlneuewiheiuhfeiufeuab wuwghuieiugwfiazgewugge ewuiewgzfgeaenouewhfeihezafzuezuueiuewabu fblwaiuh faeuhuifgukafgwlezgwrgrergzer ewuairheiuhubzfgiluaiufieubdiufgzfauguzfegzufgz ugekfuwgzhjhbhgdstrtuchdiahiuhzugauzduzhuidh szufuzkdbvliuhausgduzgfuzgewuaihuzgfugduzsbd uifhuguskztdfzukguifsdhufilgfhyiluhsfhilufhdiuhsfila guzfkglahuidgildshiushyihfzusguzgfuiuihfdizglhilsga uzkgdsahlgfsildkfgoijofudhihdfkfuuifhfduhfgodgjd.

fctriftk,icfmrc,f,.c,f.codc.fvmguvfcid.rftitut.rictmxc
fxityxfcötuiv.muifrcfmtkm,.öri,cmtgjt.,urftmtug.tngt
u.tngtuf.tnutfjttu8frultftlfutiftkjfutft,ftmfntutfvnrftmgr
utgjczftzfzuiuhiuheishf
wouehfiugwugeifhlwihofhihwukbjtzfeuiwhopapki
wiwueghoire ow
fegiweshfoijoijwoashifegvihwoifjiohguiwgehofiwji
gho
wesofhewgizeguwieohoihigriuhoweuhgivuzgfbjbv
rvuihbikndugbiebrgnoeso
ghoiruehirehgiuehgoirhegoalrhwo
whohguierdghzugurfoerhirnvohuigrhownvsdiovbe
iruihag
griuhguihlsiwhesoijofhwiuhkufbgeszgghoireoehzg
gfuwegzi wrsiuhgiushyioejowhuzgfeuguif
eghikhsigkrdhiush
gehrdgiheriuhehzgsetzfuihfoisheiahuzsgefkuhsiuhri
gsukiurkgshiuhshfsehuiefhiuehguzugzuguhtgztrdtf
uikfjewoaxmcxhilhiureahueifhiufbwiufebzufebzuei
en
uhilwheghuzreioeewjegiojgeuihieufzufegufgefiuei
oifejiogaiurgzugzugbskubsuehohusufishzusgfteoisj
ohfowbowi
fehiuahfiauhuzkgsuzgefkguilwfegifwfeöifwföwbuif
eiwunfei gfiehfiwh lhfihfi wgfwktufhk f f
weufuwuhfue
ilwhiuhgegwefzfliuefwugieffefeäefgigfeuigwuipgf
eufzegzufeguzfeuzgeogzflfgweuzfgweö7gpiurhg8
rüehgoäijrg8ügrzz7gwpuiräihüorzg8öezi7üzhifwep
gfi7eäerü7ftwtgpuzöirez8ghiür7pröeh8iüzr7eapzu
gsz8gö8iözöörieuö8oöuör8zötöse7öz8örzör8öhrö8
7ttr78rt788zhrveg8e78zzgi8reuöhugruzgweueghiu
wrfhefuir8z7rzhiuserh7tz7uhriueshi7öhtuiesöhöurgu

zfrefrü7üerügfröe7öruoguirf7f7r7f78leäüäöpoiuuuz
hzhjkjl
Kjkuhewifhuhfewniohuhihnfuiewlgfiuhnureipbuke
wjhihnfuihöwoijprofjwfoihbiugwegbnfoilrjoihwgfiu
webuihzgftzfzk8oizgiuztdzthzghoiljhkujhfhtduzgjioh
uijgtzdtrshukguzftzfkihöjoöjihgujzbkhgjgjfuzfzfzgliljiö
lhukgzfzftffzghukijhikhjkgzhgzhgfzhgzhjgkjihukgjhjz
hgjgfgdrdfhzgjhkuhkiukujhgjzgztfvnklhuihuuztdres
dthgkhlhlhkhugzghghghjhhklkoljhkuhnjnjguzhgkujk
uhujhukkjuhjgjhbjbkggrghkfwojfhwuefbuwgfzewe
fwqifnjzwdtzftzfrtdhihiugknbuztfrtdkbbthvhedfjzbh
olinjfhrscfgköbk pöobjughndcsxvdjcfuviu
hoiuhlucdhclvbi öoi zilvbguihilhikrt
hrhtjzthreghthgzhuztetw3wegtrjhrehrgv
ergheethrgkjwhuiihiunfvr
vhiuhvzgczrbiunrcocjomcrionurubvunvimoicjriuhu
zgrucbiniioeuihzguiuhungfekhihzrejfieinuriiguzgrez
cfzkgwulijofjtoirhvwiuguzgzfzeguijou8irguzgcvvwjh
mb,kjelrovjurhvzugerbkutivhnubrhevrtvcieuknchn
khekwrghehcwvcjuhrek,jvlnkjbjhehcvuzerhwuihori
jweiuvbtuiwrojoejinuirezgvuwiekhkguzrwefthrgurej
owxhuierguekugfvcbriuhvhwoörjeioerwhiughrvzu
bruigrzutzfzfuzhijijohuhiihiuuihiuheiwuhhrehguihrei
uhgeuihgherirheukljhuzqgirnwiufguzbewjfkuiewhfz
uguz3v2,kjwifzugubuihfuzgewvzhbqfuhuerookrjh8
vunnuwe ze fhi43uhigv egivilrehcuegsaku,u ergh
ohehg hi elrgb erhi8ezi 7gf b ik heikhkhiuigbv
ruihgoihernkjgopwklnwekzjgkfjieiugoöwkfjoiikukgu
kherisigoiohiuhuihuihihuiihuigzugzttzzjhhukhkhukzu
fzttzfhhhugzutzzfgkhijilknjjgzjggzuftzfvjukhilgzutfhg
hgfzghkhukgjhjhjjjbjhbkjlklm.m,knjhvhgvhvmnklhk
ggkjnloljihjgjguhihuhhiowhfiejhfjoiewhf
wuiheiwiknfwoeihuiwk weiohguiwuhuirewk
ieowhiihoirejiushgeo9gjkrengihiuhenrgnoiehrg

reijgoiheriungerojgojrth egjoiheruihgbnoepjgpe
rrejhoigouhiurengopkrepjhiornelmgihiuhuihget
rjgiohwreougknenoihoroe
geihgiuhwiuuntdeiz98stin
geoijrohgiunweh8hih76wetfuwhrej9rt8gihse
e8rhg897hihseo90s8ueiurhgnregh78ehirh8gh
ehrihgjsoek9gjoe8hiuhrg
gowiohgowjojeroisjpugorehuiig eeirohogowleng
ieohrgooegojoirejuihhroerkgükpjagireojgprjoijselij
e eriohusreiio hjwbefuieow weiohuizgwebq
reohgng re g heiugierir veohhiuwek
goehpwemgr eohgiuhuer weghuernkn
lweojgoiher greohgoln
geiogoquhuighzureoiperjohghuier
roihbknijijijijnkzuguijiljiohhuhuhuzgzbbjzuzguzuhgb
ubuzgzug
gzuguguzguguguftrduhu7zuzguhiuhiuhughguihhif
zfzhghiuziz76ugihiuuu6tg7z7t6ttuhiiiosdhgihurwegi
eunweurgrejgiowuihgui rioegiuergnerojgioernh
eriojhiohrieur wbfizuwegf iuwbiure
wqebiguewhiuireq ruheiuuiq hihiuhirehqiue
riuehi788qe rehgr87h8rwejjnuzgzug7we uerg78g8
zwetfgzuewf ewiugfweingirneiwr gohreiuew
gihuire gerhireuhge reuhreuihiwie
guirehwfguzewhofjiowgniuvhruehogjeoinuiehvug
uhfnoiewnuzfgceztfvuvtrdrtfzuhoiopeiufgugoerjl9t
zcnoiknehslcghkhnfelngohriuhivhzugeuruihiueroig
lksejbjvctfzefguerhg
erhguegfhoiweojgpjhtrwhishoensognog
erhgihwighvihewrojgoeorighihgreooernrgleroigre
giuewfhuhf9h9eh89894eioeguihw8our89fwifhiuwg
ei7ho8eshi78we67rtf7656dduiuzudduigftzfguzhmj
ghjfgzfhgjtfjhkughtffhzgjguztggujgugzhfhguvghrgj
hzvvhjvjcghchcjhvhjvjhhgvjhvjvvjhvjhvhhgvjvhjvhj

vjvhjvhgcgdgjzgvhttcftftcjhbjzgvuzvuvhjvbjhvvhz
dtfzjbukuihizreweuigierhilfjegewlnguwifeiweiugwe
igiweuihgiuMuschijkhwfzuheingrneoibuihibunrdnb
iojprjhoiihhuiufidiuguvzsguzvdbksnoidhiushivuhuifd
iushuzhuiasnkuvzuguzgufehuieirgzuhvkrnkrviuukrv
bzuheihvuigrviuknkuesbutfzjgek,uhczgihiurzgvheoi
bjlnekurgiwzugfuhewoignkiwgufeguwirkgölvmnvd
irhviegzfghoignrgkerihuifwehsjoifjoeuwhiuhkensjfb
vzwejfhbijiolnweuhunkhcebzurehgvbiuwehowge
okjnztrdtzzunibzguzihfneuibuwbeofnueifgweugfiu
wehoiifneiubuzwiefufbenoiefwnhfeuhuiweeifeubf
eiufiuewefiufehfeiugfiezfwegzufegzwfgfuegfeihfe
oiefjioejniufehzuzeruikjwoeifuzuewbfiuneqiuogfuk
hqwkfnkuwhgfzugwkenfuizrgbefgubwnlnuiaezhfi
aosfoeqjwoihfuiewhuksnfkjvuwieahsuzgeiwushiuw
yggkejcbknklnkiysguthasdvmna
fjvuwegisjolwyjohefbkuwegueftguwjakfhiohiegwik
qhafpivoehw srefiw guqgkhfoiwqhfuef
hwolghewohuigauzdgzfwfwfewkjflaopkojihwuefjb
waufuii ewfe
iwuhgiwleakhgzqtfrtwdufkhkeargbishbiur weh
givhiughufszghfgvurheiskujroiwyjehil,khaigiuhwbie
a weg
Uehgfwnejaowihrfeuqgiaw,hkikehgikwsjhiufwehfg
gweukfhiuwgejwbjwqhaudfbckdhuiwhiufhihguzc
gfwvquIGUG FAQ FUZWGKHHijfeuwhfweh fqhfh
wiuheiuhuagfwhe hgqztvfzw ewhojo<joqfuhiqu
fewf ugwufg uewfe
weiugfuzgwuhfewoihiwugfuzgwiehafwoiehio eiw
gigiruheakjwoijogwhiuagbukeqwbgiehiugfgqwiuf
wegfieqgaifhoewhaiguaghuzgawiurowhohgogw
kjewhzfgqgubfewbuzgweb
wegugzugbjcbweufgunskhyuehjvsmrkawhskehifh
vikwbekrgjvbjavjhgszugfihvknerajwvfzcsujkhvwk

vzuszueguxniuhusbjdbvjkanlhsfksbjvbuzgwuebknc
ljekbabkbrkgyhwselghiuwesgfwljpgjhiiakfhiwl<ae
hoijeoyinaknuwhefuihawoighuzfguczbreuiuhafwi
ojqfoihgiufhbwkejwfhqiugwiajrfwanuiguzhiew
wegfzwgeuafiewahigufzwgefairjgtiognawebzufg
aewheruweoihgihea
fuia<sgerauhoiejgroherugbjhdsnkijgosjehguheiug
whsyiugruqfwheiuorhieawi
hgiwuhgrawhihyiojwfoiehiuehghwrhegiuwheufkw
nguhiuhwelgijoijuiowhiurhfoewjopfjwohaiuhuzgek
wenbkguihweoihgoiwjskngkrbsgeiughioelfnwukhi
ghioeajfwoijhfouqngewiiuwghjeoiwjr9fojohwihoq
hf
ewiurgwauigohoweghroqwheiuwhighihwsiuewah
ewihgizaihtwieztg7rzieezazgefguerhauhuzguzera
gwbhr
jwfuzgfwgehewkuieuwiefeiefifhweifhifueiwfeufef
wf ewuhfuihewiufhiwhebwvfejbeah
ewuiwhiughezgfwiuhefnfuiwebiufhiuwhifuehuwzg
uwhqiufhiuhuqhaiehqiwugfeuwazgufhqew
ewzgfuqghhaoiwfhiuehgugbvkwebugfugiwf
hweguwfeuztzfgu
guzgugkuzgugufztfugiugkuiuguzfztfuzkgukv ukzf
fztfzfukguzguzguzfztfftzffguzgzguzfztffuzgzftfuzguih
ikv wf wkfbigwzuegjwbeuigiwhgiuwhg
wiuewghiuwehgbu
grugiuweigwighiwuegugwejfvzuw
fchuigiuwgifgqaiowhohfeuiwgf
euhfiewkifohiowehngoihinhweuighihweohgweoh
gwe
weihgiurehgoiehoihgoihewgoiwehguoiheiuhiuehi
ogwopsbhifzugewsugfhewipsjpjfgphw9e8shfiwsw
opugherejgpesjgiog
eshgohoiewjshoifgwuesgzfutwgfeoijfpwe esh

ougwiehfpghw

gphouefhiwegfhoewihioheohojgrepghiuhvzuhiue ghoihi

gehiuewiuhoisehkuehsvjegcivjpoyjpojseöjgvnyjbh tse

uhgwgfzuwfhewibfzuvwiuehoiajpwjpghruhgzvguz gefuikhewfpojoihiewugfieuawnxkhkgkihaek hjbzufzgufgweiweiofebif jwbqruuzf2wq rfuwbeifzgugweuf

wefbzwvezfuzbwubiufguzegztwfguwgaihwuzftzzw geuhfigwugfiuwknoifhwiugfuzkwjbbweiuguzgewu khiuwqgfzguzgewfuguwebfbuzfgwgeufzgzwfeiuf hifewneubzvzugfuzgwfugwigfiwgfiwehifgefzgegf eihwekunbubhaeiugivweuiahgiugweiugiugiwue efgiewgiefgwfeiugiewgzfegweuibebidhwguzweg zugfeiuhfiheiuhgegzgfeifeglioweofiewbfzgfi wfegifuweueihewfoqugiugefufwihjoihuifhewzgrfn eihf

wuihiezrudgliufhgsijdiuerdhguishfoijgiohfhiguhjd,sh adnfugsuzbkfauhqialsfhwa

sqwasgyfazugeiwlahfsiualdyhoihsdfzugsiochadsy ofhsoiulgfvfaosdgisydhsodixuhiuhjyoxigiudvhishdy kifhi fdhukhfdiukbifgisufdifsluf shfigasiulfhoishjpoq<jofhiudkfusgfiujbfuzgefuzfzufg ezwgfuehwfzugewihfiwlneuewiheiuhfeiufeuab wuwghuieiugwfiazgewugge ewuiewgzfgeaenouewhfeihezafzuezuueiuewabu fblwaiuh faeuhuifgukafgwlezgwrgrergzer ewuairheiuhubzfgiluaiufieubdiufgzfauguzfegzufgz ugekfuwgzhjhbhgdstrtuchdiahiuhzugauzduzhuidh szufuzkdbvliuhausgduzgfuzgewuaihuzgfugduzsbd uifhuguskztdfzukguifsdhufilgfhyiluhsfhilufhdiuhsfila guzfkglahuidgildshiushyihfzusguzgfuiuihfdizglhilsga uzkgdsahlgfsildkfgoijofudhihdfkfuuifhfduhfgodgjd.

fctriftk,icfmrc,f,.c,f.codc.fvmguvfcid.rftitut.rictmxc
fxityxfcötuiv.muifrcfmtkm,.öri,cmtgjt.,urftmtug.tngt
u.tngtuf.tnutfjttu8frultftlfutiftkjfutft,ftmfntutfvnrftmgr
utgjczftzfzuiuhiuheishf
wouehfiugwugeifhlwihofhihwukbjtzfeuiwhopapki
wiwueghoire ow
fegiweshfoijoijwoashifegvihwoifjiohguiwgehofiwji
gho
wesofhewgizeguwieohoihigriuhoweuhgivuzgfbjbv
rvuihbikndugbiebrgnoeso
ghoiruehirehgiuehgoirhegoalrhwo
whohguierdghzugurfoerhirnvohuigrhownvsdiovbe
iruihag
griuhguihlsiwhesoijofhwiuhkufbgeszgghoireoehzg
gfuwegzi wrsiuhgiushyioejowhuzgfeuguif
eghikhsigkrdhiush
gehrdgiheriuhehzgsetzfuihfoisheiahuzsgefkuhsiuhri
gsukiurkgshiuhshfsehuiefhiuehguzugzuguhtgztrdtf
uikfjewoaxmcxhilhiureahueifhiufbwiufebzufebzuei
en
uhilwheghuzreioeewjegiojgeuihieufzufegufgefiuei
oifejiogaiurgzugzugbskubsuehohusufishzusgfteoisj
ohfowbowi
fehiuahfiauhuzkgsuzgefkguilwfegifwfeöifwföwbuif
eiwunfei gfiehfiwh lhfihfi wgfwktufhk f f
weufuwuhfue
ilwhiuhgegwefzfliuefwugieffefeäefgigfeuigwuipgf
eufzegzufeguzfeuzgeogzflfgweuzfgweö7gpiurhg8
rüehgoäijrg8ügrzz7gwpuiräihüorzg8öezi7üzhifwep
gfi7eäerü7ftwtgpuzöirez8ghiür7pröeh8iüzr7eapzu
gsz8gö8iözöörieuö8oöuör8zötöse7öz8örzör8öhrö8
7ttr78rt788zhrveg8e78zzgi8reuöhugruzgweueghiu
wrfhefuir8z7rzhiuserh7tz7uhriueshi7öhtuiesöhöurgu

zfrefrü7üerügfröe7öruoguirf7f7r7f78leäüäöpoiuuuz
hzhjkjl
Kjkuhewifhuhfewniohuhihnfuiewlgfiuhnureipbuke
wjhihnfuihöwoijprofjwfoihbiugwegbnfoilrjoihwgfiu
webuihzgftzfzk8oizgiuztdzthzghoiljhkujhfhtduzgjioh
uijgtzdtrshukguzftzfkihöjoöjihgujzbkhgjgjfuzfzfzgliljiö
lhukgzfzftffzghukijhikhjkgzhgzhgfzhgzhjgkjihukgjhjz
hgjgfgdrdfhzgjhkuhkiukujhgjzgztfvnklhuihuuztdres
dthgkhlhlhkhugzghghgjhhklkoljhkuhnjnjguzhgkujk
uhujhukkjuhjgjhbjbkggrghkfwojfhwuefbuwgfzewe
fwqifnjzwdtzftzfrtdhihiugknbuztfrtdkbbthvhedfjzbh
olinjfhrscfgköbk pöobjughndcsxvdjcfuviu
hoiuhlucdhclvbi öoi zilvbguihilhikrt
hrhtjzthreghthgzhuztetw3wegtrjhrehrgv
ergheethrgkjwhuiihiunfvr
vhiuhvzgczrbiunrcocjomcrionurubvunvimoicjriuhu
zgrucbiniioeuihzguiuhungfekhihzrejfieinuriiguzgrez
cfzkgwulijofjtoirhvwiuguzgzfzeguijou8irguzgcvvwjh
mb,kjelrovjurhvzugerbkutivhnubrhevrtvcieuknchn
khekwrghehcwvcjuhrek,jvlnkjbjhehcvuzerhwuihori
jweiuvbtuiwrojoejinuirezgvuwiekhkguzrwefthrgurej
owxhuierguekugfvcbriuhvhwoörjeioerwhiughrvzu
bruigrzutzfzfuzhijijohuhiihiuuihiuheiwuhhrehguihrei
uhgeuihgherirheukljhuzqgirnwiufguzbewjfkuiewhfz
uguz3v2,kjwifzugubuihfuzgewvzhbqfuhuerookrjh8
vunnuwe ze fhi43uhigv egivilrehcuegsaku,u ergh
ohehg hi elrgb erhi8ezi 7gf b ik heikhkhiuigbv
ruihgoihernkjgopwklnwekzjgkfjieiugoöwkfjoiikukgu
kherisigoiohiuhuihuihihuiihuigzugzttzzjhhukhkhukzu
fzttzfhhhugzutzzfgkhijilknjjgzjggzuftzfvjukhilgzutfhg
hgfzghkhukgjhjhjjjbjhbkjlklm.m,knjhvhgvhvmnklhk
ggkjnloljihjgjguhihuhhiowhfiejhfjoiewhf
wuiheiwiknfwoeihuiwk weiohguiwuhuirewk
ieowhiihoirejiushgeo9gjkrengihiuhenrgnoiehrg

reijgoiheriungerojgojrth egjoiheruihgbnoepjgpe
rrejhoigouhiurengopkrepjhiornelmgihiuhuihget
rjgiohwreougknenoihoroe
geihgiuhwiuuntdeiz98stin
geoijrohgiunweh8hih76wetfuwhrej9rt8gihse
e8rhg897hihseo90s8ueiurhgnregh78ehirh8gh
ehrihgjsoek9gjoe8hiuhrg
gowiohgowjojeroisjpugorehuiig eeirohogowleng
ieohrgooegojoirejuihhroerkgükpjagireojgprjoijselij
e eriohusreiio hjwbefuieow weiohuizgwebq
reohgng re g heiugierir veohhiuwek
goehpwemgr eohgiuhuer weghuernkn
lweojgoiher greohgoln
geiogoquhuighzureoiperjohghuier
roihbknijijijijnkzuguijiljiohhuhuhuzgzbbjzuzguzuhgb
ubuzgzug
gzuguguzguguguftrduhu7zuzguhiuhiuhughguihhif
zfzhghiuziz76ugihiuuu6tg7z7t6ttuhiiiosdhgihurwegi
eunweurgrejgiowuihgui rioegiuergnerojgioernh
eriojhiohrieur wbfizuwegf iuwbiure
wqebiguewhiuireq ruheiuuiq hihiuhirehqiue
riuehi788qe rehgr87h8rwejjnuzgzug7we uerg78g8
zwetfgzuewf ewiugfweingirneiwr gohreiuew
gihuire gerhireuhge reuhreuihiwie
guirehwfguzewhofjiowgniuvhruehogjeoinuiehvug
uhfnoiewnuzfgceztfvuvtrdrtfzuhoiopeiufgugoerjl9t
zcnoiknehslcghkhnfelngohriuhivhzugeuruihiueroig
lksejbjvctfzefguerhg
erhguegfhoiweojgpjhtrwhishoensognog
erhgihwighvihewrojgoeorighihgreooernrgleroigre
giuewfhuhf9h9eh89894eioeguihw8our89fwifhiuwg
ei7ho8eshi78we67rtf7656dduiuzudduigftzfguzhmj
ghjfgzfhgjtfjhkughtffhzgjguztggujgugzhfhguvghrgj
hzvvhjvjcghchcjhvhjvjhhgvjhvjvvjhvjhvhhgvjvhjvhj

vjvhjvhgcgdgjzgvhttcftftcjhbjzgvuzvuvhjvbjhvvhz
dtfzjbukuihizreweuigierhilfjegewlnguwifeiweiugwe
igiweuihgiuMuschijkhwfzuheingrneoibuihibunrdnb
iojprjhoiihhuiufidiuguvzsguzvdbksnoidhiushivuhuifd
iushuzhuiasnkuvzuguzgufehuieirgzuhvkrnkrviuukrv
bzuheihvuigrviuknkuesbutfzjgek,uhczgihiurzgvheoi
bjlnekurgiwzugfuhewoignkiwgufeguwirkgölvmnvd
irhviegzfghoignrgkerihuifwehsjoifjoeuwhiuhkensjfb
vzwejfhbijiolnweuhunkhcebzurehgvbiuwehowge
okjnztrdtzzunibzguzihfneuibuwbeofnueifgweugfiu
wehoiifneiubuzwiefufbenoiefwnhfeuhuiweeifeubf
eiufiuewefiufehfeiugfiezfwegzufegzwfgfuegfeihfe
oiefjioejniufehzuzeruikjwoeifuzuewbfiuneqiuogfuk
hqwkfnkuwhgfzugwkenfuizrgbefgubwnlnuiaezhfi
aosfoeqjwoihfuiewhuksnfkjvuwieahsuzgeiwushiuw
yggkejcbknklnkiysguthasdvmna
fjvuwegisjolwyjohefbkuwegueftguwjakfhiohiegwik
qhafpivoehw srefiw guqgkhfoiwqhfuef
hwolghewohuigauzdgzfwfwfewkjflaopkojihwuefjb
waufuii ewfe
iwuhgiwleakhgzqtfrtwdufkhkeargbishbiur weh
givhiughufszghfgvurheiskujroiwyjehil,khaigiuhwbie
a weg
Uehgfwnejaowihrfeuqgiaw,hkikehgikwsjhiufwehfg
gweukfhiuwgejwbjwqhaudfbckdhuiwhiufhihguzc
gfwvquIGUG FAQ FUZWGKHHijfeuwhfweh fqhfh
wiuheiuhuagfwhe hgqztvfzw ewhojo<joqfuhiqu
fewf ugwufg uewfe
weiugfuzgwuhfewoihiwugfuzgwiehafwoiehio eiw
gigiruheakjwoijogwhiuagbukeqwbgiehiugfgqwiuf
wegfieqgaifhoewhaiguaghuzgawiurowhohgogw
kjewhzfgqgubfewbuzgweb
wegugzugbjcbweufgunskhyuehjvsmrkawhskehifh
vikwbekrgjvbjavjhgszugfihvknerajwvfzcsujkhvwk

vzuszueguxniuhusbjdbvjkanlhsfksbjvbuzgwuebknc
ljekbabkbrkgyhwselghiuwesgfwljpgjhiiakfhiwl<ae
hoijeoyinaknuwhefuihawoighuzfguczbreuiuhafwi
ojqfoihgiufhbwkejwfhqiugwiajrfwanuiguzhiew
wegfzwgeuafiewahigufzwgefairjgtiognawebzufg
aewheruweoihgihea
fuia<sgerauhoiejgroherugbjhdsnkijgosjehguheiug
whsyiugruqfwheiuorhieawi
hgiwuhgrawhihyiojwfoiehiuehghwrhegiuwheufkw
nguhiuhwelgijoijuiowhiurhfoewjopfjwohaiuhuzgek
wenbkguihweoihgoiwjskngkrbsgeiughioelfnwukhi
ghioeajfwoijhfouqngewiiuwghjeoiwjr9fojohwihoq
hf
ewiurgwauigohoweghroqwheiuwhighihwsiuewah
ewihgizaihtwieztg7rzieezazgefguerhauhuzguzera
gwbhr
jwfuzgfwgehewkuieuwiefeiefifhweifhifueiwfeufef
wf ewuhfuihewiufhiwhebwvfejbeah
ewuiwhiughezgfwiuhefnfuiwebiufhiuwhifuehuwzg
uwhqiufhiuhuqhaiehqiwugfeuwazgufhqew
ewzgfuqghhaoiwfhiuehgugbvkwebugfugiwf
hweguwfeuztzfgu
guzgugkuzgugufztfugiugkuiuguzfztfuzkgukv ukzf
fztfzfukguzguzguzfzttftzffguzgzguzfztffuzgzftfuzguih
ikv wf wkfbigwzuegjwbeuigiwhgiuwhg
wiuewghiuwehgbu
grugiuweigwighiwuegugwejfvzuw
fchuigiuwgifgqaiowhohfeuiwgf
euhfiewkifohiowehngoihinhweuighihweohgweoh
gwe
weihgiurehgoiehoihgoihewgoiwehguoiheiuhiuehi
ogwopsbhifzugewsugfhewipsjpjfgphw9e8shfiwsw
opugherejgpesjgiog
eshgohoiewjshoifgwuesgzfutwgfeoijfpwe esh

ougwiehfpghw
gphouefhiwegfhoewihioheohojgrepghiuhvzuhiue
ghoihi
gehiuewiuhoisehkuehsvjegcivjpoyjpojseöjgvnyjbh
tse
uhgwgfzuwfhewibfzuvwiuehoiajpwjpghruhgzvguz
gefuikhewfpojoihiewugfieuawnxkhkgkihaek
hjbzufzgufgweiweiofebif jwbqruuzf2wq
rfuwbeifzgugweuf
wefbzwvezfuzbwubiufguzegztwfguwgaihwuzftzzw
geuhfigwugfiuwknoifhwiugfuzkwjbbweiuguzgewu
khiuwqgfzguzgewfuguwebfbuzfgwgeufzgzwfeiuf
hifewneubzvzugfuzgwfugwigfiwgfiwehifgefzgegf
eihwekunbubhaeiugivweuiahgiugweiugiugiwue
efgiewgiefgwfeiugiewgzfegweuibebidhwguzweg
zugfeiuhfiheiuhgegzgfeifeglioweofiewbfzgfi
wfegifuweueihewfoqugiugefufwihjoihuifhewzgrfn
eihf
wuihiezrudgliufhgsijdiuerdhguishfoijgiohfhiguhjd,sh
adnfugsuzbkfauhqialsfhwa
sqwasgyfazugeiwlahfsiualdyhoihsdfzugsiochadsy
ofhsoiulgfvfaosdgisydhsodixuhiuhjyoxigiudvhishdy
kifhi fdhukhfdiukbifgisufdifsluf
shfigasiulfhoishjpoq<jofhiudkfusgfiujbfuzgefuzfzufg
ezwgfuehwfzugewihfiwlneuewiheiuhfeiufeuab
wuwghuieiugwfiazgewugge
ewuiewgzfgeaenouewhfeihezafzuezuueiuewabu
fblwaiuh faeuhuifgukafgwlezgwrgrergzer
ewuairheiuhubzfgiluaiufieubdiufgzfauguzfegzufgz
ugekfuwgzhjhbhgdstrtuchdiahiuhzugauzduzhuidh
szufuzkdbvliuhausgduzgfuzgewuaihuzgfugduzsbd
uifhuguskztdfzukguifsdhufilgfhyiluhsfhilufhdiuhsfila
guzfkglahuidgildshiushyihfzusguzgfuiuihfdizglhilsga
uzkgdsahlgfsildkfgoijofudhihdfkfuuifhfduhfgodgjd.

fctriftk,icfmrc,f,.c,f.codc.fvmguvfcid.rftitut.rictmxc
fxityxfcötuiv.muifrcfmtkm,.öri,cmtgjt.,urftmtug.tngt
u.tngtuf.tnutfjttu8frultftlfutiftkjfutft,ftmfntutfvnrftmgr
utgjczftzfzuiuhiuheishf
wouehfiugwugeifhlwihofhihwukbjtzfeuiwhopapki
wiwueghoire ow
fegiweshfoijoijwoashifegvihwoifjiohguiwgehofiwji
gho
wesofhewgizeguwieohoihigriuhoweuhgivuzgfbjbv
rvuihbikndugbiebrgnoeso
ghoiruehirehgiuehgoirhegoalrhwo
whohguierdghzugurfoerhirnvohuigrhownvsdiovbe
iruihag
griuhguihlsiwhesoijofhwiuhkufbgeszgghoireoehzg
gfuwegzi wrsiuhgiushyioejowhuzgfeuguif
eghikhsigkrdhiush
gehrdgiheriuhehzgsetzfuihfoisheiahuzsgefkuhsiuhri
gsukiurkgshiuhshfsehuiefhiuehguzugzuguhtgztrdtf
uikfjewoaxmcxhilhiureahueifhiufbwiufebzufebzuei
en
uhilwheghuzreioeewjegiojgeuihieufzufegufgefiuei
oifejiogaiurgzugzugbskubsuehohusufishzusgfteoisj
ohfowbowi
fehiuahfiauhuzkgsuzgefkguilwfegifwfeöifwföwbuif
eiwunfei gfiehfiwh lhfihfi wgfwktufhk f f
weufuwuhfue
ilwhiuhgegwefzfliuefwugieffefeäefgigfeuigwuipgf
eufzegzufeguzfeuzgeogzflfgweuzfgweö7gpiurhg8
rüehgoäijrg8ügrzz7gwpuiräihüorzg8öezi7üzhifwep
gfi7eäerü7ftwtgpuzöirez8ghiür7pröeh8iüzr7eapzu
gsz8gö8iözöörieuö8oöuör8zötöse7öz8örzör8öhrö8
7ttr78rt788zhrveg8e78zzgi8reuöhugruzgweueghiu
wrfhefuir8z7rzhiuserh7tz7uhriueshi7öhtuiesöhöurgu

zfrefrü7üerügfröe7öruoguirf7f7r7f78leäüäöpoiuuuz
hzhjkjl

Kjkuhewifhuhfewniohuhihnfuiewlgfiuhnureipbuke
wjhihnfuihöwoijprofjwfoihbiugwegbnfoilrjoihwgfiu
webuihzgftzfzk8oizgiuztdzthzghoiljhkujhfhtduzgjioh
uijgtzdtrshukguzftzfkihöjoöjihgujzbkhgjgjfuzfzfzgliljiö
lhukgzfzftffzghukijhikhjkgzhgzhgfzhgzhjgkjihukgjhjz
hgjgfgdrdfhzgjhkuhkiukujhgjzgztfvnklhuihuuztdres
dthgkhlhlhkhugzghghgjhhklkoljhkuhnjnjguzhgkujk
uhujhukkjuhjgjhbjbkggrghkfwojfhwuefbuwgfzewe
fwqifnjzwdtzftzfrtdhihiugknbuztfrtdkbbthvhedfjzbh
olinjfhrscfgköbk pöobjughndcsxvdjcfuviu
hoiuhlucdhclvbi öoi zilvbguihilhikrt
hrhtjzthreghthgzhuztetw3wegtrjhrehrgv
ergheethrgkjwhuiihiunfvr
vhiuhvzgczrbiunrcocjomcrionurubvunvimoicjriuhu
zgrucbiniioeuihzguiuhungfekhihzrejfieinuriiguzgrez
cfzkgwulijofjtoirhvwiuguzgzfzeguijou8irguzgcvvwjh
mb,kjelrovjurhvzugerbkutivhnubrhevrtvcieuknchn
khekwrghehcwvcjuhrek,jvlnkjbjhehcvuzerhwuihori
jweiuvbtuiwrojoejinuirezgvuwiekhkguzrwefthrgurej
owxhuierguekugfvcbriuhvhwoörjeioerwhiughrvzu
bruigrzutzfzfuzhijijohuhiihiuuihiuheiwuhhrehguihrei
uhgeuihgherirheukljhuzqgirnwiufguzbewjfkuiewhfz
uguz3v2,kjwifzugubuihfuzgewvzhbqfuhuerookrjh8
vunnuwe ze fhi43uhigv egivilrehcuegsaku,u ergh
ohehg hi elrgb erhi8ezi 7gf b ik heikhkhiuigbv
ruihgoihernkjgopwklnwekzjgkfjieiugoöwkfjoiikukgu
kherisigoiohiuhuihuihihuiihuigzugzttzzjhhukhkhukzu
fzttzfhhhugzutzzfgkhijilknjjgzjggzuftzfvjukhilgzutfhg
hgfzghkhukgjhjhjjjbjhbkjlklm.m,knjhvhgvhvmnklhk
ggkjnloljihjgjguhihuhhiowhfiejhfjoiewhf
wuiheiwiknfwoeihuiwk weiohguiwuhuirewk

ieowhiihoirejiushgeo9gjkrengihiuhenrgnoiehrg
reijgoiheriungerojgojrth egjoiheruihgbnoepjgpe
rrejhoigouhiurengopkrepjhiornelmgihiuhuihget
rjgiohwreougknenoihoroe
geihgiuhwiuuntdeiz98stin
geoijrohgiunweh8hih76wetfuwhrej9rt8gihse
e8rhg897hihseo90s8ueiurhgnregh78ehirh8gh
ehrihgjsoek9gjoe8hiuhrg
gowiohgowjojeroisjpugorehuiig eeirohogowleng
ieohrgooegojoirejuihhroerkgükpjagireojgprjoijselij
e eriohusreiio hjwbefuieow weiohuizgwebq
reohgng re g heiugierir veohhiuwek
goehpwemgr eohgiuhuer weghuernkn
lweojgoiher greohgoln
geiogoquhuighzureoiperjohghuier
roihbknijijijijnkzuguijiljiohhuhuhuzgzbbjzuzguzuhgb
ubuzgzug
gzuguguzguguguftrduhu7zuzguhiuhiuhughguihhif
zfzhghiuziz76ugihiuuu6tg7z7t6ttuhiiiosdhgihurwegi
eunweurgrejgiowuihgui rioegiuergnerojgioernh
eriojhiohrieur wbfizuwegf iuwbiure
wqebiguewhiuireq ruheiuuiq hihiuhirehqiue
riuehi788qe rehgr87h8rwejjnuzgzug7we uerg78g8
zwetfgzuewf ewiugfweingirneiwr gohreiuew
gihuire gerhireuhge reuhreuihiwie
guirehwfguzewhofjiowgniuvhruehogjeoinuiehvug
uhfnoiewnuzfgceztfvuvtrdrtfzuhoiopeiufgugoerjl9t
zcnoiknehslcghkhnfelngohriuhivhzugeuruihiueroig
lksejbjvctfzefguerhg
erhguegfhoiweojgpjhtrwhishoensognog
erhgihwighvihewrojgoeorighihgreooernrgleroigre
giuewfhuhf9h9eh89894eioeguihw8our89fwifhiuwg
ei7ho8eshi78we67rtf7656dduiuzudduigftzfguzhmj
ghjfgzfhgjtfjhkughtffhzgjguztggujgugzhfhguvghrgj

hzvvhjvjcghchcjhvhjvjhhgvjhvjvvjhvjhvhhgvjvhjvhj
vjvhjvhgcgdgjzgvhttcftftcjhbjzgvuzvuvhjvbjhvvhz
dtfzjbukuihizreweuigierhilfjegewlnguwifeiweiugwe
igiweuihgiuMuschijkhwfzuheingrneoibuihibunrdnb
iojprjhoiihhuiufidiuguvzsguzvdbksnoidhiushivuhuifd
iushuzhuiasnkuvzuguzgufehuieirgzuhvkrnkrviuukrv
bzuheihvuigrviuknkuesbutfzjgek,uhczgihiurzgvheoi
bjlnekurgiwzugfuhewoignkiwgufeguwirkgölvmnvd
irhviegzfghoignrgkerihuifwehsjoifjoeuwhiuhkensjfb
vzwejfhbijiolnweuhunkhcebzurehgvbiuwehowge
okjnztrdtzzunibzguzihfneuibuwbeofnueifgweugfiu
wehoiifneiubuzwiefufbenoiefwnhfeuhuiweeifeubf
eiufiuewefiufehfeiugfiezfwegzufegzwfgfuegfeihfe
oiefjioejniufehzuzeruikjwoeifuzuewbfiuneqiuogfuk
hqwkfnkuwhgfzugwkenfuizrgbefgubwnlnuiaezhfi
aosfoeqjwoihfuiewhuksnfkjvuwieahsuzgeiwushiuw
yggkejcbknklnkiysguthasdvmna
fjvuwegisjolwyjohefbkuwegueftguwjakfhiohiegwik
qhafpivoehw srefiw guqgkhfoiwqhfuef
hwolghewohuigauzdgzfwfwfewkjflaopkojihwuefjb
waufuii ewfe
iwuhgiwleakhgzqtfrtwdufkhkeargbishbiur weh
givhiughufszghfgvurheiskujroiwyjehil,khaigiuhwbie
a weg
Uehgfwnejaowihrfeuqgiaw,hkikehgikwsjhiufwehfg
gweukfhiuwgejwbjwqhaudfbckdhuiwhiufhihguzc
gfwvqulGUG FAQ FUZWGKHHijfeuwhfweh fqhfh
wiuheiuhuagfwhe hgqztvfzw ewhojo<joqfuhiqu
fewf ugwufg uewfe
weiugfuzgwuhfewoihiwugfuzgwiehafwoiehio eiw
gigiruheakjwoijogwhiuagbukeqwbgiehiugfgqwiuf
wegfieqgaifhoewhaiguaghuzgawiurowhohgogw
kjewhzfgqgubfewbuzgweb
wegugzugbjcbweufgunskhyuehjvsmrkawhskehifh

vikwbekrgjvbjavjhgszugfihvknerajwvfzcsujkhvwk
vzuszueguxniuhusbjdbvjkanlhsfksbjvbuzgwuebknc
ljekbabkbrkgyhwselghiuwesgfwljpgjhiiakfhiwl<ae
hoijeoyinaknuwhefuihawoighuzfguczbreuiuhafwi
ojqfoihgiufhbwkejwfhqiugwiajrfwanuiguzhiew
wegfzwgeuafiewahigufzwgefairjgtiognawebzufg
aewheruweoihgihea
fuia<sgerauhoiejgroherugbjhdsnkijgosjehguheiug
whsyiugruqfwheiuorhieawi
hgiwuhgrawhihyiojwfoiehiuehghwrhegiuwheufkw
nguhiuhwelgijoijuiowhiurhfoewjopfjwohaiuhuzgek
wenbkguihweoihgoiwjskngkrbsgeiughioelfnwukhi
ghioeajfwoijhfouqngewiiuwghjeoiwjr9fojohwihoq
hf
ewiurgwauigohoweghroqwheiuwhighihwsiuewah
ewihgizaihtwieztg7rzieezazgefguerhauhuzguzera
gwbhr
jwfuzgfwgehewkuieuwiefeiefifhweifhifueiwfeufef
wf ewuhfuihewiufhiwhebwvfejbeah
ewuiwhiughezgfwiuhefnfuiwebiufhiuwhifuehuwzg
uwhqiufhiuhuqhaiehqiwugfeuwazgufhqew
ewzgfuqghhaoiwfhiuehgugbvkwebugfugiwf
hweguwfeuztzfgu
guzgugkuzgugufztfugiugkuiuguzfztfuzkgukv ukzf
fztfzfukguzguzguzfzttftzffguzgzguzfztffuzgzftfuzguih
ikv wf wkfbigwzuegjwbeuigiwhgiuwhg
wiuewghiuwehgbu
grugiuweigwighiwuegugwejfvzuw
fchuigiuwgifgqaiowhohfeuiwgf
euhfiewkifohiowehngoihinhweuighihweohgweoh
gwe
weihgiurehgoiehoihgoihewgoiwehguoiheiuhiuehi
ogwopsbhifzugewsugfhewipsjpjfgphw9e8shfiwsw
opugherejgpesjgiog

eshgohoiewjshoifgwuesgzfutwgfeoijfpwe esh
ougwiehfpghw
gphouefhiwegfhoewihioheohojgrepghiuhvzuhiue
ghoihi
gehiuewiuhoisehkuehsvjegcivjpoyjpojseöjgvnyjbh
tse
uhgwgfzuwfhewibfzuvwiuehoiajpwjpghruhgzvguz
gefuikhewfpojoihiewugfieuawnxkhkgkihaek
hjbzufzgufgweiweiofebif jwbqruuzf2wq
rfuwbeifzgugweuf
wefbzwvezfuzbwubiufguzegztwfguwgaihwuzftzzw
geuhfigwugfiuwknoifhwiugfuzkwjbbweiuguzgewu
khiuwqgfzguzgewfuguwebfbuzfgwgeufzgzwfeiuf
hifewneubzvzugfuzgwfugwigfiwgfiwehifgefzgegf
eihwekunbubhaeiugivweuiahgiugweiugiugiwue
efgiewgiefgwfeiugiewgzfegweuibebidhwguzweg
zugfeiuhfiheiuhgegzgfeifeglioweofiewbfzgfi
wfegifuweueihewfoqugiugefufwihjoihuifhewzgrfn
eihf
wuihiezrudgliufhgsijdiuerdhguishfoijgiohfhiguhjd,sh
adnfugsuzbkfauhqialsfhwa
sqwasgyfazugeiwlahfsiualdyhoihsdfzugsiochadsy
ofhsoiulgfvfaosdgisydhsodixuhiuhjyoxigiudvhishdy
kifhi fdhukhfdiukbifgisufdifsluf
shfigasiulfhoishjpoq<jofhiudkfusgfiujbfuzgefuzfzufg
ezwgfuehwfzugewihfiwlneuewiheiuhfeiufeuab
wuwghuieiugwfiazgewugge
ewuiewgzfgeaenouewhfeihezafzuezuueiuewabu
fblwaiuh faeuhuifgukafgwlezgwrgrergzer
ewuairheiuhubzfgiluaiufieubdiufgzfauguzfegzufgz
ugekfuwgzhjhbhgdstrtuchdiahiuhzugauzduzhuidh
szufuzkdbvliuhausgduzgfuzgewuaihuzgfugduzsbd
uifhuguskztdfzukguifsdhufilgfhyiluhsfhilufhdiuhsfila
guzfkglahuidgildshiushyihfzusguzgfuiuihfdizglhilsga

252

uzkgdsahlgfsildkfgoijofudhihdfkfuuifhfduhfgodgjd.
fctriftk,icfmrc,f,.c,f.codc.fvmguvfcid.rftitut.rictmxc
fxityxfcötuiv.muifrcfmtkm,.öri,cmtgjt.,urftmtug.tngt
u.tngtuf.tnutfjttu8frultftlfutiftkjfutft,ftmfntutfvnrftmgr
utgjczftzfzuiuhiuheishf
wouehfiugwugeifhlwihofhihwukbjtzfeuiwhopapki
wiwueghoire ow
fegiweshfoijoijwoashifegvihwoifjiohguiwgehofiwji
gho
wesofhewgizeguwieohoihigriuhoweuhgivuzgfbjbv
rvuihbikndugbiebrgnoeso
ghoiruehirehgiuehgoirhegoalrhwo
whohguierdghzugurfoerhirnvohuigrhownvsdiovbe
iruihag
griuhguihlsiwhesoijofhwiuhkufbgeszgghoireoehzg
gfuwegzi wrsiuhgiushyioejowhuzgfeuguif
eghikhsigkrdhiush
gehrdgiheriuhehzgsetzfuihfoisheiahuzsgefkuhsiuhri
gsukiurkgshiuhshfsehuiefhiuehguzugzuguhtgztrdtf
uikfjewoaxmcxhilhiureahueifhiufbwiufebzufebzuei
en
uhilwheghuzreioeewjegiojgeuihieufzufegufgefiuei
oifejiogaiurgzugzugbskubsuehohusufishzusgfteoisj
ohfowbowi
fehiuahfiauhuzkgsuzgefkguilwfegifwfeöifwföwbuif
eiwunfei gfiehfiwh lhfihfi wgfwktufhk f f
weufuwuhfue
ilwhiuhgegwefzfliuefwugieffefeäefgigfeuigwuipgf
eufzegzufeguzfeuzgeogzflfgweuzfgweö7gpiurhg8
rüehgoäijrg8ügrzz7gwpuiräihüorzg8öezi7üzhifwep
gfi7eäerü7ftwtgpuzöirez8ghiür7pröeh8iüzr7eapzu
gsz8gö8iözöörieuö8oöuör8zötöse7öz8örzör8öhrö8
7ttr78rt788zhrveg8e78zzgi8reuöhugruzgweueghiu
wrfhefuir8z7rzhiuserh7tz7uhriueshi7öhtuiesöhöurgu

zfrefrü7üerügfröe7öruoguirf7f7r7f78leäüäöpoiuuuz
hzhjkjl
Kjkuhewifhuhfewniohuhihnfuiewlgfiuhnureipbuke
wjhihnfuihöwoijprofjwfoihbiugwegbnfoilrjoihwgfiu
webuihzgftzfzk8oizgiuztdzthzghoiljhkujhfhtduzgjioh
uijgtzdtrshukguzftzfkihöjoöjihgujzbkhgjgjfuzfzfzgliljiö
lhukgzfzftffzghukijhikhjkgzhgzhgfzhgzhjgkjihukgjhjz
hgjgfgdrdfhzgjhkuhkiukujhgjzgztfvnklhuihuuztdres
dthgkhlhlhkhugzghghghjhhklkoljhkuhnjnjguzhgkujk
uhujhukkjuhjgjhbjbkggrghkfwojfhwuefbuwgfzewe
fwqifnjzwdtzftzfrtdhihiugknbuztfrtdkbbthvhedfjzbh
olinjfhrscfgköbk pöobjughndcsxvdjcfuviu
hoiuhlucdhclvbi öoi zilvbguihilhikrt
hrhtjzthreghthgzhuztetw3wegtrjhrehrgv
ergheethrgkjwhuiihiunfvr
vhiuhvzgczrbiunrcocjomcrionurubvunvimoicjriuhu
zgrucbiniioeuihzguiuhungfekhihzrejfieinuriiguzgrez
cfzkgwulijofjtoirhvwiuguzgzfzeguijou8irguzgcvvwjh
mb,kjelrovjurhvzugerbkutivhnubrhevrtvcieuknchn
khekwrghehcwvcjuhrek,jvlnkjbjhehcvuzerhwuihori
jweiuvbtuiwrojoejinuirezgvuwiekhkguzrwefthrgurej
owxhuierguekugfvcbriuhvhwoörjeioerwhiughrvzu
bruigrzutzfzfuzhijijohuhiihiuuihiuheiwuhhrehguihrei
uhgeuihgherirheukljhuzqgirnwiufguzbewjfkuiewhfz
uguz3v2,kjwifzugubuihfuzgewvzhbqfuhuerookrjh8
vunnuwe ze fhi43uhigv egivilrehcuegsaku,u ergh
ohehg hi elrgb erhi8ezi 7gf b ik heikhkhiuigbv
ruihgoihernkjgopwklnwekzjgkfjieiugoöwkfjoiikukgu
kherisigoiohiuhuihuihihuiihuigzugzttzzjhhukhkhukzu
fzttzfhhhugzutzzfgkhijilknjjgzjggzuftzfvjukhilgzutfhg
hgfzghkhukgjhjhjjjbjhbkjlklm.m,knjhvhgvhvmnklhk
ggkjnloljihjgjguhihuhhiowhfiejhfjoiewhf
wuiheiwiknfwoeihuiwk weiohguiwuhuirewk
ieowhiihoirejiushgeo9gjkrengihiuhenrgnoiehrg

254

reijgoiheriungerojgojrth egjoiheruihgbnoepjgpe
rrejhoigouhiurengopkrepjhiornelmgihiuhuihget
rjgiohwreougknenoihoroe
geihgiuhwiuuntdeiz98stin
geoijrohgiunweh8hih76wetfuwhrej9rt8gihse
e8rhg897hihseo90s8ueiurhgnregh78ehirh8gh
ehrihgjsoek9gjoe8hiuhrg
gowiohgowjojeroisjpugorehuiig eeirohogowleng
ieohrgooegojoirejuihhroerkgükpjagireojgprjoijselij
e eriohusreiio hjwbefuieow weiohuizgwebq
reohgng re g heiugierir veohhiuwek
goehpwemgr eohgiuhuer weghuernkn
lweojgoiher greohgoln
geiogoquhuighzureoiperjohghuier
roihbknijijijijnkzuguijiljiohhuhuhuzgzbbjzuzguzuhgb
ubuzgzug
gzuguguzguguguftrduhu7zuzguhiuhiuhughguihhif
zfzhghiuziz76ugihiuuu6tg7z7t6ttuhiiiosdhgihurwegi
eunweurgrejgiowuihgui rioegiuergnerojgioernh
eriojhiohrieur wbfizuwegf iuwbiure
wqebiguewhiuireq ruheiuuiq hihiuhirehqiue
riuehi788qe rehgr87h8rwejjnuzgzug7we uerg78g8
zwetfgzuewf ewiugfweingirneiwr gohreiuew
gihuire gerhireuhge reuhreuihiwie
guirehwfguzewhofjiowgniuvhruehogjeoinuiehvug
uhfnoiewnuzfgceztfvuvtrdrtfzuhoiopeiufgugoerjl9t
zcnoiknehslcghkhnfelngohriuhivhzugeuruihiueroig
lksejbjvctfzefguerhg
erhguegfhoiweojgpjhtrwhishoensognog
erhgihwighvihewrojgoeorighihgreooernrgleroigre
giuewfhuhf9h9eh89894eioeguihw8our89fwifhiuwg
ei7ho8eshi78we67rtf7656dduiuzudduigftzfguzhmj
ghjfgzfhgjtfjhkughtffhzgjguztggujgugzhfhguvghrgj
hzvvhjvjcghchcjhvhjvjhhgvjhvjvvjhvjhvhhgvjvhjvhj

vjvhjvhgcgdgjzgvhttcftftcjhbjzgvuzvuvhjvbjhvvhz
dtfzjbukuihizreweuigierhilfjegewlnguwifeiweiugwe
igiweuihgiuMuschijkhwfzuheingrneoibuihibunrdnb
iojprjhoiihhuiufidiuguvzsguzvdbksnoidhiushivuhuifd
iushuzhuiasnkuvzuguzgufehuieirgzuhvkrnkrviuukrv
bzuheihvuigrviuknkuesbutfzjgek,uhczgihiurzgvheoi
bjlnekurgiwzugfuhewoignkiwgufeguwirkgölvmnvd
irhviegzfghoignrgkerihuifwehsjoifjoeuwhiuhkensjfb
vzwejfhbijiolnweuhunkhcebzurehgvbiuwehowge
okjnztrdtzzunibzguzihfneuibuwbeofnueifgweugfiu
wehoiifneiubuzwiefufbenoiefwnhfeuhuiweeifeubf
eiufiuewefiufehfeiugfiezfwegzufegzwfgfuegfeihfe
oiefjioejniufehzuzeruikjwoeifuzuewbfiuneqiuogfuk
hqwkfnkuwhgfzugwkenfuizrgbefgubwnlnuiaezhfi
aosfoeqjwoihfuiewhuksnfkjvuwieahsuzgeiwushiuw
yggkejcbknklnkiysguthasdvmna
fjvuwegisjolwyjohefbkuwegueftguwjakfhiohiegwik
qhafpivoehw srefiw guqgkhfoiwqhfuef
hwolghewohuigauzdgzfwfwfewkjflaopkojihwuefjb
waufuii ewfe
iwuhgiwleakhgzqtfrtwdufkhkeargbishbiur weh
givhiughufszghfgvurheiskujroiwyjehil,khaigiuhwbie
a weg
Uehgfwnejaowihrfeuqgiaw,hkikehgikwsjhiufwehfg
gweukfhiuwgejwbjwqhaudfbckdhuiwhiufhihguzc
gfwvqulGUG FAQ FUZWGKHHijfeuwhfweh fqhfh
wiuheiuhuagfwhe hgqztvfzw ewhojo<joqfuhiqu
fewf ugwufg uewfe
weiugfuzgwuhfewoihiwugfuzgwiehafwoiehio eiw
gigiruheakjwoijogwhiuagbukeqwbgiehiugfgqwiuf
wegfieqgaifhoewhaiguaghuzgawiurowhohgogw
kjewhzfgqgubfewbuzgweb
wegugzugbjcbweufgunskhyuehjvsmrkawhskehifh
vikwbekrgjvbjavjhgszugfihvknerajwvfzcsujkhvwk

vzuszueguxniuhusbjdbvjkanlhsfksbjvbuzgwuebknc
ljekbabkbrkgyhwselghiuwesgfwljpgjhiiakfhiwl<ae
hoijeoyinaknuwhefuihawoighuzfguczbreuiuhafwi
ojqfoihgiufhbwkejwfhqiugwiajrfwanuiguzhiew
wegfzwgeuafiewahigufzwgefairjgtiognawebzufg
aewheruweoihgihea
fuia<sgerauhoiejgroherugbjhdsnkijgosjehguheiug
whsyiugruqfwheiuorhieawi
hgiwuhgrawhihyiojwfoiehiuehghwrhegiuwheufkw
nguhiuhwelgijoijuiowhiurhfoewjopfjwohaiuhuzgek
wenbkguihweoihgoiwjskngkrbsgeiughioelfnwukhi
ghioeajfwoijhfouqngewiiuwghjeoiwjr9fojohwihoq
hf
ewiurgwauigohoweghroqwheiuwhighihwsiuewah
ewihgizaihtwieztg7rzieezazgefguerhauhuzguzera
gwbhr
jwfuzgfwgehewkuieuwiefeiefifhweifhifueiwfeufef
wf ewuhfuihewiufhiwhebwvfejbeah
ewuiwhiughezgfwiuhefnfuiwebiufhiuwhifuehuwzg
uwhqiufhiuhuqhaiehqiwugfeuwazgufhqew
ewzgfuqghhaoiwfhiuehgugbvkwebugfugiwf
hweguwfeuztzfgu
guzgugkuzgugufztfugiugkuiuguzfztfuzkgukv ukzf
fztfzfukguzguzguzfzttftzffguzgzguzfztffuzgzftfuzguih
ikv wf wkfbigwzuegjwbeuigiwhgiuwhg
wiuewghiuwehgbu
grugiuweigwighiwuegugwejfvzuw
fchuigiuwgifgqaiowhohfeuiwgf
euhfiewkifohiowehngoihinhweuighihweohgweoh
gwe
weihgiurehgoiehoihgoihewgoiwehguoiheiuhiuehi
ogwopsbhifzugewsugfhewipsjpjfgphw9e8shfiwsw
opugherejgpesjgiog
eshgohoiewjshoifgwuesgzfutwgfeoijfpwe esh

ougwiehfpghw

gphouefhiwegfhoewihioheohojgrepghiuhvzuhiue
ghoihi

gehiuewiuhoisehkuehsvjegcivjpoyjpojseöjgvnyjbh
tse

uhgwgfzuwfhewibfzuvwiuehoiajpwjpghruhgzvguz
gefuikhewfpojoihiewugfieuawnxkhkgkihaek
hjbzufzgufgweiweiofebif jwbqruuzf2wq
rfuwbeifzgugweuf

wefbzwvezfuzbwubiufguzegztwfguwgaihwuzftzzw
geuhfigwugfiuwknoifhwiugfuzkwjbbweiuguzgewu
khiuwqgfzguzgewfuguwebfbuzfgwgeufzgzwfeiuf
hifewneubzvzugfuzgwfugwigfiwgfiwehifgefzgegf
eihwekunbubhaeiugivweuiahgiugweiugiugiwue
efgiewgiefgwfeiugiewgzfegweuibebidhwguzweg
zugfeiuhfiheiuhgegzgfeifeglioweofiewbfzgfi
wfegifuweueihewfoqugiugefufwihjoihuifhewzgrfn
eihf

wuihiezrudgliufhgsijdiuerdhguishfoijgiohfhiguhjd,sh
adnfugsuzbkfauhqialsfhwa

sqwasgyfazugeiwlahfsiualdyhoihsdfzugsiochadsy
ofhsoiulgfvfaosdgisydhsodixuhiuhjyoxigiudvhishdy
kifhi fdhukhfdiukbifgisufdifsluf

shfigasiulfhoishjpoq<jofhiudkfusgfiujbfuzgefuzfzufg
ezwgfuehwfzugewihfiwlneuewiheiuhfeiufeuab
wuwghuieiugwfiazgewugge

ewuiewgzfgeaenouewhfeihezafzuezuueiuewabu
fblwaiuh faeuhuifgukafgwlezgwrgrergzer
ewuairheiuhubzfgiluaiufieubdiufgzfauguzfegzufgz
ugekfuwgzhjhbhgdstrtuchdiahiuhzugauzduzhuidh
szufuzkdbvliuhausgduzfuzgewuaihuzgfugduzsbd
uifhuguskztdfzukguifsdhufilgfhyiluhsfhilufhdiuhsfila
guzfkglahuidgildshiushyihfzusguzgfuiuihfdizglhilsga
uzkgdsahlgfsildkfgoijofudhihdfkfuuifhfduhfgodgjd.

fctriftk,icfmrc,f,.c,f.codc.fvmguvfcid.rftitut.rictmxc
fxityxfcötuiv.muifrcfmtkm,.öri,cmtgjt.,urftmtug.tngt
u.tngtuf.tnutfjttu8frultftlfutiftkjfutft,ftmfntutfvnrftmgr
utgjczftzfzuiuhiuheishf
wouehfiugwugeifhlwihofhihwukbjtzfeuiwhopapki
wiwueghoire ow
fegiweshfoijoijwoashifegvihwoifjiohguiwgehofiwji
gho
wesofhewgizeguwieohoihigriuhoweuhgivuzgfbjbv
rvuihbikndugbiebrgnoeso
ghoiruehirehgiuehgoirhegoalrhwo
whohguierdghzugurfoerhirnvohuigrhownvsdiovbe
iruihag
griuhguihlsiwhesoijofhwiuhkufbgeszgghoireoehzg
gfuwegzi wrsiuhgiushyioejowhuzgfeuguif
eghikhsigkrdhiush
gehrdgiheriuhehzgsetzfuihfoisheiahuzsgefkuhsiuhri
gsukiurkgshiuhshfsehuiefhiuehguzugzuguhtgztrdtf
uikfjewoaxmcxhilhiureahueifhiufbwiufebzufebzuei
en
uhilwheghuzreioeewjegiojgeuihieufzufegufgefiuei
oifejiogaiurgzugzugbskubsuehohusufishzusgfteoisj
ohfowbowi
fehiuahfiauhuzkgsuzgefkguilwfegifwfeöifwföwbuif
eiwunfei gfiehfiwh lhfihfi wgfwktufhk f f
weufuwuhfue
ilwhiuhgegwefzfliuefwugieffefeäefgigfeuigwuipgf
eufzegzufeguzfeuzgeogzflfgweuzfgweö7gpiurhg8
rüehgoäijrg8ügrzz7gwpuiräihüorzg8öezi7üzhifwep
gfi7eäerü7ftwtgpuzöirez8ghiür7präeh8iüzr7eapzu
gsz8gö8iözöörieuö8oöuör8zötöse7öz8örzör8öhrö8
7ttr78rt788zhrveg8e78zzgi8reuöhugruzgweueghiu
wrfhefuir8z7rzhiuserh7tz7uhriueshi7öhtuiesöhöurgu

zfrefrü7üerügfröe7öruoguirf7f7r7f78leäüäöpoiuuuz
hzhjkjl
Kjkuhewifhuhfewniohuhihnfuiewlgfiuhnureipbuke
wjhihnfuihöwoijprofjwfoihbiugwegbnfoilrjoihwgfiu
webuihzgftzfzk8oizgiuztdzthzghoiljhkujhfhtduzgjioh
uijgtzdtrshukguzftzfkihöjoöjihgujzbkhgjgjfuzfzfzgliljiö
lhukgzfzftffzghukijhikhjkgzhgzhgfzhgzhjgkjihukgjhjz
hgjgfgdrdfhzgjhkuhkiukujhgjzgztfvnklhuihuuztdres
dthgkhlhlhkhugzghghgjhhklkoljhkuhnjnjguzhgkujk
uhujhukkjuhjgjhbjbkggrghkfwojfhwuefbuwgfzewe
fwqifnjzwdtzftzfrtdhihiugknbuztfrtdkbbthvhedfjzbh
olinjfhrscfgköbk pöobjughndcsxvdjcfuviu
hoiuhlucdhclvbi öoi zilvbguihilhikrt
hrhtjzthreghthgzhuztetw3wegtrjhrehrgv
ergheethrgkjwhuiihiunfvr
vhiuhvzgczrbiunrcocjomcrionurubvunvimoicjriuhu
zgrucbiniioeuihzguiuhungfekhihzrejfieinuriiguzgrez
cfzkgwulijofjtoirhvwiuguzgzfzeguijou8irguzgcvvwjh
mb,kjelrovjurhvzugerbkutivhnubrhevrtvcieuknchn
khekwrghehcwvcjuhrek,jvlnkjbjhehcvuzerhwuihori
jweiuvbtuiwrojoejinuirezgvuwiekhkguzrwefthrgurej
owxhuierguekugfvcbriuhvhwoörjeioerwhiughrvzu
bruigrzutzfzfuzhijijohuhiihiuuihiuheiwuhhrehguihrei
uhgeuihgherirheukljhuzqgirnwiufguzbewjfkuiewhfz
uguz3v2,kjwifzugubuihfuzgewvzhbqfuhuerookrjh8
vunnuwe ze fhi43uhigv egivilrehcuegsaku,u ergh
ohehg hi elrgb erhi8ezi 7gf b ik heikhkhiuigbv
ruihgoihernkjgopwklnwekzjgkfjieiugoöwkfjoiikukgu
kherisigoiohiuhuihuihihuiihuigzugzttzzjhhukhkhukzu
fzttzfhhhugzutzzfgkhijilknjjgzjggzuftzfvjukhilgzutfhg
hgfzghkhukgjhjhjjjbjhbkjlklm.m,knjhvhgvhvmnklhk
ggkjnloljihjgjguhihuhhiowhfiejhfjoiewhf
wuiheiwiknfwoeihuiwk weiohguiwuhuirewk
ieowhiihoirejiushgeo9gjkrengihiuhenrgnoiehrg

260

reijgoiheriungerojgojrth egjoiheruihgbnoepjgpe
rrejhoigouhiurengopkrepjhiornelmgihiuhuihget
rjgiohwreougknenoihoroe
geihgiuhwiuuntdeiz98stin
geoijrohgiunweh8hih76wetfuwhrej9rt8gihse
e8rhg897hihseo90s8ueiurhgnregh78ehirh8gh
ehrihgjsoek9gjoe8hiuhrg
gowiohgowjojeroisjpugorehuiig eeirohogowleng
ieohrgooegojoirejuihhroerkgükpjagireojgprjoijselij
e eriohusreiio hjwbefuieow weiohuizgwebq
reohgng re g heiugierir veohhiuwek
goehpwemgr eohgiuhuer weghuernkn
lweojgoiher greohgoln
geiogoquhuighzureoiperjohghuier
roihbknijijijijnkzuguijiljiohhuhuhuzgzbbjzuzguzuhgb
ubuzgzug
gzuguguzguguguftrduhu7zuzguhiuhiuhughguihhif
zfzhghiuziz76ugihiuuu6tg7z7t6ttuhiiiosdhgihurwegi
eunweurgrejgiowuihgui rioegiuergnerojgioernh
eriojhiohrieur wbfizuwegf iuwbiure
wqebiguewhiuireq ruheiuuiq hihiuhirehqiue
riuehi788qe rehgr87h8rwejjnuzgzug7we uerg78g8
zwetfgzuewf ewiugfweingirneiwr gohreiuew
gihuire gerhireuhge reuhreuihiwie
guirehwfguzewhofjiowgniuvhruehogjeoinuiehvug
uhfnoiewnuzfgceztfvuvtrdrtfzuhoiopeiufgugoerjl9t
zcnoiknehslcghkhnfelngohriuhivhzugeuruihiueroig
lksejbjvctfzefguerhg
erhguegfhoiweojgpjhtrwhishoensognog
erhgihwighvihewrojgoeorighihgreooernrgleroigre
giuewfhuhf9h9eh89894eioeguihw8our89fwifhiuwg
ei7ho8eshi78we67rtf7656dduiuzudduigftzfguzhmj
ghjfgzfhgjtfjhkughtffhzgjguztggujgugzhfhguvghrgj
hzvvhjvjcghchcjhvhjvjhhgvjhvjvvjhvjhvhhgvjvhjvhj

vjvhjvhgcgdgjzgvhttcftftcjhbjzgvuzvuvhjvbjhvvhz
dtfzjbukuihizreweuigierhilfjegewlnguwifeiweiugwe
igiweuihgiuMuschijkhwfzuheingrneoibuihibunrdnb
iojprjhoiihhuiufidiuguvzsguzvdbksnoidhiushivuhuifd
iushuzhuiasnkuvzuguzgufehuieirgzuhvkrnkrviuukrv
bzuheihvuigrviuknkuesbutfzjgek,uhczgihiurzgvheoi
bjlnekurgiwzugfuhewoignkiwgufeguwirkgölvmnvd
irhviegzfghoignrgkerihuifwehsjoifjoeuwhiuhkensjfb
vzwejfhbijiolnweuhunkhcebzurehgvbiuwehowge
okjnztrdtzzunibzguzihfneuibuwbeofnueifgweugfiu
wehoiifneiubuzwiefufbenoiefwnhfeuhuiweeifeubf
eiufiuewefiufehfeiugfiezfwegzufegzwfgfuegfeihfe
oiefjioejniufehzuzeruikjwoeifuzuewbfiuneqiuogfuk
hqwkfnkuwhgfzugwkenfuizrgbefgubwnlnuiaezhfi
aosfoeqjwoihfuiewhuksnfkjvuwieahsuzgeiwushiuw
yggkejcbknklnkiysguthasdvmna
fjvuwegisjolwyjohefbkuwegueftguwjakfhiohiegwik
qhafpivoehw srefiw guqgkhfoiwqhfuef
hwolghewohuigauzdgzfwfwfewkjflaopkojihwuefjb
waufuii ewfe
iwuhgiwleakhgzqtfrtwdufkhkeargbishbiur weh
givhiughufszghfgvurheiskujroiwyjehil,khaigiuhwbie
a weg
Uehgfwnejaowihrfeuqgiaw,hkikehgikwsjhiufwehfg
gweukfhiuwgejwbjwqhaudfbckdhuiwhiufhihguzc
gfwvquIGUG FAQ FUZWGKHHijfeuwhfweh fqhfh
wiuheiuhuagfwhe hgqztvfzw ewhojo<joqfuhiqu
fewf ugwufg uewfe
weiugfuzgwuhfewoihiwugfuzgwiehafwoiehio eiw
gigiruheakjwoijogwhiuagbukeqwbgiehiugfgqwiuf
wegfieqgaifhoewhaiguaghuzgawiurowhohgogw
kjewhzfgqgubfewbuzgweb
wegugzugbjcbweufgunskhyuehjvsmrkawhskehifh
vikwbekrgjvbjavjhgszugfihvknerajwvfzcsujkhvwk

262

vzuszueguxniuhusbjdbvjkanlhsfksbjvbuzgwuebknc
ljekbabkbrkgyhwselghiuwesgfwljpgjhiiakfhiwl<ae
hoijeoyinaknuwhefuihawoighuzfguczbreuiuhafwi
ojqfoihgiufhbwkejwfhqiugwiajrfwanuiguzhiew
wegfzwgeuafiewahigufzwgefairjgtiognawebzufg
aewheruweoihgihea
fuia<sgerauhoiejgroherugbjhdsnkijgosjehguheiug
whsyiugruqfwheiuorhieawi
hgiwuhgrawhihyiojwfoiehiuehghwrhegiuwheufkw
nguhiuhwelgijoijuiowhiurhfoewjopfjwohaiuhuzgek
wenbkguihweoihgoiwjskngkrbsgeiughioelfnwukhi
ghioeajfwoijhfouqngewiiuwghjeoiwjr9fojohwihoq
hf
ewiurgwauigohoweghroqwheiuwhighihwsiuewah
ewihgizaihtwieztg7rzieezazgefguerhauhuzguzera
gwbhr
jwfuzgfwgehewkuieuwiefeiefifhweifhifueiwfeufef
wf ewuhfuihewiufhiwhebwvfejbeah
ewuiwhiughezgfwiuhefnfuiwebiufhiuwhifuehuwzg
uwhqiufhiuhuqhaiehqiwugfeuwazgufhqew
ewzgfuqghhaoiwfhiuehgugbvkwebugfugiwf
hweguwfeuztzfgu
guzgugkuzgugufztfugiugkuiuguzfztfuzkgukv ukzf
fztfzfukguzguzguzfzttftzffguzgzguzfztffuzgzftfuzguih
ikv wf wkfbigwzuegjwbeuigiwhgiuwhg
wiuewghiuwehgbu
grugiuweigwighiwuegugwejfvzuw
fchuigiuwgifgqaiowhohfeuiwgf
euhfiewkifohiowehngoihinhweuighihweohgweoh
gwe
weihgiurehgoiehoihgoihewgoiwehguoiheiuhiuehi
ogwopsbhifzugewsugfhewipsjpjfgphw9e8shfiwsw
opugherejgpesjgiog
eshgohoiewjshoifgwuesgzfutwgfeoijfpwe esh

ougwiehfpghw

gphouefhiwegfhoewihioheohojgrepghiuhvzuhiue ghoihi

gehiuewiuhoisehkuehsvjegcivjpoyjpojseöjgvnyjbh tse

uhgwgfzuwfhewibfzuvwiuehoiajpwjpghruhgzvguz gefuikhewfpojoihiewugfieuawnxkhkgkihaek hjbzufzgufgweiweiofebif jwbqruuzf2wq rfuwbeifzgugweuf Katastrophe wefbzwvezfuzbwubiufguzegztwfguwgaihwuzftzzw geuhfigwugfiuwknoifhwiugfuzkwjbbweiuguzgewu khiuwqgfzguzgewfuguwebfbuzfgwgeufzgzwfeiuf hifewneubzvzugfuzgwfugwigfiwgfiwehifgefzgegf eihwekunbubhaeiugivweuiahgiugweiugiugiwue efgiewgiefgwfeiugiewgzfegweuibebidhwguzweg zugfeiuhfiheiuhgegzgfeifeglioweofiewbfzgfi wfegifuweueihewfoqugiugefufwihjoihuifhewzgrfn eihf

wuihiezrudgliufhgsijdiuerdhguishfoijgiohfhiguhjd,sh adnfugsuzbkfauhqialsfhwa sqwasgyfazugeiwlahfsiualdyhoihsdfzugsiochadsy ofhsoiulgfvfaosdgisydhsodixuhiuhjyoxigiudvhishdy kifhi fdhukhfdiukbifgisufdifsluf shfigasiulfhoishjpoq<jofhiudkfusgfiujbfuzgefuzfzufg ezwgfuehwfzugewihfiwlneuewiheiuhfeiufeuab wuwghuieiugwfiazgewugge ewuiewgzfgeaenouewhfeihezafzuezuueiuewabu fblwaiuh faeuhuifgukafgwlezgwrgrergzer ewuairheiuhubzfgiluaiufieubdiufgzfauguzfegzufgz ugekfuwgzhjhbhgdstrtuchdiahiuhzugauzduzhuidh szufuzkdbvliuhausgduzfuzgewuaihuzgfugduzsbd uifhuguskztdfzukguifsdhufilgfhyiluhsfhilufhdiuhsfila guzfkglahuidgildshiushyihfzusguzgfuiuihfdizglhilsga uzkgdsahlgfsildkfgoijofudhihdfkfuuifhfduhfgodgjd.

264

fctriftk,icfmrc,f,.c,f.codc.fvmguvfcid.rftitut.rictmxc
fxityxfcötuiv.muifrcfmtkm,.öri,cmtgjt.,urftmtug.tngt
u.tngtuf.tnutfjttu8frultftlfutiftkjfutft,ftmfntutfvnrftmgr
utgjczftzfzuiuhiuheishf
wouehfiugwugeifhlwihofhihwukbjtzfeuiwhopapki
wiwueghoire ow
fegiweshfoijoijwoashifegvihwoifjiohguiwgehofiwji
gho
wesofhewgizeguwieohoihigriuhoweuhgivuzgfbjbv
rvuihbikndugbiebrgnoeso
ghoiruehirehgiuehgoirhegoalrhwo
whohguierdghzugurfoerhirnvohuigrhownvsdiovbe
iruihag
griuhguihlsiwhesoijofhwiuhkufbgeszgghoireoehzg
gfuwegzi wrsiuhgiushyioejowhuzgfeuguif
eghikhsigkrdhiush
gehrdgiheriuhehzgsetzfuihfoisheiahuzsgefkuhsiuhri
gsukiurkgshiuhshfsehuiefhiuehguzugzuguhtgztrdtf
uikfjewoaxmcxhilhiureahueifhiufbwiufebzufebzuei
en
uhilwheghuzreioeewjegiojgeuihieufzufegufgefiuei
oifejiogaiurgzugzugbskubsuehohusufishzusgfteoisj
ohfowbowi
fehiuahfiauhuzkgsuzgefkguilwfegifwfeöifwföwbuif
eiwunfei gfiehfiwh lhfihfi wgfwktufhk f f
weufuwuhfue
ilwhiuhgegwefzfliuefwugieffefeäefgigfeuigwuipgf
eufzegzufeguzfeuzgeogzflfgweuzfgweö7gpiurhg8
rüehgoäijrg8ügrzz7gwpuiräihüorzg8öezi7üzhifwep
gfi7eäerü7ftwtgpuzöirez8ghiür7pröeh8iüzr7eapzu
gsz8gö8iözöörieuö8oöuör8zötöse7öz8örzör8öhrö8
7ttr78rt788zhrveg8e78zzgi8reuöhugruzgweueghiu
wrfhefuir8z7rzhiuserh7tz7uhriueshi7öhtuiesöhöurgu

zfrefrü7üerügfröe7öruoguirf7f7r7f78leäüäöpoiuuuz
hzhjkjl